Norman Vincent Peale

Mut und Vertrauen durch positives Denken

Norman Vincent Peale

Mut und Vertrauen

durch positives Denken

Oesch Verlag

Titel der amerikanischen Originalausgabe:
The Power of Positive Living

Übersetzung: Alfred H. Wettstein

Die Deutsche Bibliothek – CIP-Einheitsaufnahme

Peale, Norman Vincent:

Mut und Vertrauen durch positives Denken / Norman Vincent Peale. [Übers.: Alfred H. Wettstein]. – Zürich : Oesch, 1991

Einheitssacht.: The power of positive living ‹dt.›
ISBN 3-85833-416-2

Schutzumschlag: Heinz von Arx, Zürich
Satz: Utesch Satztechnik GmbH, Hamburg
Druck und Bindung: Franz Spiegel Buch GmbH, Ulm
Printed in Germany

ISBN 3-85833-416-2

1 3 5 6 4 2

John P. Allen, meinem Schwiegersohn,
und meiner Tochter Elizabeth P. Allen
in Anerkennung ihrer Mithilfe
bei diesem Buch und in immerfort
währender Liebe gewidmet

Inhalt

Vorwort

Die meisten Jahre meines Lebens waren überaus glücklich; einige aber – und so ergeht es uns allen – waren es nicht. Doch auch diese schätze ich, denn Sorge und Kampf sind großartige Lehrmeister. Ohne sie hätte ich die glücklichen Zeiten nicht in solchem Maße schätzen können.

Grundsätzlich bin ich ein glücklicher Mensch: weder unzufrieden noch unerfüllt und schon gar nicht »abgestellt«. Im Gegenteil, ich bin sehr »aufgestellt«. Manchmal frage ich mich, ob etwas mit mir nicht in Ordnung sei. Kann es sein, daß ich in unserer Zeit – da St. Vitus der Schutzheilige unserer Gesellschaft zu sein scheint – eine Ausnahme mache?

Dazu kommt, daß ich meine Frau tief und innig liebe. Gestatten Sie mir dazu eine Rückblende in die Vergangenheit: An einem milden Oktobertag im Jahre 1927 sprach ich in der Wandelhalle der Methodistischen Universität von Syracuse mit einigen Studenten. Plötzlich riß jemand die Türe auf, und im Türrahmen stand vor dem Hintergrund des goldfarbenen Herbstnachmittags ein wunderschönes blondes Mädchen. Dieser Anblick nahm mein Herz gefangen. Ich hatte sie nie zuvor gesehen und kannte ihren Namen nicht; aber ich wußte, daß dieses Mädchen die Frau für mich war.

Zwei Jahre brauchte ich, um sie davon zu überzeugen; doch heute sind wir seit sechzig Jahren verheiratet, und wir sind nach wie vor ineinander verliebt – trotz der unzähligen Trennungen und Scheidungen im späteren Lebensalter, von denen man heutzutage immer wieder hört. Was ist denn mit mir los? Und mit ihr?

Die Tatsache, daß ich derart glücklich bin, ist einer der Hauptgründe, weshalb mir Menschen, die es nicht sind, so sehr Sorgen machen. Ebenso beunruhigt mich, daß unglückliche Menschen ihre Möglichkeiten nicht restlos ausschöpfen. Folglich setzen sie nicht ihre ganze Kreativität ein, was der Gesellschaft zum Schaden gereicht.

Ich habe daher beschlossen, erneut etwas dagegen zu unternehmen. Doch was kann ich als einzelner Mensch tun? Reden halten? Das mache ich zwar nach wie vor überall in der Welt, doch ist mir klar, daß jede Rede, sobald man das Podium verläßt, vom Winde verweht wird.

Aber ich könnte doch ein weiteres Buch schreiben. Das würde allerdings mehr Zeit in Anspruch nehmen als eine Rede. Dagegen weiß ich, was ein Buch bewirken kann; denn ich habe schon mehr als 35 Bücher geschrieben. Mit ihnen verhält es sich wie mit diesem alten Gedicht von Longfellow:

Ich schoß einen Pfeil in den Himmelsraum.
Er fiel – doch wo? – zur Erde nieder.
Lang drauf in einem Eichenbaum
Fand ich ihn plötzlich wieder –
Ungebrochen.

Das glaube ich: Wenn wir etwas überaus Wertvolles entdekken, so ist es unsere Pflicht und unsere Freude, es mit anderen zu teilen.

Auf den nun folgenden Seiten werde ich schlicht und einfach die Erkenntnisse beschreiben, die mir geholfen und mein Leben verändert haben. Ich bin überzeugt, daß dieses wunderbare Erleben auch Ihnen widerfahren wird, und ich glaube, daß es auch Ihr Leben verändert. Wenn dieses Buch dazu führt, daß Sie einen neuen Sinn, eine größere Erfüllung des Lebens und tieferes Glück finden, dann ist das Ziel meines Werks erreicht. Ich hoffe, daß Sie all das und noch viel mehr erlangen. Mit der Kraft positiven Denkens wünsche ich Ihnen nur das Beste.

KAPITEL 1

Die ungebrochene Kraft positiven Denkens

An einem Tag, den ich nie vergesse, machte ich eine gewaltige Entdeckung. Diese Entdeckung kann jedem Menschen helfen; deshalb erzähle ich hier davon. Jener Tag begann wie jeder andere. Um 9 Uhr früh hatte ich bei Professor Ben Arneson Unterricht im Fach »Wirtschaftslehre II«, wie es genannt wurde. Ich schlurfte wie immer ins Klassenzimmer, wo ich in der hintersten Reihe einen Platz fand – inbrünstig hoffend, man bemerke mich nicht.

Sie sehen, wie furchtbar scheu ich war. Falls Sie je so scheu und verschüchtert wie ich gewesen sind, dann können Sie mein Elend und Unglück nachempfinden. Mit meinem erbärmlichen Selbstgefühl und meiner nicht minder geringen Selbstachtung war es um mein Selbstvertrauen schlecht bestellt. Der Gedanke »Ich kann nicht« war meine typische Reaktion auf jede Herausforderung. Ich kroch buchstäblich auf den Händen und den Knien durchs Leben – bis zu jenem Tag, wo ich etwas Bedeutendes entdeckte, das mein Leben gänzlich umgestaltete.

Zu meinem großen Kummer rief mich der Professor auf, ich solle einen Teilbereich des Unterrichtsstoffes jenes Tages erläutern. Schon immer habe ich hart gearbeitet, immer fleißig studiert, und daher war ich mit dem Lehrstoff vertraut. Vor einem Publikum zu sprechen war für mich aber gleichzeitig etwas Entsetzliches. Mit schlotternden Knien stand ich vor den Zuhörern, trat voller Nervosität von einem

Bein aufs andere und plumpste schließlich hin – wohlwissend, daß ich den Gegenstand nicht nur mißlich behandelt, sondern auch ein klägliches Schauspiel geboten hatte.

Am Ende der Stunde machte der Professor einige Mitteilungen. Die letzte lautete: »Peale, bleiben Sie bitte noch hier. Ich möchte mit Ihnen sprechen.« Zitternd vor Angst wartete ich, bis alle Studenten den Raum verlassen hatten, und stammelte dann: »Sie wollten mit mir sprechen, Herr Professor?«

»Ja. Kommen Sie nach vorne, und setzen Sie sich neben mein Pult hin«, sagte Dr. Arneson. Er saß da und schnellte einen runden Radiergummi auf und nieder, indem er mich mit dem, was ich als durchdringenden Blick verspürte, anschaute. Die Stille breitete sich immer mehr aus.

»Was in aller Welt ist mit Ihnen los, Peale?« fragte er. »In der Klasse leisten Sie gute Arbeit. Wahrscheinlich kriegen Sie die Bestnote. Doch kaum fordert man Sie zum Sprechen auf, werden Sie schrecklich verlegen, murmeln irgend etwas Unzusammenhängendes vor sich hin und lassen sich dann mit hochrotem Kopf wieder in Ihren Stuhl fallen. Was ist denn bloß mit Ihnen los?«

»Ich weiß es nicht, Herr Professor«, murmelte ich elend. »Ich muß wohl einen Minderwertigkeitskomplex haben.«

»Wollen Sie ihn überwinden und wie ein Mann auftreten?«

Ich nickte. »Ich gäbe alles darum, wenn ich mich, so wie ich bin, überwinden könnte. Aber ich weiß nicht, wie ich's anstellen soll.«

Der Gesichtsausdruck des Professors wurde milder. »Sie können Ihren Komplex überwinden, Norman. Indem Sie das tun, was ich tat, um über meine Minderwertigkeitsgefühle hinwegzukommen.«

»Sie?« rief ich aus. »Waren Sie denn so wie ich?«

»Umsonst habe ich bei Ihnen ja nicht dieselben Merkmale festgestellt«, sagte der Professor.

»Aber wie haben Sie denn dieses Minderwertigkeitsgefühl überwunden?« fragte ich.

Er antwortete sehr ruhig; aber ich nahm die positive Aussage zwischen den Zeilen auf: »Ich habe Gott einfach gebeten, mir zu helfen; ich *glaubte*, daß Er helfen würde, und... Er hat geholfen.«

Im Raum war es eine Weile lang still, als mich der Professor anblickte. »Raffen Sie sich auf, Peale, und vergessen Sie eines nie: Glauben Sie an Gott und an sich selbst.« Mit diesen Worten bedeutete er mir, den Raum zu verlassen, und begann seine Unterlagen zusammenzuräumen.

Ich ging durch den Flur bis unten zur breiten Treppenflucht außerhalb des College-Gebäudes. Auf der viertuntersten Stufe hielt ich an. Soviel ich weiß, besteht diese Stufe immer noch.

Ich stand auf ihr und sprach ein Gebet. Noch heute – rund 70 Jahre später – erinnere ich mich genau daran: »Mein Gott und Vater, Du kannst Dich eines Trunksüchtigen annehmen und ihn nüchtern machen. Du kannst einen Dieb in einen ehrlichen Menschen verwandeln. Kannst Du Dich auch eines armen, verwirrten Kerls, wie ich einer bin, annehmen und mich normal machen? Hilf mir bitte! Amen.«

Wie ich so auf jener Treppenstufe stand, empfand ich ein eigenartiges Gefühl des Friedens. Ich erwartete sogleich ein Wunder, und das Wunder geschah. Aber – wie es bei einem größeren Wandel so oft der Fall ist – es geschah erst im Verlaufe der Zeit.

Ein paar Tage später ließ mich ein anderer Professor – er betreute mich in meinem Hauptfach – in sein Büro kommen und gab mir das Buch *Die Sinnsprüche von Ralph Waldo Emerson.* »Lesen Sie Emerson«, sagte er, »und Sie werden die großartigen Dinge kennenlernen, die sich bei richtigem Denken ereignen können.«

Später gab mir ein anderer Professor die *Selbstbetrachtungen* von Marcus Aurelius, der lehrte, daß das Leben zu dem wird, was wir denken. Immer werde ich diesen gütigen College-Lehrern für Ihren Versuch dankbar sein, aus einem jungen Menschen, der nicht auf das für ihn Beste lossteuerte, etwas zu machen.

Ich habe immer hart gearbeitet, und wer dies tut, erreicht etwas aufgrund seiner Arbeitsgewohnheiten. Doch mein Mißerfolg war in meinen Gedanken begründet. Unsere Gedanken bestimmen unser Leben, so daß noch so tüchtiges Arbeiten den Mißerfolg im Denken nicht wettmachen kann.

Doch dank der Hilfe jener Professoren konnte ich glücklicherweise aus einer gedanklichen Ordnung Gewinn ziehen, die mir mit der Zeit half, meine Gefühle der Minderwertigkeit und der Unzulänglichkeit zu beseitigen. Die Erleichterung, welche diese Gedanken bewirkten, war ein so beglükkendes und wundervolles Glück, daß ich unter dem gleichen Übel leidenden Mitmenschen sagen mußte, daß auch sie sich von ihrem Elend befreien könnten. Das Grundprinzip dieser Gedanken war die beinahe unfaßbare Kraft positiven Denkens.

Durch die Anwendung dieser Prinzipien fand ich heraus, daß sogar ich als gewöhnlicher Durchschnittsmensch im Leben wesentlich besser vorankam als zuvor. Das Freisetzen des persönlichen Potentials war etwas so Erstaunliches, daß ich mir wünschte, alle anderen sogenannt gewöhnlichen Menschen wüßten, daß sie außergewöhnliche Menschen werden konnten.

Aber außer dem positiven Denken entdeckte ich einen lebenswichtigen Grundsatz, ohne den ersteres wenig Nutzen bringt. *Denken* ist der Flugkörper einer Rakete. *Glauben* ist der Treibstoff, der sie zu den Sternen bringt. Denken ist der Wille. Glauben ist die Tat.

So las ich kürzlich einen Bericht in der *Harvard Business Review,* in dem ein Regionaldirektor der *Metropolitan Life Insurance Company* festhielt, daß Versicherungsberater in der herausfordernden Atmosphäre außergewöhnlich guter Agenturen bessere Leistungen erbringen als bei schlechteren Agenturen. Um seinen Standpunkt zu beweisen, ließ er seine sechs Topberater unter seinem besten stellvertretenden Direktor arbeiten. Er legte folgende Ergebnisse dar: »Kurz nachdem diese Auswahl getroffen worden war, begannen die Mitarbeiter der Agentur, diese auserlesene Gruppe wegen ihres ausgeprägten Teamgeistes bei ihrer als gut funktionierende Einheit erfolgenden Tätigkeit als »Supermannschaft« zu bezeichnen. Ihre Leistungen in den ersten zwölf Wochen überstieg unsere kühnsten Erwartungen bei weitem ...«

Warum? Die Antwort liegt auf der Hand. Verkäufer, die wissen, daß man sie als »Supermannschaft« betrachtet, *glauben,* daß sie Spitze sind, und setzen demzufolge alles daran, diesem Image gerecht zu werden. In gewisser Weise verhält es sich wie bei der Theorie der selbsterfüllenden Prophezeiung, wonach alle Menschen – und zwar alle Menschen, Kinder und Erwachsene – danach trachten, zu dem zu werden, was man von ihnen erwartet.

Schauen Sie nun, was mit einem als durchschnittlich eingestuften Kundenberaterteam im gleichen Versicherungsbüro geschah: Normalerweise hätten die Berater wohl weiterhin nur durchschnittliche Verkaufszahlen erzielt. Doch eine bemerkenswerte, dynamische stellvertretende Direktorin, die dem Team vorstand, *glaubte,* sie und ihre Gruppe seien ebenso fähig wie der Manager mit seiner »Supermannschaft«. Sie überzeugte ihre Kundenberater, daß sie die Supermannschaft ausstechen könnten. Diese »durchschnittlichen« Kundenberater stellten sich der Herausforderung, indem sie *glaubten*, sie würden es schaffen, und erzielten so prozentual mehr Abschlüsse als die Supermannschaft. Die Managerin brachte ihre Kundenberater so weit, daß sie ihre Prophezeiung erfüllten, weil sie an ihre Mitarbeiter glaubte.

Das ist es, was Glauben vermag.

Wählen Sie, was Sie glauben. Denken Sie daran: Jene angeblich durchschnittlichen Kundenberater hätten ihre Abschlußquote niemals erhöhen können, wenn sie im Glauben verblieben wären, durchschnittlich zu sein.

Beispiele wie eben dieses zeigen mir, wie seltsam und verworren das menschliche Denken ist. Gewisse Menschen sind von Kindheit an bis ins hohe Alter unerschütterlich und zuverlässig. Mit sich selber geraten sie höchst selten in Konflikt.

Sie bekommen in der Schule gute Noten, erbringen später im Beruf gute Leistungen und haben Erfolg – einige sogar sehr viel Erfolg. Andere organisieren sich weniger, verzetteln sich mit ihren Fähigkeiten so, daß wir von ihnen bedauernd sagen: »Ein Jammer, früher war er so auf Draht!«

Wiederum andere, die geistig und gefühlsmäßig alles im Griff zu haben scheinen, werden zu planlosen Menschen, die trotz ihrer angeborenen Fähigkeit eine Gelegenheit nach der anderen in den Wind schlagen. Und wieder andere, die mit bewundernswerten Charakterzügen überaus bevorzugt sind, scheinen kein klares Ziel oder keine Befähigung zu vernünftigen Entscheidungen zu haben. Letztendlich erleiden sie einen Zusammenbruch ihrer Persönlichkeit. Wer kennt nicht Wallstreet-Magnaten, die im Gefängnis landeten, oder Würdenträger, denen wegen ihres Mangels an ethischem Niveau Stellen auf höchster Ebene vorenthalten wurden. Jedes Jahr ist mit solchen Schiffbrüchigen übersät, von denen manch einer mit richtiger Selbstkontrolle eine führende Position oder eine Aufgabe im Topmanagement hätte erlangen können.

Warum ist der eine Mensch erfolgreich und der andere nicht? Warum überrascht der eine in positiver Weise, wogegen der andere enttäuscht? Ich glaube eine Antwort zu haben.

Anhand eines Beispiels will ich von einem Mann berichten, den ich vor einigen Jahren kennengelernt hatte. Als ich kürzlich in Columbus, Ohio, war, wo ich am Abend eine Rede halten mußte, wurde ich an ihn erinnert. Von meinem Hotelzimmer im 28. Stock aus hatte ich eine vollkommene Rundsicht auf die Stadt. Ich bemerkte eine Gruppe von alten Steinhäusern; da ich früher in Columbus gewohnt hatte, wußte ich, daß es das alte Ohio-State-Gefängnis war.

Ich denke oft an die Jungen und Mädchen in den Groß- und Kleinstädten Ohios, wo ich während meiner Jugendzeit gelebt hatte – Cincinnati, Columbus, Bellefontaine, Delaware –, und ich bin glücklich, sagen zu dürfen, daß fast alle ihren Weg gemacht haben, einige sogar auf brillante Art. Doch als ich auf das Gefängnis hinunterblickte, erinnerte ich mich an einen, der vom Weg abkam. Er war eine charmante Persönlichkeit und intelligent genug, um am College mit »cum laude« zu promovieren. Von ihm hätten wir zuletzt gedacht, daß er im Gefängnis enden würde. Er war in einer hübschen kleinen Ortschaft aufgewachsen, wurde Leiter der Lokalbank und war schon bald ein hochgeachteter Bürger. Er hatte so etwas Gewinnendes, daß man von ihm als künftigem Kongreßabgeordneten sprach. Man sagte, er sei ein Senkrechtstarter, dem alles auf Anhieb gelinge.

Dann heiratete er ein schönes, reiches Mädchen aus Chicago. Das attraktive Paar wurde zum gesellschaftlichen Mittelpunkt des Ortes. Er vergötterte seine Frau und erfüllte ihr jeden Wunsch. Offensichtlich war sie der Meinung, ihr

Mann verfüge über größere finanzielle Mittel, als dies tatsächlich der Fall war. Als die beiden sich teure Reisen und Kreuzfahrten zu leisten begannen, vermochte dies sein an sich großzügiges Gehalt nicht mehr zu verkraften.

Als er einmal in der Nacht allein in der Bank arbeitete, schoß ihm ein Gedanke durch den Kopf: Er könnte sich doch etwas Bargeld »borgen«. Der Bankprüfer wurde während des kommenden Monats nicht erwartet. Damals wurde an der Effektenbörse mit Käufen auf Hausse spekuliert. Somit könnte er einen guten Schnitt machen, dachte er sich, und das »geliehene« Geld nachher zurückgeben. Dadurch hätte er wieder mehr flüssige Mittel zur Verfügung. Doch da er ein ehrenwerter Mann war, verwarf er diesen Gedanken.

Um es mit den Worten von Thomas Carlyle, dem berühmten englischen Schriftsteller, zu sagen: »Der Gedanke ist der Vater der Tat.« Welch gewaltige Wahrheit! Etwas später, als er wiederum nachts allein in der Bank arbeitete, kam der Gedanke wieder. Diesmal war der innere Widerstand geringer: Er legte seine Hand auf das Geld und tat somit das, was ihm der Gedanke eingegeben hatte.

Die Kurse am Effektenmarkt gingen stark zurück, und zudem traf der Bankprüfer früher als gedacht ein. Das »Borgen« wurde entdeckt, und die großen Eisengitter des Ohio-State-Gefängnisses schlossen sich krachend hinter einem guten Menschen, der falsch gedacht hatte.

Einige Jahre später machte die Tochter des Bankiers bei mir einen Termin aus, um mich in meinem New Yorker Büro zu sprechen. »Ich habe wegen meines Vaters stets gelitten«, sagte sie. »Ich bewunderte und liebte ihn. Was ich daher wissen möchte: War mein Vater ein schwacher Mensch? Ein schlechter Mensch? Sie haben ihn doch gekannt. Bitte, sagen Sie es mir.«

»Nein«, antwortete ich, »er war kein schlechter Mensch.

Ich glaube auch nicht, daß Schwäche sein Problem war. Er war ein intelligenter Mann. Aber er hatte Probleme mit seiner Denkweise.« Es gelang mir, seine Tochter zu trösten. Was mich glücklich machte: Nachdem er seine Strafe verbüßt hatte, taten er und seine Familie sich wieder zusammen.

Mit »Probleme mit seiner Denkweise« wollte ich sagen, daß er negativ dachte. Er hielt seine Frau für ein zartbesaitetes, parfümiertes, wunderschönes Dummchen. Hätte er von ihr positiv gedacht, so hätte er sie als das erkannt, was sie tatsächlich war: eine intelligente, charaktervolle Frau. Ihre Taten nach seiner Verhaftung bewiesen es. Mit ihr hätte er nämlich die wahre finanzielle Situation offen besprechen können; ich bin sicher, daß die beiden eine Lösung gefunden hätten. Denn beide hatten sich wirklich lieb. Und wenn sich zwei Menschen lieben, ist nichts unmöglich.

Doch das ist das Elend mit jedem Menschen, der den falschen Weg einschlägt. Er scheint zwar der bequemste zu sein. Jesus Christus hat uns aber gelehrt: »Denn die Pforte ist weit, und der Weg ist breit, der zur Verdammnis abführt« (Matthäus 7, 13). Missetäter sind oft sehr schlau, und manchmal haben sie mit ihren Schurkereien eine Zeitlang noch recht viel Erfolg. Aber im Grunde genommen sind sie dumm, denn am Ende werden sie erwischt – wie kürzlich jene Wallstreet-Herren bewiesen, die man ehedem als die gewieftesten Geschäftsleute des New Yorker Finanzplatzes betrachtete.

Wie recht hatte doch Carlyle: »Der Gedanke ist der Vater der Tat.« Wenn man diesem anfänglichen Gedanken im Kopf Platz einräumt, wird er zum Funken, der das Feuer der Handlung entzündet. Erfolg oder Mißerfolg hängen davon ab, ob dieser Gedanke positiv oder negativ ist.

Was auf diesen Gedanken folgt, ist ebenso wichtig: das Abwägen, wie man ein Problem anpacken bzw. eine Gelegenheit nutzen könnte.

Auf meinem Pult steht eine Nachbildung von Rodins herrlicher Statue »Der Denker«. Immer wenn ein Problem auftaucht, rufe ich mir in Erinnerung: »Sei jetzt ein Denker! Denk das Ganze kühl und verstandesmäßig durch! Norman«, sage ich dann jeweils zu mir, »entscheide diese Angelegenheit um Gottes willen nicht gefühlsmäßig!«

Ja, diese kleine Statue hat mich vor mancher dummen Handlung bewahrt. Sicher, auch ich habe meine unglückseligen Momente. Wer das nicht eingesteht, steuert auf Schwierigkeiten zu. Denn selbst der klügste Mensch kann erstaunlich dumme Sachen machen. Die Vorsichtsmaßnahme heißt: denken, immer denken. Das Wichtigste ist das Beten, das für mich die höchste Form des Denkens ist. Denn so sind unsere Gedanken im Einklang mit Gott, der wesentlich weiter blickt als wir.

Lassen Sie mich erzählen, wie vor Jahren die Karriere eines Mannes durch diese Denkart eine entscheidende Wendung nahm. Sein Name ist Lee Buck.

Einer der vermutlich bedeutungsvollsten Tage in seinem Leben begann an einem Nachmittag im April 1974, als er an seinem Pult im Stammhaus der *New York Life Insurance Company* in Manhattan saß.

»Mr. Buck«, sagte seine Sekretärin, »der Aufsichtsratsvorsitzende möchte Sie sehen.«

Lee war ganz aufgeregt. Auf dieses Gespräch hatte er lange Zeit gewartet; er war sicher, daß man ihm jene Stelle anbieten würde, die er angestrebt hatte: erster Marketing-Vizedirektor.

Das war sein Ziel, seit er vor zwanzig Jahren als Kundenberater bei dieser Gesellschaft begonnen hatte. Er arbeitete immer hart, worauf man ihn mit seiner gegenwärtigen Aufgabe als stellvertretender Bereichsleiter des Verkaufs im Osten der Vereinigten Staaten betraute. In seiner neuen

Funktion hätte er erwartungsgemäß die Führungsverantwortung für die 10 000 Versicherungsberater der Gesellschaft in ganz Amerika, was der bedeutendste operationelle Tätigkeitsbereich der *New York Life* war. Lee war sicher, daß der Vorsitzende ihn als den besten Anwärter auf diesen Posten betrachtete.

Das Büro des Vorsitzenden befand sich ein Stockwerk höher. Um Zeit zu sparen, benutzte Lee die Treppe. Oben hielt er an und tat das Wichtigste, das ein Mensch tun kann: Er nahm sich einen Augenblick Zeit, um zu denken und zu beten. Er bat um Weisheit und Gelassenheit, damit er das, was immer geschehen würde, akzeptieren könnte, um dann daraus das Beste zu machen.

Nach wenigen Minuten betrat er das große, mit Teppichen ausgelegte Büro des Vorsitzenden, wo schwere Gardinen den Verkehrslärm der Madison Avenue schluckten. Der grauhaarige Vorsitzende reichte ihm die Hand, bat ihn, Platz zu nehmen, und ging darauf zu schockierenden Neuigkeiten über.

»Lee«, sagte er, »George wird erster Marketing-Vizedirektor, und Sie werden zum ersten Vizedirektor des Gruppen-Marketings befördert. Wollen Sie diese Aufgabe übernehmen?«

Der Vorsitzende war ein bißchen nervös; er wußte, daß Lee im Ruf stand, aufbrausend zu sein.

Lee starrte ihn wie vom Schlag getroffen an. Für ihn war die Gruppendienststelle ein klarer Abstieg, wurde sie doch von vielen Mitarbeitern als das Stiefkind der Gesellschaft angesehen. Diese Abteilung verkaufte an Firmen und Organisationen Gruppenversicherungen und erarbeitete bloß einen kleinen Prozentsatz des Geschäftsvolumens, für das die Marketingabteilung verantwortlich war.

Lee spürte, wie in ihm Wut und Enttäuschung aufstiegen.

Doch nur für kurze Zeit. Denn – und da bin ich sicher – dank seines Gebetes, das er auf dem Treppenabsatz gesprochen hatte, konnte er sich im Sessel zurücklehnen und »okay« sagen.

Der Vorsitzende war überrascht. Dann besprachen sie, was mit der Gruppendienststelle gemacht werden könnte. Mancher Mitarbeiter und manche Mitarbeiterin hätte dies als Abstieg empfunden, aber Lee entschloß sich, daraus etwas zu machen und die Chance zu nutzen.

Er erinnerte sich an den Rat, den ihm ein erfahrener Versicherungsberater gegeben hatte, als er in die Firma eingetreten war:

»Stürz dich auf jede Gelegenheit, mein Junge!«

»Wie erkenne ich denn Gelegenheiten?« hatte Lee gefragt.

»Das kannst du nicht«, lautete die Antwort, »du mußt dich einfach dauernd draufstürzen.«

Und so stürzte sich Lee in die neue Aufgabe. Als er das Marktpotential der Gruppendienststelle untersuchte, stieß er auf mögliche Kunden, die nie angesprochen worden waren. Er motivierte seine Verkaufsmannschaft und rief Hunderte von potentiellen Kunden persönlich an. Innerhalb des ersten Jahres verdoppelte er so den Vorjahresumsatz. Binnen weniger Jahre erhielt seine Abteilung die höchste Erfolgsprämie, die bei *New York Life* je ausbezahlt wurde.

Vier Jahre nach der Übernahme der »Stiefkind«-Dienststelle, die er zur bedeutendsten Abteilung der Gesellschaft gemacht hatte, wurde Lee zum ersten Marketing-Vizedirektor befördert.

Was wäre wohl mit Lee Buck geschehen, wenn er sich im Treppenhaus nicht einen Augenblick Zeit genommen hätte, um zu denken und zu beten? Hätte er der ersten Erregung nachgegeben, jener ohnmächtigen Wut, die uns alle überkommt, wenn wir uns ungerecht behandelt fühlen, so hätte er sich womöglich den Weg ins Topmanagement verbaut. Aber er hatte sich Zeit genommen, um zu denken und zu beten, und seine Karriere, die sich daraus im Versicherungsgeschäft ergab, sollte für alle jungen Frauen und Männer, die in unserer Zeit Karriere machen wollen, ein leuchtender Leitstern sein.

Alle diese Überlegungen bewogen mich schießlich, eines der wichtigsten Bücher zu verfassen, die ich je geschrieben habe – ein Buch, das anderen Menschen auf nachdrückliche Weise helfen konnte. Anderen Menschen im Leben zu Glück und Erfolg verhelfen – das hatte ich mir vorgenommen, als ich mich entschloß, Pfarrer einer Kirchengemeinde zu werden.

Dieses Buch schrieb ich aber erst viele Jahre nach jenem Tag, an dem ich am Ohio-Wesleyan-College der schüchterne Student im zweiten Studienjahr war und Professor Arneson mich aufforderte, an Gott und an mich zu glauben.

Nach meiner Promotion am Ohio-Wesleyan-College und an der Universität Boston arbeitete ich als Pfarrer; in kürzeren Zeiträumen predigte ich in Berkeley (Rhode Island), Brooklyn und Syracuse; 1932 kehrte ich nach New York zurück, wo ich seither geblieben bin.

Zur Zeit, als ich Pfarrer der Marble Collegiate Church an der Fifth Avenue war, zählte Dr. John Langdale zu meinen Freunden. Er war in den dreißiger Jahren ein anerkannter Gelehrter, der an der Fifth Avenue ein Verlagsbüro hatte.

»Warum schreiben Sie nicht ein Buch,das vertiefend darlegt, was Sie von der Kanzel herab predigen?« fragte er.

Ich sah ihn verdutzt an. Der Gedanke, ein solches Buch zu schreiben, war mir nie gekommen. »Tut mir leid, John«, entgegnete ich, »nur anerkannte Gelehrte schreiben Bücher über Religion und Psychologie. Und ich bin ganz bestimmt kein Gelehrter.«

Doch von diesem Einwand ließ sich John Langdale nicht abhalten. Jedesmal, wenn wir miteinander sprechen konnten, bestürmte er mich.

Schließlich erklärte ich ihm, daß ich mit der wissenschaftlichen Sprache, wie sie die Gelehrten benutzen, nicht vertraut sei. »Vor der Bildung habe ich große Achtung«, fügte ich hinzu, »aber was mich einzig und allein interessiert, ist die Kommunikation mit dem Mann auf der Straße.«

Im weiteren erzählte ich ihm, daß ich zwar einmal etwas geschrieben hatte – allerdings zu der Zeit, als ich als Zeitungsreporter arbeitete.

Seine Augen leuchteten auf, und er lehnte sich nach vorne. »Erzählen Sie mir davon, Norman!«

»Nun, während dreier Jahre arbeitete ich für den *Morning Republican* (später in *The Courier* umbenannt), der in Findlay, Ohio, erschien. Dann ging ich zum *Detroit Journal*, wo ich unter Grove Patterson arbeitete.«

John Langdale lehnte sich im Sessel zurück und lächelte. »Ich kenne ihn. Er ist einer der ganz Großen in der Geschichte des amerikanischen Journalismus.«

»Allerdings. Er war eine markante Persönlichkeit«, sagte ich.

»Nie werde ich meinen ersten Arbeitstag bei ihm vergessen. Als ich ihm von meiner Arbeit für die Findlay-Zeitung erzählte, sagte er: ›Sind Sie durch die Schule der Hemingers gegangen, ja? Es gibt nichts Besseres. Sie haben damit die bestmögliche Ausbildung gehabt.‹ Dann zog Grove Patterson ein großes gelbes Blatt Papier hervor, auf das er in der Mitte einen Punkt zeichnete. ›Was ist das?‹ fragte er. ›Ein Punkt‹, antwortete ich und wunderte mich, worauf er hinauswollte. ›Nein!‹ bellte er. ›Das ist eine Periode, das größte literarische Mittel, das der Mensch kennt. Wenn eine Periode angezeigt ist, Peale, so schreiben Sie nie darüber hinaus!‹«

John Langdale, der in meinem Büro mir gegenüber saß, lachte: »In der Tat, das klingt nach Grove Patterson. Was hat er Sie sonst noch gelehrt?«

»Er lehrte mich, möglichst einfache Wörter zu verwenden – zum Beispiel ›genau‹ statt ›akkurat‹. Er fragte mich: ›Norman, für wen schreiben Sie? Nehmen wir an, hier sei ein Universitätsprofessor und hier ein Straßenarbeiter. Für wen werden Sie schreiben?‹ – ›Für den Straßenarbeiter‹, antwortete ich, ›denn so versteht es der Professor und ebenso der Tagelöhner.‹ Grove Patterson nickte. ›Die Hemingers in Findlay haben sie gut unterrichtet.‹«

Nachdem ich Dr. Langdale all das erzählt hatte, war ich überzeugt, er würde mich nicht länger drängen, ein Buch zu schreiben. Doch seine Reaktion kam völlig unerwartet. Er kam mit großen Schritten auf mich zu, klopfte mir auf die Schulter und sagte begeistert: »Großartig, Norman! Es ist an der Zeit, daß jemand für die Masse schreibt, für den einfachen Mann. Sie können das. Geben Sie den Lesern schlichtes, einfaches amerikanisches Englisch, die meistverbreitete Verkehrssprache der Welt, und ich werde das, was Sie schreiben, veröffentlichen!«

Ich war überrascht, daß ein bekannter Gelehrter wie er so sprach. Immerhin, er vermochte mich zu begeistern. Ich machte mich ans Schreiben, und heute, nach sechzig Jahren, schreibe ich immer noch.

Mein erstes Buch trug den Titel *Die Kunst zu leben*. Es war ein eher literarisches Werk.

Es wurde gebunden zum erstaunlichen Preis von 1 Dollar verkauft. Mein zweites war *Der Plus-Faktor*, ein Buch zum Thema Motivation. Nach wie vor glaube ich, daß jeder Mensch, der an sich glaubt, zum Gewinner wird. Dann kam ein Bestseller: *Heute fängt Dein Leben an*.

Zwischen 1950 und 1952 versuchte ich all das, was ich über

Jahre hinweg gelernt hatte, in einem weiteren Buch zusammenzufassen, dem ich den Titel *Die Kraft des Glaubens* gab. Ich zeigte das Manuskript einem Verleger in New York. Er las es, rümpfte die Nase und sagte dann: »Davon verkaufen Sie keine 10 000 Exemplare. Ich empfehle Ihnen, das Manuskript zusammenzustreichen, neues Material einzufügen und das Buch zum Beispiel *Wie man 24 Stunden im Tag lebt* zu nennen.«

Das interessierte mich nicht sonderlich, und da ich von der ganzen Sache die Nase voll hatte, legte ich das Manuskript ins Regal eines Wandschranks, wo es ein Jahr lang liegenblieb.

Danach fand es meine Frau Ruth; sie staubte es ab und brachte es Myron L. Boardman, dem damaligen Vizepräsidenten eines Verlagshauses. Das Manuskript gefiel ihm, und schon nach wenigen Tagen saßen Ruth und ich in seinem Büro.

»Norman, ich schlage einen anderen Titel vor. Er besteht aus einer Wendung, die ich in Ihrem Manuskript immer wieder angetroffen habe.«

Ich schaute ihn neugierig an. »Ich weiß nicht genau, was Sie meinen, Myron.«

»Sicher nicht«, antwortete er. »Ich glaube nicht, daß Ihnen diese Wendung aufgefallen ist. Aber Sie haben sie unbewußt in Ihrem Buch fortwährend wiederholt. Sie sollte meiner Meinung nach der Titel sein.«

Ruth und ich schauten uns fragend an. Dann wandte ich mich zu Myron. »Nun, wie soll er denn lauten?«

Er blickte mich lange an und sagte dann: *»Die Kraft positiven Denkens.«*

Das war das erstemal, daß ich diese Wendung hörte. An jenem Nachmittag las ich das Manuskript nochmals durch: Sie kam in der Tat viele Male darin vor.

Myron und Ruth waren sich beide einig, daß der neue Titel

dasselbe aussagte wie mein ursprünglicher – *Die Kraft des Glaubens* –, mit dem man nach Myrons Meinung nur eine begrenzte Leserschaft ansprechen würde.

Ich war mit der Änderung einverstanden. Das Buch kam heraus, und heute, nach vierzig Jahren, verkauft es sich unvermindert an stets neue Leserkreise. Über die 20 Millionen sind bisher weltweit verkauft worden; damit ist es, wie man mir sagte, zu einem der größten Verkaufsschlager aller Zeiten geworden.

Anfänglich machte ich mir wegen des Titels Gedanken: Hatte ich diese Wendung vielleicht irgendwo gelesen, worauf sie in meinem Unterbewußtsein haften geblieben wäre? Ich ging dieser Frage peinlich genau nach. Mehrmonatige Nachforschungen ergaben aber, daß *Die Kraft positiven Denkens* zuvor nie verwendet worden war.

In meinem schlichten Glauben schloß ich daraus, daß der allmächtige Gott sie mir eingegeben hatte, damit ich sie den Lesern in aller Welt weitergebe. Warum von allen Menschen gerade mir? Hätte Er nicht einen viel besseren Mittler aussuchen können? Natürlich. Doch ich habe festgestellt, daß Gott für die Ausführung seines Willens oftmals die aussichtslosesten Kandidaten aussucht. Vielleicht wählt Er bloß mäßig begabte Menschen mit dicker Haut aus, die Kritik einstecken können. Denn Kritik, das können Sie mir glauben, hatte ich jede Menge.

So verrissen denn alle mir bekannten gelehrten Menschen und viele Leute, von denen ich noch nie etwas gehört hatte, mein Buch. Es wurde als zu »simpel« und zu »oberflächlich« und als Mittel, um reich zu werden, verspottet. Je populärer es wurde, desto mehr wurde es bemängelt. Ein bekannter, gebildeter Rezensent schrieb in einer feinen literarischen Zeitschrift eine vernichtende Kritik. Einige Pfarrer verschmähten es von der Kanzel herab. Einer nannte es »eine

Verdrehung der christlichen Religion«. Und ein bekannter Politiker witzelte: »St. Paul is appealing, but Peale is appalling« (St. Paul fleht [zu Gott], aber Peale ist entsetzlich).

Ich zuckte natürlich jedesmal zusammen. Es zeigte sich aber, daß mir auf jede Kritik Hunderttausende von gewöhnlichen Männern und Frauen schrieben, das Buch habe ihr Leben zum Besseren gewendet. Und das Wichtigste: Viele sagten, es habe ihnen geholfen, Gott zu finden.

Die Wendung »Die Kraft positiven Denkens« durchdrang nach und nach die Sprache, verbreitete sich dann in ganz Amerika und schließlich in der Welt. Denn das Buch wurde in 48 Sprachen übersetzt. Immer noch treffen bei mir Briefe ein. Hier zwei Beispiele, die ich mit der Genehmigung der Verfasser wiedergeben darf:

Lieber Herr Dr. Peale

Sie haben mir während der vergangenen Jahre sehr viel geholfen. Ich will Sie an den wundervollen Dingen teilhaben lassen, die mir und meiner Familie widerfahren sind. Ich denke mir, daß Sie sich freuen, zu erfahren, wie mir die positive Vorstellungskraft persönlich geholfen hat.

Am Badezimmerspiegel machte ich einen Zettel mit drei Zielen fest; darunter brachte ich einen Kleber mit dem Satz »Zähle auf ein Wunder« an.

1. Jetzt bin ich Betriebsdirektor der Region 6.
2. Mein Jahreseinkommen beträgt 100 000 Dollar.
3. Keine Hypothekarschulden mehr.

Diese Ziele betrachtete ich als bereits erreicht und hielt trotz einiger recht großer Hindernisse an diesem Glauben unbeirrt fest.

Im darauffolgenden Jahr verwirklichte ich Ziel Nummer 1. Im Oktober des nächsten Jahres wurde ich Vize-

präsident unserer Firma. Die Lohnerhöhung ließ mein Einkommen über das hinaussteigen, was im Ziel Nummer 2 festgehalten war. Die Firma kaufte mir mein Haus ab, wodurch es schuldenfrei wurde. (Ich glaube, bei der Formulierung des Ziels Nummer 3 hätte ich etwas vorsichtiger sein sollen; denn dann hätte ich vielleicht nicht umziehen müssen. Wie sagt doch die Redensart: Sei vorsichtig, was du dir wünschest, denn du könntest es womöglich bekommen.)

Es kommt noch besser. Unsere Firma schloß sich mit einer anderen zusammen, was zur Folge hatte, daß ich nach der Fusion zum regionalen Vizepräsidenten für den Nordosten Amerikas befördert wurde – zu einem noch höheren Gehalt.

Zu Beginn dieses Jahres beschlossen meine Frau und ich, für gute Zwecke Geld zu spenden. Raten Sie einmal, was geschah. Siehe da, das gespendete Geld fehlt uns überhaupt nicht! Im Gegenteil, wir haben mehr als zuvor. Spenden lohnt sich wirklich.

Ich schreibe Ihnen das alles, weil Sie mir und meiner Familie mit Ihren Tonbändern, dem Positive Thinkers Club *(Vereinigung der positiv Denkenden), Ihren Artikeln im* Guideposts-*Magazin und Ihren Büchern wirklich geholfen haben. Vor rund zehn Jahren hatte ich ein paar sehr üble Angewohnheiten, die mich beinahe meine Familie gekostet hätten. Aber ich kam zur Einsicht.*

Gott segne Sie für all das Wunderbare, das Sie für mich, für meine Familie und für Millionen anderer Menschen in der Welt getan haben.

Mit freundlichen Grüßen
Jim McComas

Und hier ein Brief von einem Mann, der es beinahe nicht geschafft hätte:

Lieber Herr Dr. Peale

Nach meiner Entlassung aus der Armee kehrte ich ins tägliche Leben zurück, heiratete und ging der Arbeit nach – mit dem Ziel, erfolgreich zu sein, viel Geld zu verdienen, meinen Schwiegereltern zu zeigen, daß ihre Tochter mit mir einen fähigen Mann geheiratet hatte, und meinen Eltern zu zeigen, daß sich ihre Aufwendungen für mein Studium an der Georgetown-Universität gelohnt hatten. Ich hatte es eilig.

Nun, im Geschäft ging es nicht gut. Ich gab mir zwar alle Mühe, doch je mehr ich mich anstrengte, desto schlechter ging es. Ich war es nicht gewohnt, keinen Erfolg zu haben. Ich wußte nicht, wie ich es anstellen sollte. Zu jener Zeit begann ich einen guten Teil meiner Zeit in vier Städten außerhalb New Yorks zu verbringen. Sie alle hatten eines gemeinsam: Rennbahnen.

Binnen kürzester Zeit war ich der Spielsucht verfallen. Die folgenden zehn Jahre waren wie eine sich abwärts drehende Spirale; sie waren ein Alptraum. Ich verlor mein Bankkonto, eine Stelle nach der anderen, und ich mußte unsere Wagen und sogar unser Heim verkaufen, um meine Sucht finanzieren zu können.

Schließlich fuhr ich ans Ufer des Genesee River. Dort dachte ich über die Vergangenheit mit all den Chancen, die ich gehabt hatte, und über die Gegenwart nach. Ich war arbeitslos, hatte 100 000 Dollar Schulden, kein Vermögen und kein Selbstvertrauen. Ich ertappte mich beim Gedanken, ob die Welt ohne mich nicht besser dran wäre und ob nicht allen – auch mir – wohler wäre, wenn ich in den Fluß ginge und nie wieder herauskäme.

Aus irgendeinem Grund tat ich es nicht. Statt dessen ging ich zu einer Versammlung der Gamblers Anonymous *(Vereinigung ungenannt bleibender Spieler). Diese Vereinigung wurde von einem Alkoholiker nach dem Modell und Vorbild von* Alcoholics Anonymous *gegründet. »GA«, wie wir sie unter uns nannten, nahm gerade zu jener Zeit ihre Tätigkeit nördlich von New York auf.*

Gamblers Anonymous *lehrte mich, wie man mit dem Spielen und Wetten aufhört, nämlich das, was ich lange Zeit ohne Erfolg versucht hatte. Und was ebenso wichtig war: Sie machte mir klar, daß ich – obschon ich verwerfliche Dinge getan hatte – ein nützlicher und tauglicher Mensch war.*

Eines Tages entdeckte ich quasi »zufällig« die Welt des positiven Denkens. Die Folge war, daß ich an mich zu glauben begann. Zu meiner großen Überraschung wurde mir bewußt, daß ich nicht in meiner Vergangenheit verhaftet war und das, was ich sein wollte, werden konnte. Gamblers Anonymous *lehrte mich, wie man aufhört zu spielen; Sie haben mich gelehrt, wie man beginnt zu* leben.

Heute bin ich Vizepräsident und Finanzchef einer Versicherungsgesellschaft. Jetzt besitze ich die materiellen Güter, denen ich damals vergeblich nachgejagt habe: ein schönes Heim und Geld auf der Bank. Aber noch mehr als das: Ich habe Selbstachtung: Ich weiß, *daß ich ein brauchbarer Mensch bin, der immer viel Gutes (und Gott) in sich hatte, das einfach nicht in die richtige Bahn gelenkt wurde.*

Mit freundlichen Grüßen
Michael Feller

Solche Briefe haben mich beschämt. Die Tatsache, daß ich, der ich nie irgendwelche Lorbeeren der Gelehrsamkeit geerntet habe, in solchem Maße auserwählt sein soll, diese einfache Botschaft des positiven Denkens zu verkünden – diese Tatsache ist unfaßbar.

Die anfänglich vorgebrachte Kritik an meinem Buch ist verständlich. Die meisten neuen Konzepte werden schlechtgemacht, wenn sie zum erstenmal vorgelegt werden. Der wissenschaftliche Fortschritt und überhaupt jeglicher Fortschritt kann davon Geschichten erzählen. Zuerst kommt der Widerspruch, der Spott und die gehässige Kritik, darauf allmählich die Zustimmung, sodann die allgemein verbreitete Verwendung und schließlich das Lob. Da ich die Zeit, da das Telefon, das Automobil, der Rundfunk und das Fernsehen aufkamen, miterlebte, habe ich für die Reaktion der menschlichen Natur auf etwas völlig Neues durchaus Verständnis. Die Geschwindigkeit eines mit 40 km/h fahrenden Personenzuges würde die Reisenden aus der Fassung bringen, sagten Fachleute des 18. Jahrhunderts voraus. Daß das neu eingeführte Telefon unter gewissen Umständen den Benützer mit elektrischem Strom töten könnte, war eine weitverbreitete Befürchtung. Und noch vor gar nicht allzu vielen Jahren hatten zahlreiche Menschen wegen der »gefährlichen elektronischen Strahlen« Angst, einen Mikrowellenofen zu benutzen.

Daß dem Denken in unserem Leben große Bedeutung zukommt, ist natürlich nichts sonderlich Neues. Die Bibel sagt uns in den Sprüchen: »Denn so, wie er in seinem Herzen denkt, so *ist* er...« Vor 2500 Jahren sagte Gotama Buddha: »Der Geist ist alles. Wir werden, was wir denken.« Und der römische Kaiser und Philosoph Marcus Aurelius erklärte: »Unser Leben ist das, wozu es unsere Gedanken machen.«

William James, um die Jahrhundertwende Professor für

Philosophie, Psychologie und Anatomie an der Harvard University, sagte: »Die größte Entdeckung meiner Generation ist, daß die Menschen ihr Leben ändern können, indem sie ihre Geisteshaltung ändern.«

Was mich aber wirklich verblüfft hat, ist, wie die moderne Wissenschaft von der Nützlichkeit des positiven Denkens berichtet.

Dr. Christopher Peterson von der Universität von Michigan sagt, daß ein unverbesserlicher Pessimist wahrscheinlich doppelt so häufig von leichteren Krankheiten wie zum Beispiel Grippe oder Halsschmerzen befallen wird als ein offenkundiger Optimist.

Dr. Martin Seligman, Psychologe an der Universität von Pennsylvania, erklärt, Optimismus mache sich weitreichend bis hin zu Gesundheit, Langlebigkeit, Berufserfolg und besseren Resultaten bei Leistungstests bezahlt, Pessimismus bewirke nicht nur das Gegenteil, er spiele anscheinend auch eine Rolle bei geistigen Störungen wie übermäßiger Scheu und Depression.

»Unsere Erwartungen haben nicht nur Einfluß darauf, wie wir die Wirklichkeit sehen, sie beeinflussen die Wirklichkeit selbst«, sagt Dr. Edward Jones, Psychologe an der Princeton University.

Aus diesen Tag für Tag aus dem positiven Denken gewonnenen Erkenntnissen entstand eine neue Wissenschaft, die man zungenbrechend als »Psychoneuroimmunologie« bezeichnet. Sie untersucht, wie unsere Gedanken, Gefühle und Einstellungen unsere Anfälligkeit auf Krankheiten bestimmen. Offenbar haben die Wissenschaftler gleich viel Mühe, das Wort »Psychoneuroimmunologie« auszusprechen wie ich; sie nennen sie deshalb entgegenkommend »PNI«.

Erfreulich ist, daß sich diese neue Wissenschaft auch mit der Bedeutung des Humors befaßt. Letztlich greift sie natürlich auf die Bibel zurück, wo in den Sprüchen steht: »Ein fröhliches Herz tut gut wie eine Medizin.« In diesem Zusammenhang erklärt Dr. William Fry, Psychiatrieprofessor an der Stanford University, daß Lachen die Produktion von Munterkeitshormonen fördert, die im Hirn Endorphin-Stoffe freisetzen. Diese begünstigen nicht nur ein Gefühl der Entspannung und des Wohlbefindens, sie lindern sogar Schmerzempfindungen. Stellen Sie sich das vor!

Und wer wäre nicht gern Patient im St.-Joseph-Spital in Houston, Texas, wo die Nonnen es sich zur Gewohnheit machen, jedem Patienten Tag für Tag eine lustige Geschichte zu erzählen.

Ich verstehe, daß immer mehr Krebskranke in Lachtherapiegruppen mitmachen, was die Last ihrer Krankheit zu verringern scheint und ihnen, indem sie ihre PNI fördern, möglicherweise sogar bei ihrer Genesung hilft.

Ich bin überrascht und voller Ehrfurcht, daß eine im Hinblick auf ein besseres und glücklicheres Leben praktikable Methode, die ich seit bald 40 Jahren verkünde und beschreibe, heute ein anerkanntes wissenschaftliches Prinzip ist, das gescheite Köpfe unserer Zeit verfechten.

Das macht die 93 Jahre, seit denen ich in diesem herrlichen Land lebe, über alle Maßen lohnend.

1. **Jeden Tag kann ein gewaltiges Ereignis eintreten. Seien Sie darauf gefaßt.**

2. **Über dem positiven Denken steht das positive Glauben.**

3. **Ein Gedanke kann Sie zugrunde richten. Ein Gedanke kann Sie aber auch aufbauen.**

KAPITEL 2

Wer glaubt, gewinnt

Wenn Sie an sich zu glauben beginnen, sind Sie auf dem Weg, der dorthin führt, wo Sie hin wollen. An das Unwägbare glauben ist nicht einfach, aber lebenswichtig.

Der Glaube fällt einem leicht zu, wenn er sich auf das Alltägliche bezieht. Wir drücken auf einen Knopf – im Glauben, daß sich das Licht einschaltet. Wir machen eine Hotelreservation – im Glauben, daß unser Zimmer für uns bereit ist. Wir bestellen schriftlich oder telefonisch ein Produkt – im Glauben, daß es uns zugestellt wird.

Es sind die wichtigen Dinge, mit denen wir unsere liebe Mühe zu haben scheinen. Im Wörterbuch steht, das Wort *glauben* bedeute »Vertrauen oder Zuversicht haben; meist mit *an*, auch mit Wen- und Wemfall; z. B. an einen Menschen glauben«.

Irgend etwas einfach annehmen ist nicht so dynamisch und kraftvoll wie etwas *glauben*. Sämtliche Siedler des jungen Amerika schätzten die Freiheit; doch nur jene, die an sie *glaubten*, kämpften um sie.

Ja, an etwas wirklich glauben – das macht den ganzen Unterschied aus. Der Philosoph F. W. Robertson schrieb: »Glauben heißt glücklich sein; zweifeln heißt elend sein. Glauben heißt stark sein. Der Zweifel verringert den Lebensmut. Glaube ist Kraft. Nur wenn ein Mensch fest und unbeirrt glaubt, kann er fröhlich wirken oder sonst etwas tun, das es wert ist, getan zu werden.«

Voller Dynamik und Energie ist das Versprechen Jesu Christi: »Alle Dinge sind möglich dem, der da glaubt« (Markus 9, 23).

Vor kurzem saß ich während eines Fluges neben einem jungen Schauspieler, der sich abgemüht hatte, in New York Karriere zu machen. Er war ganz aufgeregt, denn er und seine Frau hatten ihr erstes Kind bekommen. Ein kleines Mädchen, sagte er mir, sechs Wochen alt. »Wissen Sie«, vertraute er mir an, »wir haben beschlossen, wieder nach Minnesota zurückzukehren, wo wir herkommen. Dort werde ich zwar nie ein Starschauspieler sein, aber ich werde durchkommen. Dort ist einfach irgend etwas, irgend etwas...«

Er verstummte, aber ich wußte, was er meinte. Dort in Minnesota gab es Werte. Werte, mit denen er selbst aufgewachsen war. Sie waren ihm so wichtig, daß er bereit war, eine vielversprechende Karriere aufzugeben, damit sein Kind mit ihnen aufwachsen konnte. Ein Strohhalm im Wind, sagen Sie? Vielleicht. Aber es gibt noch andere Strohhalme. Der Glaube lebt wieder auf. In einem der größten Nachrichtenmagazine steht zu lesen: »Am Fernsehen und im Privatleben ist vom kleinsten Ort bis zur größten Stadt der Glaube eine wachsende, treibende Kraft.« Warum? Weil sich die Menschen erneut der Beständigkeit zuwenden, die allein Werte verschafft. Die Erwachsenen brauchen das, und ihre Kinder brauchen das.

In unseren Tagen kommt man immer mehr von der antiautoritären Erziehung ab, und die herkömmlichen Maßstäbe gewinnen zunehmend an Bedeutung. Marva Collins ist eine außergewöhnliche Lehrerin in Chicago. Sie holte aus den Slums ein paar unterprivilegierte Kinder zu sich und machte sie zu absoluten Gewinnern, indem sie an den Stolz der Kinder appellierte, indem sie ihnen eintrichterte, sie könnten jede ihnen gestellte Aufgabe lösen, und indem sie ihnen ständig sagt: »Ich will nicht, daß ihr scheitert.« Heute legen Lehrer und Erzieher Maßstäbe an, indem sie ihren Schülern Verantwortlichkeit beibringen, harten Einsatz verlangen – und ihn auch bekommen.

Der Glaube ist die Kraft positiven Denkens. Er bringt alles fertig. Er verwandelt Mißlingen in Erfolg. Wer glaubt, gewinnt. So beispielsweise Ron Guidry, Baseballspieler bei den *New York Yankees*. Er war einer der größten Ballwerfer in der Liga A. Aber er mußte erst lernen, an sich zu glauben, ehe er diesen Gipfel der Athletik erklimmen konnte.

Guidry zog sich im Juli 1989 als einer der größten Baseballspieler aller Zeiten von diesem Sport zurück. Zu Beginn seiner Karriere durchlebte er eine Zeit bitterer Enttäuschungen. Sein Selbstvertrauen war derart angeschlagen, daß er beschloß, diesen Sport aufzugeben.

1976 wurde Guidry in unbedeutendere Ligen zurückversetzt. Als man ihm diesen Entscheid mitteilte, war er am Boden zerstört. Er sagte seiner Frau: »Wir gehen heim nach Louisiana.«

Guidry meinte es ernst. Somit packten sie ihre Sachen zusammen und fuhren nach dem Süden. Es ist aber eben doch etwas Wundervolles, die richtige Frau zu haben. Frau Bonnie Guidry nörgelte nicht an ihrem Mann herum, und sie beklagte sich auch nicht. Sie erweckte in ihrem Mann eine positive Einstellung. Während sie nach dem Süden fuhren, sagte sie ihm schlicht und einfach: »Du bist ein großer Mann. Du hast das Zeug, der Beste zu sein.«

Mittlerweile waren sie schon ziemlich weit unten im Süden; an einer Tankstelle machten sie halt. »Liebster«, sagte Bonnie Guidry, »mich beschäftigt der Gedanke, daß du nie wissen wirst, ob du es in den A-Teams geschafft hättest.«

»Was sagst du da?« fragte er. Sie wußte, daß sie ihn am richtigen Punkt angesprochen hatte; denn als sie von der

Tankstelle wegfuhren, wendete er den Wagen nach Norden. Dort angekommen, trat er einer unbedeutenden Mannschaft bei und trainierte hart. 1977 war er bereits wieder in den A-Teams, und 1978 wurde er von der amerikanischen Liga einstimmig zum besten Ballwerfer gewählt und mit dem *Cy Young Award* ausgezeichnet. Elf Jahre später hatte Guidry eine Karriere als viertbester Ballwerfer in der Geschichte des amerikanischen Baseballs hinter sich.

Wenn seine Frau in ihm nicht taktvoll und feinfühlig das positive Denken und die Einstellung eines Gewinners wachgerufen hätte, wäre ihm die Kraft, die er in Wirklichkeit besaß, für immer verborgen geblieben. Noch wichtiger ist: Er bewies, daß ein Mensch, der gewinnt, glauben muß.

Vielleicht sollten wir den »glaubenden« Menschen definieren. Woran glaubt er? Wer gewinnen will, muß an sich glauben und in seine Fähigkeiten und Ziele Vertrauen haben. Er muß an andere Menschen glauben, denn ohne Hilfe kann man auf keine Leiter klettern. Man muß auch an das Land glauben, das einem Chancen bietet, und ebenso an die Chance selbst. Jeder, der vorwärtskommen will, muß an seine Arbeitgeberfirma glauben. Und jeder Glaube sollte von festem Vertrauen in Gottes Hilfe getragen sein.

Eines der besten mir bekannten Beispiele dafür, wie der Glaube an Gott einem Menschen die Kraft geben kann, die höllischste Qual durchzustehen, sind die Ereignisse während der Entführung der TWA-Maschine, Flug 874, über dem Mittelmeer im Juni 1985.

Sie erinnern sich vielleicht, daß das Flugzeug von Kapitän Testrake, einem erfahrenen Piloten mit über 30 Jahren Flugpraxis, gesteuert wurde. John Testrake glaubte fest an Gott. Den kritischsten Augenblick während der ganzen Entführung erlebte er beim Zwischenhalt in Beirut, wo das Flugzeug aufgetankt werden mußte. Die Entführer, die in ihrer Gewalttätigkeit einen Passagier – Robert Stethem – getötet hatten, tobten wie Wahnsinnige, als sie mit dem Kontrollturm hin und her diskutierten, wo das Auftanken erfolgen solle. Der Mann im Kontrollturm wollte das Flugzeug in der Auftankzone haben. Die Terroristen befürchteten dort einen Hinterhalt und verlangten, daß das Flugzeug draußen auf der Startbahn aufgetankt werde. Schließlich akzeptierten die Entführer widerwillig die Auftankzone, und Kapitän Testrake fuhr das Flugzeug mit den 153 Passagieren und der Besatzung zur abgesperrten Zone hin.

»Im Nacken verspürte ich die zitternde Mündung einer Pistole, und ins Gesicht hatte man mir eine Handgranate gedrückt; die Spannung wuchs«, erzählte John Testrake später. »Diese Männer waren Schiiten, also Angehörige einer radikalen mohammedanischen Sekte; sie glaubten, daß das Sterben für den Glauben sie mit einem erstklassigen Platz im Paradies belohnen würde. Sie waren der Hysterie nahe. Eine unerwartete Bewegung in der Auftankzone konnte ein Blutbad auslösen. Ich weiß noch genau, wie mir zumute war, als wir anrollten. Ich hatte das bestimmte Gefühl, daß wir alle sterben würden. Ich griff mit der Hand nach dem Drosselventilhebel. Die Zeit war gekommen, wo ich nicht mehr der Angst unterliegen mußte. Es galt, sich mit der Situation auseinanderzusetzen. Der einzige Weg, der dies ermöglichte, war der Weg zum Glauben. Schon vor langer Zeit hatte ich mich und mein Leben Gott anvertraut. Wenn ich wirklich an Ihn glaubte, dann mußte ich vollkommen an Ihn glauben. Ich sagte mir: Wenn Jesus will, daß ich am Leben bleibe, so werden die Entführer weder abdrücken noch die Granate zu Boden werfen. Meine Hand am Ventilhebel blieb ruhig. Entspannt steuerte ich das Flugzeug in die Auftankzone hinein und stellte die Triebwerke ab.«

Kapitän Testrake sagte, daß an seinem Glauben, dank dem

er unter solch entsetzlichen Umständen ruhig bleiben konnte, nichts Neues sei. Sein Glaube war ein Stück von ihm – genauso wie seine Fähigkeit, ein Flugzeug zu steuern, ein Stück von ihm war; es war ein Glaube, der mit den Jahren immer stärker geworden war.

Nach 17 Tagen, während deren John Testrakes Glaube an Gottes Gegenwart nie ins Wanken gekommen war, ließen die Terroristen die Passagiere frei. Damit nahm die Qual ein Ende.

Was wäre wohl geschehen, wenn der Kapitän nicht starken Glaubens gewesen wäre? Wenn er in jenem kritischen Augenblick die Fassung verloren und so die Zerstörung seines Flugzeugs und den Tod der Passagiere verursacht hätte? Ich mag nicht daran denken.

Ob Sie nun das Opfer einer Flugzeugentführung sind oder etwas so Gewöhnliches wie eine Krise bei der täglichen Arbeit erleben – Ihr fester Glaube an Gott macht den Unterschied zwischen Rettung und Vernichtung aus.

Kürzlich hielt ich an einer Tagung vor Kaderleuten einer der größten Ölgesellschaften Amerikas einen Vortrag. Sie organisierten eine Diskussionsrunde mit Führungskräften aus der Industrie zum Thema »Topprioritäten des Managers«. Die Paneldiskussion erwies sich als überaus spannend und aufschlußreich. Die Teilnehmer waren sich in der Reihenfolge der Prioritäten einig: 1. Gott, 2. die Familie, 3. die Firma, 4. Menschen, 5. die USA, 6. freies Unternehmertum, 7. das Leben selbst.

Ein hartgesottener Geschäftsmann, mit dem ich bei späterer Gelegenheit diskutierte, war mit der Abfolge der Prioritäten 2 und 3 nicht einverstanden.

»Die Firma sollte *vor* der Familie kommen«, sagte er beharrlich.

»Warum denn?« fragte ich ihn erstaunt.

»Wie kann ein arbeitsloser Mann seine Familie durchbringen? Sie ernähren? Kleider kaufen? Ein geheiztes Zuhause bieten?«

Ich machte ihn darauf aufmerksam, daß Anthropologen und Soziologen genauso wie Theologen sich grundsätzlich darüber einig sind, daß die Stärke einer Gesellschaft auf der Solidarität der Familie beruht. »Sie brauchen bloß die Zeitungen zu lesen«, sagte ich: »Die meisten Unruhestifter und Missetäter stammen aus zerrütteten Familien, wo es an der elterlichen Autorität fehlte. Die Familie ist für die Gesellschaft das Wichtigste.«

So oder so würden viele Menschen die restlichen Punkte in anderer Reihenfolge auflisten. Ich bin mir aber fast sicher, daß die meisten Menschen, die Gewinner sein wollen, sich für diese Abfolge entscheiden. Persönlich würde ich einen weiteren Punkt mit hoher Priorität hinzufügen: in der Gemeinschaft mitwirken und unglücklichen Menschen helfen.

Menschen, die sagen, sie würden an nichts glauben, laufen Gefahr, in dieser Welt bemitleidenswerte Missetäter zu werden. Mir ist aufgefallen, daß ein Mensch, der aus Gewohnheit alle Dinge schlechtmacht, die allergrößte Mühe hat, erfolgreich zu sein.

Ich habe viele Gewinner in den verschiedensten Gebieten gekannt, und ich habe nie einen angetroffen, der nicht auch an die meisten Punkte auf der obigen Liste geglaubt hätte. Natürlich hatten sie wie alle Menschen ihre Augenblicke des Zweifelns, aber sie alle besaßen eine natürliche Selbstachtung und einen gesunden, grundlegenden Glauben an sich selbst. Sie hatten klar definierte Ziele. Damit machten sie sich ungeachtet der Mißgeschicke, des Widerstandes und selbst der Feindseligkeiten auf, um das zu erreichen, was sie sich vorgenommen hatten.

So zum Beispiel Orville Redenbacher, dessen Popcorn Ihnen in Ihrer Jugendzeit wahrscheinlich sehr geschmeckt hat. Er begann als Knecht auf einer Farm in Indiana, wo er die Landwirtschaftsauszeichnung für seine Anzucht von Röstmais erhielt. Später verwandte er rund 40 Jahre seines Lebens auf das Kreuzen von über 30 000 Hybriden, um ein Popcorn zu erhalten, von dem er sich versprach, daß es leichter und flockiger als das herkömmliche Popcorn sei. (Es kostete natürlich auch etwas mehr.)

Doch er konnte es jahrelang nicht verkaufen. Die Farmer wollten es nicht als Saatkorn kaufen, da der Ertrag pro Hektar geringer war. Die Großhändler wiesen ihn mit den Worten ab: »Popcorn ist Popcorn, Orville. Wer zahlt denn schon mehr für Ihre Ware als für die andere in den Regalen?« Und die Kleinhändler meinten achselzuckend: »Auf dem Markt gibt es mehr als 80 Sorten Popcorn. Für eine weitere haben wir keinen Platz – um so weniger, als sie teurer ist.«

Orville Redenbacher *glaubte* aber, daß er etwas hatte, was die Kunden wollten. Er gab nicht auf. Er versuchte weiterhin, sein Produkt zu verkaufen, und holte den Rat eines Marketingfachmanns ein. Dieser empfahl ihm, auf die Verpackung einen Kleber mit seinem Bild und seinem Namen anzubringen. Orville war überrascht. »Wieso? Ich bin doch nur ein komisch ausschauender Farmer mit einem merkwürdigen Namen.« Aber er war vernünftig genug, dem Fachmann zu glauben und dessen Ratschlag zu befolgen. Und es funktionierte; denn die neue Verpackung gefiel den Leuten. Heute ist Orville Redenbachers *Gourmet Popping Corn* das meistverkaufte Popcorn der Welt. Mit seinem Selbstvertrauen und der Gewißheit, ein überlegenes Produkt zu haben, setzte sich Orville durch.

Oft fällt es einem Menschen aber schwer, Selbstachtung zu erlangen. Ich erinnere mich an einen blendenden Geschäftsmann, der in einer Karrierekrise beinahe die Gelegenheit seines Lebens verscherzt hätte. Ich sprach an der Morgensitzung einer Tagung, die in einem Badeort am Strand des Atlantischen Ozeans stattfand. Das Meeting wurde im Erdgeschoß in einem großen Ballsaal abgehalten, der nach der Meerseite ging. Als ich vor den Zuhörern stand, konnte ich durch die großen Fenster die weiß schäumende Brandung und unendliche Weite des blauen Meeres sehen.

Es war ein heißer, schwüler Tag. Da die Klimaanlage nicht richtig funktionierte, war es ziemlich unbehaglich. Alle zogen die Jacke aus und entledigten sich ihrer Krawatte, und auch ich machte keine Ausnahme. Während des Vortrags dachte ich unablässig daran, meine Rede zu kürzen und am Strand in die herrliche Brandung zu gehen.

Als ich dieses Vorhaben bei der erstbesten Gelegenheit in die Tat umsetzte, in die Wellen eintauchte und mich im kühlenden Wasser vergnügt tummelte, stand ich plötzlich neben einem Mann.

Wir grüßten uns, worauf er, mich nicht erkennend, fragte: »Waren Sie heute morgen am Meeting?«

»Ja«, antwortete ich, »ich war dort. Es war ganz schön heiß.«

»Haben Sie sich die Rede von Peale angehört?«

»Ja, ich hab' sie gehört«, erwiderte ich.

»Nun, was halten Sie davon?« wollte er wissen.

Diese Frage brachte mich in Verlegenheit. Da es mir nach meiner Ansicht nicht zustand, die eigene Rede zu beurteilen, gab ich die Frage zurück: »Was halten *Sie* davon?«

Als er seine Meinung zu äußern begann, dachte ich, daß ich besser daran täte, mich zu entfernen, und tauchte in eine Welle ein, die wie durch eine glückliche Fügung in diesem Augenblick auf mich zurollte. Genau in dem Moment, da er mit der Beurteilung meiner Rede zu Ende war, tauchte ich wieder auf. Niemals erfuhr ich seine Meinung.

Dann sagte ich mir, daß es wohl besser sei, mich zu erkennen zu geben. »Lieber Freund, ich will Ihnen gegenüber ehrlich und gerecht sein: Ich bin Peale.« Worauf *er* sich in eine Welle stürzte.

Wir lachten beide über diese Episode und setzten uns am Strand an die Sonne. Dann begann dieser offensichtlich erfolgreiche Mann zu erzählen. Er stellte sich vor. Er war geschäftsführender Vizepräsident einer Gesellschaft, die ich als besteingeführte Handelsorganisation kannte. Er bat mich, ihn mit »Buzz«, seinem Spitznamen, anzusprechen. Er sagte, daß er einige meiner Bücher gelesen habe, und fuhr dann nach längerem Schweigen fort: »Ich möchte Ihre Meinung in einer persönlichen Angelegenheit hören. Ich stecke in einer Krise, die ich eben jetzt überwinden muß.« Ich munterte ihn auf fortzufahren.

»Unser Aufsichtsratspräsident sagte mir gestern, daß man mich zum Firmenleiter und Vorsitzenden der Geschäftsleitung befördern wolle, und er war befugt, mit diesem Vorschlag an mich heranzutreten.«

»Herzlichen Glückwunsch!« sagte ich.

»So einfach ist das nicht«, fuhr er weiter und sagte mir, daß er, nachdem man ihm dieses Angebot gemacht hatte, alle möglichen Ausflüchte gesucht habe; er müsse das Ganze überdenken und mit seiner Frau besprechen.

»Warum haben Sie denn nicht gleich angenommen?« fragte ich ihn. Er grub den rechten Fuß in den Sand, hob ein paar Kieselsteine auf und warf einen nach dem anderen ins Meer hinaus. Schließlich sagte er ruhig: »Ich glaube, ich traue mir diese Aufgabe einfach zu wenig zu.«

»Eigene Geringschätzung«, sagte ich nachdenklich und vernehmbar. »Das ist erstaunlich. Wenn Ihr Aufsichtsrat der Ansicht ist, daß Sie es schaffen – wieso sind denn nicht auch Sie dieser Ansicht?«

»Es reicht in meine Kindheit zurück. Damals machte mich meine geringe Selbstachtung unglücklich; sie dauert wahrscheinlich noch heute an. Schauen Sie, als kleiner Junge war ich ziemlich übergewichtig und war in der Schule nicht sonderlich gut. Ich machte weder in einem Sportklub mit, noch betätigte ich mich sonst irgendwie. Ich war einsam und schüchtern. Doch nach dem College erhielt ich eine Stelle, wo ich hart arbeitete. Ich setzte mich bei der Arbeit voll ein und rackerte mich wie ein Wahnsinniger ab. Wahrscheinlich bin ich deswegen vorwärtsgekommen. Aber gestern, als der Vorsitzende mir eröffnete, der Aufsichtsrat wolle mich als Firmenleiter, griffen die wohlbekannten eiskalten Klauen des Selbstzweifels nach mir – wie damals, als ich noch ein kleiner Junge war – und ließen mich spüren, daß ich dieser leitenden Aufgabe nicht gewachsen war.«

Ich saß da und hörte zu, während das Meer dumpf auf uns zubrandete. Dann sagte ich ihm, daß ich ihn vollkommen verstehe, zumal ich genau die gleiche Erfahrung hinter mir habe.

»*Sie?*« rief er aus. »Das kann ich nicht glauben!«

»Genau die gleiche«, wiederholte ich.

»Nun denn, wie sind Sie diese fehlende Selbstachtung losgeworden?«

»Nie. Aber ich habe mich darübergestellt.«

Wir schwiegen beide und dachten über die verwirrende Vielfältigkeit der menschlichen Natur und den sich seit der Kindheit hartnäckig haltenden Selbstzweifel nach. Schließlich fragte mich Buzz leise: »Wie konnten Sie sich über diese Schwäche stellen?«

»Indem ich zu glauben begann«, antwortete ich, »völlig bedingungslos zu glauben.« Dann fügte ich zögernd hinzu: »Ab und zu habe ich nach wie vor meine Momente, in denen ich zweifle.«

Wir saßen am Strand, jeder in Gedanken versunken, zwei erwachsen gewordene ehemalige Teenager, welche die geringe Selbstachtung aus der Jugendzeit ins Erwachsenenalter mitgeschleppt hatten. Der einzige Unterschied war der, daß der eine von ihnen zum Glauben gekommen war, was ihm half, über dem Selbstzweifel zu stehen.

Die Knie fest an die Brust drückend, saß Buzz kauernd da und starrte ins Meer hinaus. Ich spürte, daß er angestrengt nachdachte. Ob er sich dessen nun bewußt war oder nicht – er war ein hochkarätiger Manager. Jahrelang erbrachte überragende Leistung hatte ihn dazu gemacht; ich begriff, weshalb sein Arbeitgeber ihn zur obersten Führungskraft machen wollte. Doch jetzt saß er hier und zweifelte an sich selbst. Und in eben diesem Augenblick könnte er womöglich den Fehler seines Lebens machen. Was sollte ich diesem Mann bloß sagen, um ihm in seiner beruflichen Krise zu helfen? Wie überzeugt man einen Menschen von seinen Qualitäten? Es einfach zu *sagen* bringt nichts; das habe ich aufgrund bitterer Erfahrungen gelernt.

Plötzlich erkannte ich, daß seine Beschreibung von sich selbst, mit der er sich als Dickwanst schlecht hinstellte, gar nicht mehr zutraf. In Wirklichkeit war er ein wohlgebauter, vortrefflich gewachsener Mann; er aber sah sich immer noch als das unsichere Dickerchen von damals. »Buzz«, bemerkte ich, »Sie sind wohl über einen Meter achtzig groß. Sie gehen gebückt und geknickt einher und zeigen Ihre wahre Größe gar nicht. Übrigens, wie groß sind Sie?«

Er war über diese anscheinend belanglose Frage erstaunt, sagte mir aber, daß er ausgestreckt 1,84 Meter groß sei. »Gewaltig!« rief ich aus. »Stellen Sie sich in Ihrer vollen Größe auf!« Verwirrt kam er meiner Bitte nach.

»Mensch«, sagte ich, »Sie sind ja wer! Und das, was Sie im Kopf haben, entspricht Ihrem gewinnenden Äußeren. Sie erinnern mich an einen meiner besten Freunde, die ich je hatte: an Bob Rowbottom oben in Rhode Island. Als ich einmal niedergeschlagen war wie Sie jetzt, sagte er mir etwas, das ich nie vergessen werde: ›*Strengen Sie nie einen Prozeß gegen sich selbst an.*‹

Sie hatten die Freundlichkeit, bei mir – einem sogenannten Geistes- und Seelendoktor – Rat zu suchen«, fuhr ich fort. »Somit verschreibe ich Ihnen jetzt eine Arznei: sich täglich im Spiegel anschauen. Sich offen in die Augen sehen und sich sagen: ›Horch mal, du *bist* wer. Also mach aus dir, was du sein kannst!‹ Dann in der ganzen Größe sich erheben: groß dastehen, groß denken, großartig sprechen und in aller Größe glauben. Und jetzt gehen Sie, und übernehmen Sie die neue Aufgabe.«

Ich freue mich, daß er die neue Aufgabe übernahm, was seinem Arbeitgeber sehr zugute kam.

Buzz war nicht der einzige mir bekannte Mensch, der nicht an sich selbst glaubte. Vielleicht gehören Sie auch dazu. Wenn ja, dann halten Sie sich an das Rezept, das ich Buzz verschrieben hatte. Ihm hat es geholfen, und mir hat es geholfen. Es wird auch Ihnen wirkungsvoll helfen, wenn Sie es unverzüglich wirken lassen.

Dies nenne ich die Kraft des Optimismus. Untersuchungen von Psychologen wie etwa Richard Lazarus und Shelly Taylor von der University of California sowie Jonathan Brown von der Southern Methodist University haben vor kurzem ergeben, daß heiterer Optimismus oder – wie sie es nennen – »positive Illusionen« (in denen sich die Menschen ihrer Stärken und Erfolge mehr entsinnen als ihrer Schwächen und Mißerfolge) ein Gefühl des Wohlbefindens, des Glücks und der Befähigung zu einer schöpferischen Arbeit wecken. Jene, die andersherum denken, neigen offenkundig zu mentalen Problemen wie beispielsweise zu Depressionen.

Gemäß den Darlegungen dieser Wissenschaftler in der *New York Times* scheint heiterer Optimismus »selbsterfüllende Prophezeiungen« zu bewirken, welche jene, die darauf vertrauen, dazu anspornen, ihre Sache besser zu machen. Verschiedene Untersuchungen haben ergeben, daß Menschen mit positivem Selbstwertgefühl härter und länger arbeiten und dank ihrer Beharrlichkeit demzufolge bessere Ergebnisse erzielen.

Wenn ich mich recht entsinne, habe ich genau das schon vor 40 Jahren gesagt, und der Verfasser der »Sprüche« sagte es, als er vor Jahrtausenden schrieb: »Denn so, wie er in seinem Herzen denkt, so *ist* er ...«

Ich muß allerdings betonen, daß im obigen »Heiterer-Optimismus«-Rezept, das ich Buzz verschrieben hatte, das Stichwort *glauben* heißt. Das Grundprinzip des Erfolgs ist tatsächlich der Glaube. Glauben Sie an das, was Sie tun; glauben Sie an sich selbst als Menschen, der das, was er macht, auch wirklich machen *kann*; glauben Sie an die Menschen, lieben Sie sie, und helfen Sie ihnen. Nutzen Sie sie aber nicht aus. Natürlich klettert nicht jeder immer höher und höher. Glauben Sie aber trotzdem an die Menschen. Je mehr Sie an sie glauben und je mehr Sie das Beste von ihnen erwarten, desto motivierter sind sie in ihrem Unterbewußtsein, nach Ihrem Glauben zu leben. Sie werden Sie lieben, weil Sie sie zu etwas gemacht haben. Und falls Sie Verkäufer sind, so werden Sie bei Ihnen kaufen, weil sie Sie mögen und Ihnen vertrauen.

Egal, welchen Beruf Sie ausüben – dieser Glaube an den Wert der Menschen bestimmt entscheidend über Ihren Erfolg. Sie werden auch erfahren, daß Sie ganz allein auf sich gestellt keinen Erfolg erlangen. Der Erfolgreiche hat auf seinem Weg unzählige Menschen um sich, die ihm zur Hand gehen.

Schön, jetzt stellt sich eine Frage: Wie kommt denn jemand zum Glauben, und besonders ein Mensch, der dem Leben mit Skepsis begegnet?

Und noch eine weitere Frage: Hat das Wort »glauben« nicht einen religiösen Beigeschmack?

Das sind zwei gute Fragen; ich bin froh, daß ich beide beantworten kann. Gehen wir zunächst auf die zweite ein: auf die Frage nach dem religiösen Beigeschmack.

Sie wissen sehr wahrscheinlich, daß der Autor dieses Buches Pfarrer ist. Als solcher glaube ich an Gott und die christliche Religion und habe mein Leben immer auf diesem Glauben begründet. Leider nehmen zu viele Menschen ihren Glauben nicht ernst. Sie glauben jedesmal, wenn sie fliegen, an das Flugzeug. Sie glauben jedesmal, wenn sie es zu sich nehmen, an das Frühstück. Sie glauben jedesmal, wenn sie über eine Brücke fahren oder einen Aufzug benutzen, an den Erbauer bzw. den Hersteller. Aber sie glauben nicht wirklich an die Macht Gottes, die sie stützt und leitet. Ich sage ganz offen, daß ich an Gott und als Christ an Jesus Christus glaube, die mir Stärke und Führung geben, so daß ich meine Arbeit viel besser machen kann, als es mir meine natürlichen Fähigkeiten erlauben würden. Ich habe beim Lösen von Problemen – privaten und beruflichen – Gottes Beistand persönlich so oft verspürt, daß ich an Seiner Gegenwart und Nähe nicht im geringsten zweifle.

Ich achte rückhaltlos andersgläubige Menschen, und ich bin bereit, jemandem anzuhören, der mir sagt, er habe überhaupt keine Religion. Dieses Buch ist für alle bestimmt. Ich habe es geschrieben, um überall jedem Menschen dabei zu helfen, seine Hoffnungen und Träume zu erfüllen und seine Ziele zu erreichen. Meiner Ansicht nach sind Vertrauen und Religiosität ein gewaltiger Vorteil, wenn man im Glauben tief verwurzeln will.

Wenden wir uns nun der ersten Frage zu: Wie kommt man zum Glauben und zum Erfolg? Zunächst müssen Sie das Nichtglauben *verlernen* – ein unter Umständen langer Prozeß. Wenn beispielsweise ein Mensch, der lange Zeit negativ gedacht hat, beschließt, positiv zu denken, so muß er die über Jahre hinweg entstandenen alten, negativen Denkgewohnheiten erst einmal ablegen. Das kann hart sein, ist aber dank Gottes Hilfe keineswegs unmöglich.

Der beste Weg, den ich fand, um einen negativen Gedanken auszumerzen, besteht darin, ihn unverzüglich durch einen positiven zu ersetzen. Auch das ist nicht so einfach, aber es ist machbar. Ein Forschungsteam der Trinity University in San Antonio, Texas, und Mitarbeiter an der University of Texas untersuchten die Fähigkeit bzw. die Unfähigkeit des Menschen, einen Gedanken zu unterdrücken. Dabei fanden sie heraus, daß das Herumstudieren an einem Gedanken nachläßt, wenn man sich zur Ablenkung einem anderen Thema zuwendet und sich auf dieses konzentriert.

So hatte zum Beispiel ein Freund von mir die unglückselige Gewohnheit, sich im Straßenverkehr zu vergessen. Wenn ihm einer den Weg abschnitt, so brach er aus wie der Vesuv. Seine Frau und seine Kinder fürchteten sich deshalb davor, mit ihm zu fahren.

»Ich habe schließlich eingesehen, daß ich meine Art ändern mußte«, erzählte er mir. »Jedesmal wenn ich Auto fuhr, schien mein Blutdruck um 30 Punkte anzusteigen. Deshalb erzog ich mich, um anders zu reagieren. Wenn ein Fahrer mir den Weg abschnitt, so sagte ich mir, daß er sich dessen wahrscheinlich nicht bewußt war. Zu Beginn war es hart, doch je häufiger ich mir dies sagte, desto leichter fiel es mir. Und wissen Sie was? Mir wurde bewußt, daß auch ich das schon gemacht hatte, und zwar ohne es zu merken. Oft schaut man einfach nicht richtig, bevor man die Spur wechselt.«

Der Blutdruck meines Freundes ist jetzt gut. Solche negativen Angewohnheiten auszuwechseln scheint zwar schrecklich schwierig zu sein, doch tun Sie es eisern mit Hilfe der das Problem bezwingenden Zwillinge: Geduld und Beharrlichkeit.

Der zweite Schritt besteht darin, sich zu *sagen*: »Ich werde es schaffen« – auch wenn man es zunächst vielleicht nicht glaubt. Wenn Sie Ihren festen Entschluß immer wieder beharrlich bekräftigen, setzt er sich in Ihrem Unterbewußtsein fest, und dieses wiederum hilft Ihnen, das zu werden, was Sie werden *wollen*. Dieser Schritt erfordert aber Standfestigkeit; man darf sich also nichts vormachen.

Der dritte Schritt: ständige Wiederholung, ständige Bejahung, ständige Bestätigung des Vorsatzes. Dies hilft, die negative Wirkung der ständig schlechten Haltung, die man über lange Zeit einnahm, auszuschalten.

Einstellungen und Haltungen bilden sich während langer Zeiträume. Jetzt müssen Sie sich verpflichten, eine völlig neue Gedankenstruktur zu entwickeln. So können Sie täglich 25mal laut sagen: »Ich glaube, daß Gott mich liebt; Gott will für mich das Beste; Gott leitet mich. Ich glaube.« Das bringt den neuen dynamischen Gedanken in Ihr nichtglaubendes Bewußtsein hinein. Während Sie dies jeden Tag tun, können Sie auch die weise Aussage aus Markus 9, 24 wiederholen: »Ich glaube, Herr; hilf meinem Unglauben!«

Vierter Schritt: Haben Sie den Mut, ein Risiko einzugehen. Üben Sie sich darin, an das Unmögliche zu glauben, bis es zur Möglichkeit und letztlich zur Tatsache wird. Vergessen Sie nicht: So erreichen die Erfolgreichen das Unerreichbare.

Immer wenn ich an Erfolg denke, kommt mir eine Geschichte in den Sinn; ich habe sie zwar schon oft erzählt, doch sie erteilt einem eine wichtige Lektion, die gar nicht oft genug wiederholt werden kann.

Bob war Verkäufer. Er lebte in Brooklyn, wo er einen Durchschnittsjob hatte. Er war ein freundlicher, gutmütiger Mann, aber es fehlte ihm an jenem inneren Schwung und Antrieb, der den Menschen zum besonderen Erfolg verhilft. Er war ein Bursche, der die Dinge lässig nahm – vielleicht etwas zu lässig. Doch er wußte nicht, daß eine Wende auf ihn wartete.

Als junger Pfarrer baute ich in einem rasch wachsenden Wohnviertel Brooklyns einen neuen Kirchensprengel auf. Zu jener Zeit begannen Bob und seine Familie an meinen Gottesdiensten teilzunehmen. Wir baten ihn, den Kirchgängern die Plätze anzuweisen. Er tat dies so gut – indem er mit einer volkstümlichen, liebenswürdigen Art den Menschen das Gefühl gab, in der Kirche zu Hause zu sein –, daß wir ihn zum Oberplatzanweiser machten. Das war keine Riesenarbeit, da der kleine Raum nur 250 Gläubigen Platz bot, aber er war jeden Sonntag vollgepfropft. Bob vernahm die Botschaft des positiven Glaubens und begann ihr nachzuleben. Wenn ich sage »nachzuleben«, so meine ich das auch. Er bekam Auftrieb und Schwung. Er begann zu glauben. Nicht nur glaubte er bedingungslos an Gott, er nahm auch – sowohl geistig wie intellektuell – die Wahrheit des Christentums an und setzte seinen Glauben im Alltag immer mehr praktisch um. Besonders fesselte ihn das biblische Versprechen »So ihr Glauben habt wie ein Senfkorn (...), so wird euch nichts unmöglich sein« (Matthäus 17, 20).

»Ist das wirklich wahr, Norman?« fragte er, und als er von der Wahrhaftigkeit der Aussage fest überzeugt war, glaubte er – er glaubte wirklich. Das gab seinem Leben insofern eine Wende, als aus dem gleichgültigen Verkäufer mit seinen mittelmäßigen Leistungen ein unternehmungslustiger, begeisterter Kundenberater wurde. Einige nannten den einst lässigen Bob jetzt »Feuerball«. Und ich entdeckte schon bald, daß *diese* Beurteilung zutraf.

Die Osterzeit kam. In jenem Jahr war sie früh angesetzt: gegen Ende März. Bob kam bei mir vorbei. »Wir haben ein Problem, alter Sohn«, sagte er. Warum er mich so nannte, ist mir bis heute unklar; aber ich hatte nichts dagegen. »Niemals bringen wir an Ostern die Menschenmenge in diese kleine Kirche hinein«, fuhr er fort. »Schon sonntags sind wir jeweils zusammengequetscht – selbst bei Regenwetter.« Ich wies darauf hin, daß wir zwei Gottesdienste halten könnten. Aber er war dagegen: »Das reicht nicht. Denn so könnten wir uns bloß 500 Menschen annehmen.«

Wir trennten uns, ohne das Problem gelöst zu haben, und ich gedachte, es dabei bewenden zu lassen. Obschon die umliegenden Viertel wuchsen, kannten wir lange nicht alle Zuzüger; und da wir uns in New York City befanden, nahmen wir an, daß viele katholischen oder jüdischen Glaubens waren, und konnten daher nicht damit rechnen, daß viele von ihnen zu einem protestantischen Ostergottesdienst kommen würden.

Die Zeit verging, bis mich wenige Wochen vor Ostern Bob anrief. »Fallen Sie bloß nicht vom Stuhl, alter Sohn!« lautete seine Begrüßung. »Ich habe Neuigkeiten, die Sie umwerfen werden. Ich habe für Ostersonntagmorgen ein Theater gemietet.« – »*Was* haben Sie?!« rief ich entsetzt aus. »Wer hat Ihnen das Recht gegeben, so etwas Wahnsinniges zu tun?«

Ruhig sagte er: »Derjenige, der auf dieser Welt immer recht hat. Ich habe mich an Ihn gewandt, und Er sagte: ›Mach vorwärts, mein Junge, du schaffst das schon. Ich werde dir helfen.‹«

Da ich nicht merkte, wer dieser »Er« war, auf den er sich bezog, entgegnete ich mit einer Stimme, aus der man die Beunruhigung heraushören mußte: »Ich bin nun mal zufällig die oberste Instanz in unserer Gemeinde, Bob, und ich habe *nicht* gesagt, Sie sollen eine derartige Schau abziehen!«

Aber er beharrte darauf, daß es wirklich jemanden über mir gab.

»Wer ist das?« platzte ich heraus.

»Sein Name ist Gott«, sagte Bob ruhig.

»Aber Bob, weißt du, wie viele Plätze dieses Theater hat?«

»Klar«, antwortete er. »Es sind 2500 Einzelplätze, und auf jeden werden wir einen Menschen setzen.«

Ich war noch immer aufgebracht und erinnerte ihn daran, daß Ostern dieses Jahr früh stattfinde, nämlich im März, und daß es somit regnen oder schneien oder graupeln könne. Ich schilderte die Möglichkeiten in den schwärzesten Farben.

Aber das beeindruckte ihn in keiner Weise. »Wie immer das Wetter ist, ob Regen, Hagel, Schnee, Stürme oder gar Hurrikane kommen – wir wissen, daß Gott dieses große Theater füllt«, sagte er.

»Haben Sie Vertrauen und glauben Sie, alter Sohn. Bis später.« Und er hängte auf.

Ich lehnte mich zurück, seufzte und sagte zu mir: »Ich muß wohl das tun, was ich predige.« Sie können es mir glauben: Dies zu tun erfordert manchmal eine Menge zusätzlichen Vertrauens und zusätzlichen Glaubens.

Ich erzähle diese Geschichte, weil dieser Vorfall sich als bedeutendster Lernprozeß meines Lebens erwies. Dadurch entdeckte ich einen Grundsatz, den anzuwenden ich schon immer versucht habe. Wenn ich ihn anwendete, ging alles gut. Wenn ich ihn außer acht ließ, stand es jeweils nicht so gut.

Was geschah nun an Ostern? Am Ostermorgen erwachte ich aus einem unruhigen Schlaf und schaute auf den Wecker. Es war zehn nach fünf. Dann packte mich die Wirklichkeit: das Theater mit seinem riesigen Zuschauerraum. Dieser leichtsinnige Bob hatte mich in diese Zwangslage hineinmanövriert. Ich sprang aus dem Bett, rannte zum Fenster, und was sah ich? Es regnete. Kein leichter Regen war's, vielmehr schüttete es pausenlos, und das Wasser klatschte hoch auf. Nun, aus irgendeiner Quelle schöpfte ich ausreichend positive Gedanken, um mir zu sagen: »So oder so, danke mein Gott, daß dieser Regenguß nicht Schnee ist.«

Das Telefon läutete. Eine bekannte Stimme sagte fröhlich: »Frohe Ostern, alter Sohn.« Sie haben es erraten: Es war Bob, der aus seinem neu erworbenen Glauben heraus erklärte: »Heute haben wir einen großen Tag – einen Tag, an den wir immer denken werden.« Wie recht er hatte! Denn ich erinnere mich eben jetzt beim Schreiben daran; dabei geschah es 1926, vor über 65 Jahren.

Mit Regenmantel und Schirm watete ich an jenem Morgen etwas später durch Pfützen zum Theater, das sich in der Flatbush Street zwei Häuserblocks weiter oben befand. Zu meiner Verwunderung war der riesige Parkplatz voller Autos. »Die haben sie wohl über Nacht hier stehenlassen«, dachte ich. Doch dann war ich plötzlich inmitten einer Menschenmenge, die zum Theater strömte. Es waren Menschen, die ich nicht kannte; es drängte alle, vom Regen ins Theater hineinzukommen. Ich traute meinen Augen nicht: Der Zuschauerraum war praktisch voll, und die Menschen drangen unvermindert ein. Ich ging hinter die Bühne. Als ich durch den Vorhang guckte, sah ich, daß sich beide Galerien füllten.

Bob kam mit langen Schritten auf mich zu. Er hatte Tränen in den Augen, und seine Kehle war wie zusammengeschnürt. Für einmal fehlten ihm die Worte. Er drückte mir einfach fest die Hand und umarmte mich dann. Er blickte zum Schnürboden hinauf und stammelte schließlich die Worte: »Danke, mein Gott. Du bist wunderbar.« Dann wandte er sich mir zu: »Wie gefällt's Ihnen, alter Sohn?« Und er mußte einfach noch hinzufügen: »O Sie Kleingläubiger.«

Auch ich war ergriffen. »Ich brauchte überhaupt keinen Glauben, Bob, alter Junge«, sagte ich mit belegter Stimme, »Ihr Glaube reichte für uns alle.«

»Gehen Sie hier hinaus, und beginnen Sie!« befahl er. »Lassen Sie sie ›Vorwärts, Soldaten Christi, marschiert, als wär' es Krieg‹ singen.«

»Aber Bob, das ist doch kein Osterlied«, warf ich ein.

»Na und?« sagte er. »Wir befinden uns in einem Krieg gegen den Unglauben. Machen wir, daß sie sich erheben und losziehen. Und nachher sollen sie ›Glaube unserer Väter, immer lebst du fort‹ singen. Ich bin ganz aufgeregt.«

Wieder versagte seine Stimme – und meine auch. Wieder klopften wir uns auf die Schulter, während wir zusammen zur Bühne gingen. Ein Platzanweiser tauchte auf und flüsterte Bob etwas ins Ohr. Er beugte sich zu mir vor und sagte: »Jack hat mir eben mitgeteilt, daß wir Hunderte von Menschen fortschicken mußten; der Zuschauerraum ist gerammelt voll. Selbst mit einem Schuhlöffel könnten wir keinen mehr reinwürgen.« Er ging von der Bühne ab, indem er – typisch für ihn – hinzufügte: »Das verwundert mich nicht.«

Aber *ich* war verwundert. Ich war verblüfft. Dieses ganz und gar ergreifende Erlebnis hat unermeßlich viel dazu beigetragen, daß ich zu einem positiv denkenden, glaubenden und gewinnenden Menschen wurde. Denn das Wenige, das ich in meinem Leben erreichen konnte, geht auf die Bekanntschaft mit tief gläubigen Menschen wie Bob und auf diese Theateraufführung des positiven Glaubens zurück.

Wir beenden daher dieses Kapitel mit der These, mit der es begann: Wer glaubt, gewinnt.

1. **Glauben Sie an die Menschen – benutzen Sie sie nicht.**

2. **Ersetzen Sie die negativen Einstellungen durch ständige Bejahung und Optimismus.**

3. **Vertrauen Sie darauf, daß das, was Sie brauchen, Ihnen gegeben wird.**

4. **Werden Sie geringe Selbstachtung los –** ***glauben Sie an sich.***

KAPITEL 3

»Ich kann nicht« – Streichen Sie das »nicht«!

Als ich das Prinzip des positiven Denkens entdeckte, gab ich gleichzeitig die »Das-kann-ich-nicht«-Reaktion auf. Lange Zeit meinte ich, nur ich hätte das erbärmliche »Ich-kann-nicht«-Gefühl, sobald ein Problem oder eine Herausforderung auftauchte. Später wurde mir dann bewußt, daß viele andere Menschen sich auch mit ebendiesem mangelnden Selbstvertrauen herumschlagen müssen. Dieses »Ich-kann-nicht«-Syndrom hat wahrscheinlich mehr Menschen von einem glücklichen, erfüllten Leben abgehalten als irgendeine der bekannten schweren Krankheiten.

»Ich kann mit dem Rauchen nicht aufhören.« – »Ich kann nicht aus den Schulden herauskommen.« – »Ich kann es in meinem Beruf nicht schaffen.« Wie oft sind Männer und Frauen mit diesen Entschuldigungen zu mir gekommen! In den meisten Fällen waren nicht das Rauchen, die Schulden oder die Arbeit das Problem, sondern ihre »Ich-kann-nicht«-Einstellung.

Wenn Sie einmal die lähmende »Ich-kann-nicht«-Blokkade beseitigt haben, sind Ihren Erfolgschancen keine Grenzen gesetzt.

Zu diesem Ziel führt ein einfacher, gerader Weg.

Als ich in Cincinnati an der Spencer Avenue aufwuchs, war ich ein lebhafter Junge, der viele Freunde hatte. Aber ich war scheu und gehemmt; häufig lähmte mich das »Ich-kann-nicht«-Gefühl. Wenn ich in einem Baseballspiel den Ball schlagen mußte, dachte ich: »Ich kann nicht«, worauf ich unweigerlich danebenschlug. Wenn ich mit anderen Jungen am Start eines 45-m-Laufs stand und diese starken, stämmigen Burschen neben mir sah, dachte ich zitternd: »Ich kann nicht.« Und so war's denn auch.

In meiner Verwandtschaft hielt jedermann regelmäßig öffentliche Reden. Es war mein großer Wunsch, ebenfalls zu reden. Doch der Gedanke, vor Menschen stehen zu müssen, war erschreckend. Immer noch erinnere ich mich an ein kleines schelmisches Mädchen, das an einer Sitzung in seiner Schule in der vordersten Reihe saß und kicherte, als ich versuchte, eine kurze Rede zu halten. Das Mädchen flüsterte so vernehmlich, daß man es im ganzen Raum hören konnte: »Schau mal, wie seine Knie zittern!«

Heute würden meine Knie vermutlich immer noch zittern, wenn nicht George Reeves gewesen wäre. Auf dem Tisch in meinem Büro stehen sieben Fotos von Menschen, die mir viel bedeuten: meine Frau Ruth, meine Mutter und mein Vater, meine Brüder Bob und Leonard, Myron Boardman und George Reeves. Myron war mein Verleger, als ich *Die Kraft positiven Denkens* schrieb. George Reeves war an der alten William Avenue School in Cincinnati in der fünften Klasse mein Lehrer.

Er war ein strenger Zuchtmeister wie viele Lehrer zu jener Zeit. Einmal hatte er mir eine Ohrfeige gegeben, was damals an der Tagesordnung war. Viele Jahre später schrieb ich in einer Kolumne einer Syndikatszeitung darüber – mit der Folge, daß mir rund vierzig Leser voller Stolz schrieben, daß auch sie Prügel von George Reeves bekommen hätten. (Ich habe diese Geschichte in ganz Amerika in meinen Reden erzählt; viele Menschen sagten mir: »Nehmen Sie sie in Ihr nächstes Buch auf.« Und das mache ich somit jetzt.)

Trotz seines radikalen Standpunktes, was das Betragen

anging, war Reeves mit seiner Art, Dinge zu sagen und zu tun, die einem stets in Erinnerung bleiben, ein eher wunderlicher und eigensinniger Mensch. Eines Tages brüllte er: »Ruhe!« (Wenn er Ruhe wollte, so trat auch Ruhe ein – das dürfen Sie mir glauben.)

Noch immer höre ich seine Schritte, als er zur Wandtafel ging, und das Quietschen der Kreide, als er mit großen Buchstaben die Worte »KANN NICHT« schrieb.

Indem er sich den Kreidestaub von den Fingern wischte, drehte er sich um und fragte: »Was soll ich jetzt machen?«

Da wir alle wußten, worauf er hinauswollte, riefen wir: »Das ›NICHT‹ streichen!« Mit schwungvoller Geste wischte er das »NICHT« aus, so daß deutlich und unmißverständlich nur das Wort »KANN« an der Wandtafel stand. Heute noch sehe ich es so klar vor mir wie an jenem weit zurückliegenden Tag.

Nach diesem unvergeßlichen Anschauungsunterricht sagte Reeves gestreng: »Das soll euch eine Lehre sein; vergeßt sie nie. Ihr *könnt*, wenn ihr daran glaubt.« Er schaute jeden von uns im Klassenzimmer an und fügte hinzu: »Denkt also immer daran, daß ihr könnt.«

Dies war eine meiner ersten Lektionen in der Kraft positiven Denkens.

Eine wirkungsvolle Methode, um angesichts eines Problems oder einer Herausforderung dem »Ich-kann-nicht«-Gefühl entgegenzutreten, besteht darin, es sogleich durch den Gedanken »Ich *kann*« zu ersetzen. Das beflügelt Sie und gibt Ihnen die Zuversicht zu gewinnen.

Ohne Übung geht es dabei natürlich nicht. Sie müssen jegliche Gefühle der Mutlosigkeit und jegliche pessimistische Einstellung ablegen, eine geeignete Technik entwickeln und damit *geduldig* arbeiten, bis sie Ihnen in Fleisch und Blut übergeht.

Wie Ihnen mein Erlebnis mit meinem Professor an der Ohio Wesleyan University gezeigt hat, konnte ich nicht auf Anhieb Selbstvertrauen erwerben. Ich mußte geduldig üben. Aber ich arbeitete an meinem »Ich-kann-nicht«-Problem so lange, bis ich es überwunden hatte. Und trotzdem taucht es nach wie vor immer dann auf, wenn ich aufstehe, um zu sprechen, oder mich hinsetze, um ein Buch zu schreiben. In solchen Fällen besteht meine Technik darin, mir das große Wort KANN, das vor Jahrzehnten auf der Wandtafel stand, vor Augen zu halten und George Reeves' kräftige Stimme zu hören, als er damals sagte: »Ihr *könnt*, wenn ihr daran glaubt. *Denkt* also immer daran, daß ihr *könnt*.«

Wenn ich einer großen Zuhörerschaft vorgestellt werde und dann plötzlich jenes Kribbeln im Magen verspüre (das sich selbst mit meinen 93 Jahren immer noch einstellt), so sage ich mir: »Du *kannst* es; du hast es zuvor auch schon gemacht.« Dann gehe ich, während ich in einem stillen Gebet Gott um Hilfe bitte, auf die Bühne und tue mein Bestes. Wie meine Mutter zu sagen pflegte: »Wenn du dein Bestes tust, so können es Engel nicht besser tun.«

Natürlich werden Sie Ihre eigene Technik zur Bekämpfung des »Ich-kann-nicht«-Gefühls entwickeln – eine Technik, die Ihnen entspricht. Auch wenn es seltsam anmutet: Alles, was Ihnen hilft, sich an das »Ich kann« zu erinnern, sollte zwingend eingesetzt werden.

Viele Menschen sagen ein Gebet vor sich hin. Ich kenne einen Baseballspieler der A-Liga, der – wenn er mit Schlagen an die Reihe kommt – in seiner Tasche ein Kreuz anfaßt. Und wahrscheinlich haben Sie auch schon Schläger gesehen, die ein Kreuz schlagen, wenn sie zum Schlagfeld gehen. Das ist eine Möglichkeit für sie, sich daran zu erinnern, daß Gott bei ihnen ist. Auf Vortragsreisen ist mir des öftern ein blendender Redner aufgefallen, der jedesmal unfehlbar begeisterten Applaus erhielt. Bevor er zur Bühne ging, nahm er immer eine Karte aus seiner Hemdentasche und blickte sie kurz an. Ich fragte mich voller Neugier, was auf dieser Karte wohl stehen könnte. Einst war ich auf einem langen Flug zufällig mit ihm zusammen und fragte ihn. »Sie stellt mich auf und nimmt mir das Lampenfieber«, sagte er. »Sie haben bestimmt auch so einen Trick.« Er zeigte mir die Karte, auf der stand: »Ich bin bei Euch alle Tage.« Ich holte aus der Hemdentasche meine Karte hervor und gab sie ihm zum Lesen: »Du *kannst*, wenn du daran glaubst. *Denk* also, daß du kannst.«

»Hm«, schmunzelte mein Bekannter, »zwei verängstigte Burschen, die nach wie vor Selbstvertrauen brauchen.«

Jedesmal wenn mir der *Federal Express* ein Paket ins Büro anliefert, denke ich an George Reeves, der das »NICHT« aus dem »ICH KANN NICHT« gestrichen hatte. Vielleicht haben Sie in Amerika die vertrauten roten, weißen und purpurnen Lastwagen der *Federal-Express*-Gesellschaft gesehen. Diese Unternehmung hat ein völlig neues Konzept für die Auslieferung von Luftfracht und -post über Nacht geschaffen – eine Dienstleistung, die mittlerweile viele gute Firmen in der ganzen Welt erbringen.

Wußten Sie aber, daß die glänzende Idee, auf welcher der *Federal Express* beruht, einst beinahe zunichte gemacht worden wäre, weil einige Menschen nicht in der Lage waren, das »NICHT« zu streichen?

Die Idee stammt von Frederick Smith, der 1944 in Mississippi geboren wurde. Obschon er einen reichen Vater hatte, war seine Kindheit hart. Sein Vater starb, als Fred vier Jahre alt war; als kleiner Junge hatte er ein Knochenleiden, dessentwegen er weder springen noch spielen konnte. Der Junge liebte aber Flugzeuge, und als er später auf der Yale

University war, verfaßte er für ein wirtschaftswissenschaftliches Seminar eine Forschungsarbeit, in der er die Schaffung einer Luftgesellschaft vorschlug, die über Nacht Post und Frachtgut in fast alle Städte Amerikas verteilt.

Sein Professor schaute sich die Arbeit an, schüttelte den Kopf, murmelte etwas wie »kann nicht gehen« und gab Fred eine schlechte Note dafür. Nach seinem Hochschulabschluß flog Fred über 200 Einsätze in Vietnam, ehe er 1970 wieder ins Geschäftsleben zurückkehren konnte. Er bat Fachleute, seine Idee, die er an der Yale University vorgebracht hatte, zu studieren. Offensichtlich waren das »Ich-kann«-Denker, denn ihr Rat lautete: »Vorwärts!« 1972, als er 28 Jahre alt war, lancierte Fred das, was man »eines der kühnsten Glücksspiele, das die Geschäftswelt je gesehen hat« nannte. Er wählte Memphis, Tennessee, als Ausgangspunkt seiner Aktivitäten, da es nahe der Mitte Nordamerikas liegt. Sein Plan sah vor, daß seine *Federal-Express*-Flugzeuge jede Nacht mit Fracht, die zuvor in hundert Städten abgeholt würde, in Memphis einflögen. Im Zentrum Memphis sollte sie dann sortiert, in derselben Nacht zu den verschiedenen Bestimmungsorten geflogen und von dort aus mit Lastwagen zu den Empfängern gefahren werden.

Er brauchte viel Geld, um die Flugzeuge und Lastwagen zu kaufen und den nötigen Mitarbeiterstab zu verpflichten. Doch Fred als positiv eingestellter junger Mann war ein guter Verkäufer und konnte scharenweise Geldgeber für etwas gewinnen, das ein Finanzfachmann als »das größte Verkaufskunststück aller Zeiten« bezeichnete.

Aber am ersten Tag – es war der 17. April 1973 –, als Fred seinen Plan in die Tat umsetzte, sah es danach aus, als hätte sein alter Professor an der Yale University völlig recht gehabt. Seine Flotte von 25 umgebauten Passagierdüsenflugzeugen transportierte lediglich 18 Pakete. Noch schlimmer:

Die Ölkrise trieb die Treibstoffpreise in die Höhe. Der Geschäftsgang der jungen Fluggesellschaft war so zäh, daß die Piloten den Treibstoff manchmal mit ihren persönlichen Kreditkarten kaufen mußten.

Binnen zweier Jahre verlor *Federal Express* 24 Millionen Dollar. Viele Wirtschaftsexperten prophezeiten den Konkurs. »Das kann nicht gehen«, sagten sie beharrlich und wiesen auf die Undurchführbarkeit des Systems hin – insbesondere angesichts der steigenden Treibstoffpreise. Ein Paket von Los Angeles nach Seattle mußte erst einen Umweg in die Verteilzentrale in Memphis machen, bevor es zurück nach Seattle geflogen werden konnte.

»Aber es *kann* gehen«, sagte sich Fred hartnäckig und ging seine Geldgeber behutsam um weitere Kredite an. Er erhielt sie schließlich, mußte allerdings einen sehr hohen Zins akzeptieren. Er hielt an seiner Garantie, jedes Frachtgut werde am Folgetag dem Empfänger angeliefert, fest, und als die Firmen sahen, wie wertvoll seine Dienstleistung war, erzielte er erstmals einen Gewinn. Heute ist es ein Unternehmen mit 8 Milliarden Dollar Umsatz, in dem über 85 000 Angestellte rund um die Welt jeden Tag mehr als 1,5 Millionen Stückgutposten anliefern. Das alles, weil Fred Smith »KANN« sagte, wogegen andere »KANN NICHT« einwandten.

Zu viele junge Menschen von heute würden die düstere Prognose jenes Professors leider akzeptieren und ihren Plan aufgeben. Denn viele Fachleute des Bildungswesens sind – wie ich allzuoft feststellen mußte – zutiefst darüber besorgt, daß das Problem der mangelnden Selbstachtung und der negativen Einstellung bei den Schulkindern ständig größer wird.

Die Forscher scheinen darin übereinzustimmen, daß das Kind bei der Geburt eine natürliche Selbstachtung und ein natürliches Selbstvertrauen besitzt. Ein Kind weiß instinktiv, daß es alles, was es will, mit Schreien oder Girren bekommt. Das Kind ist von Natur aus ein positiv denkendes Wesen, ein »Ich-*kann*«-Individuum.

Untersuchungen zeigen dagegen, daß 80 bis 85 % der Kinder nach dem vierten Schuljahr ihre Selbstachtung verloren, echte Zweifel an sich selbst bekommen haben und zu »Ich-kann-nicht«-Wesen geworden sind. Die Ursachen liegen in negativ geprägtem Familienleben, negativer Haltung im Unterricht und negativen Einstellungen draußen in der Welt. Um das Kind zu einer gesunden und positiven geistigen Einstellung zurückzubringen, bedarf es eines harten und schwierigen Umlernens; aber das ist machbar.

Das Problem liegt darin, daß geringe Selbstachtung und mangelndes Selbstvertrauen während der Kindheit den Menschen bis ins Erwachsenenalter verfolgen können, vor allem wenn man mit Karrierekrisen konfrontiert wird. Erinnern Sie sich noch an den Mann aus dem letzten Kapitel, der beinahe die Gelegenheit seines Lebens verscherzt hätte, weil er sich nicht traute, einen Topmanagerposten anzunehmen? Immer wieder höre ich die nämliche dramatische Geschichte von Menschen, die mir gegenüber diese ihre Schwäche eingestehen.

Anläßlich einer Vortragsverpflichtung mußte ich an einer Party teilnehmen, die vom Finanzadel des Ortes gegeben wurde. Die betuchten Herren waren für die beachtlichen Kosten des Meetings aufgekommen. Sie wünschten die vier Redner im Rahmen des geselligen Zusammenseins zu treffen. Somit erschienen die drei anderen und ich, die am Meeting gesprochen hatten, an der Party, wo wir pflichtgetreu Hände schüttelten. Einer der Anwesenden war sehr laut und bestimmt. Sein Name war Bob; er schien ziemlich betrunken zu sein. Aus irgendeinem Grund wankte er auf mich zu.

»Da ist doch dieser kluge Mensch, der auf alles eine Antwort weiß: der Herr des poschitiven Denkens höchscht persönlich!« rief er laut, indem er mir den Arm um die Schulter legte. Andere versuchten vergeblich, ihn wegzuführen.

Schließlich sagte ich zu ihm: »Guter Freund, kommen Sie mit dem Ohr ganz nahe an meinen Mund. Ich will etwas sagen, das nur für Ihre Ohren bestimmt ist.«

»Dasch is groschartig«, lallte er, »ein Geheimnis zwischen uns Kumpeln.«

Ich hielt ihn fest und flüsterte ihm deutlich ins Ohr: »O. k., Bob, laß es sein! Was versuchst du zu verbergen?«

Sein vom Alkohol gerötetes Gesicht wurde aschfahl. Er schien mit einem Schlag ziemlich nüchtern zu sein. »Wie? Was haben Sie gesagt?« stotterte er.

»Sie haben gehört, was ich sagte«, erwiderte ich. »Wollen Sie mit mir von Mensch zu Mensch reden?«

Eine Weile stand er unentschlossen da, riß sich dann zusammen und sagte ruhig: »Ja, ich möchte mit Ihnen reden.« Üblicherweise liefere ich mich keinem Betrunkenen aus. Aber jetzt war ich überzeugt, daß er stocknüchtern war. Die Partygäste brachen allmählich auf; wir nahmen ein Taxi und fuhren zu meinem Hotel. Während der Fahrt sagte er: »Sie haben gesehen, daß ich eigentlich nicht so betrunken war, wie es schien. Aber ich muß Ihnen gestehen, daß ich auf dem besten Weg war, mich völlig zu besaufen.«

»Warum?« fragte ich ihn.

»Um zu vergessen.«

»Bob«, sagte ich, »ich stell' mir vor, daß Sie mit Ihrem Benehmen irgend etwas verbergen wollten. Was plagt Sie denn so?«

Er erzählte mir, wie er sich bei einer großen Warenhauskette bis zu einer Chefposition hochgearbeitet hatte. »Aber eines muß ich Ihnen schon sagen«, gestand er, »ich glaube, daß die obersten Bosse eine zu hohe Meinung von meinen Fähigkeiten haben.«

»Machen Sie doch keine Witze, Bob«, gab ich zurück. »Ich bin sicher, die wissen genau, daß Sie fähig sind.«

»Na ja, das Problem liegt darin, daß das größte Warenhaus unserer Kette in Schwierigkeiten steckt und das Management mich beauftragt hat, Ordnung zu schaffen und es wieder rentabel zu machen.«

Er schaute lange zum Taxifenster hinaus und wandte sich dann wieder mir zu: »Norman, ich kann das nicht. Ich kann es einfach nicht.« Er kämpfte mit den Tränen.

»In einem Fußballspiel während meiner Mittelschulzeit schickte mich der Coach aufs Feld hinaus, mit dem Auftrag, das Spiel zu retten, aber ich vermasselte es. Immer wieder ist mir das geschehen. Mit einer normalen Situation komme ich ziemlich gut zurecht, aber wenn es kritisch wird wie bei jenem Fußballspiel oder einem in Verlust geratenen Warenhaus weiß ich, daß ich die Geschichte vermaßle. Ich bin ein bestens getarnter Mißerfolg – Sand im Getriebe«, sagte er, wobei ihm Tränen in die Augen stiegen. »Ehrlich, Norman, ich habe Angst. Und ich werde mein wahres Ich nicht preisgeben, indem ich diesen Laden übernehme.«

Ich faßte ihn am Arm: »Bob, ich will mit Ihnen offen sprechen. Wie Sie sich jetzt gerade geben, das ist reine Mache.« Er schaute mich überrascht an. »Ja, Sie belügen sich seit Ihrer Schulzeit, indem Sie dauernd ›Ich kann nicht, ich kann nicht‹ sagen und in all der Zeit dem Management Ihrer Unternehmung aber darlegten, daß Sie überdurchschnittliches Know-how, hervorragende Urteilskraft und reiche Erfahrung besitzen. Ich hab' so das Gefühl, bei Ihnen färbte jenes blöde Fußballspiel auf Ihre ganze Einstellung ab. Sie schlagen sich gut durchs Leben, aber es braucht bloß ein Problem aufzutauchen, und schon wird die alte Erinnerung zur Stolperfalle. Sitzen Sie also nicht einfach so da, und lügen Sie mir nicht vor, Sie seien Sand im Getriebe; denn darauf fall' ich nicht rein.«

Wir saßen im Taxi vor meinem Hotel, und ich erzählte ihm von George Reeves, der das »NICHT« aus dem »ICH KANN NICHT« ausgewischt hatte. »Glauben Sie, Bob?« fragte ich ihn. »Sind Sie religiös, oder sind Sie einfach ein Heide, der es zuläßt, daß einige kleine teuflische Dinge sein Leben zunichte machen?« Er knurrte: »Zu Ihrer Information: Ich bin ein ziemlich schlechter Methodist, aber von gottesfürchtigen Eltern erzogen.«

»O. k. Dann beginnen Sie eben, ein guter Methodist zu werden«, sagte ich. »Geben Sie Gott eine Chance. Er hat Sie geschaffen, und er hat Sie zu einem wahren Mordskerl gemacht. Er verhalf Ihnen zu Ihrem heutigen Erfolg. Bestimmt hilft er Ihnen, jenes Warenhaus hochzubringen. Übernehmen Sie die Aufgabe, und zeigen Sie's den Herren!«

Genau das tat Bob. Innerhalb eines Jahres hatte er das Warenhaus zum gewinnbringendsten Profitcenter der Kette gemacht.

»Mit Gottes Hilfe hörte ich auf, den Zeiten nachzubrüten, wo ich alles vermasselte«, erzählte er mir später. »Ich begann mich auf die Erfolge in meiner beruflichen Karriere, die von mir aufgebauten Abteilungen und die Menschen zu konzentrieren, zu deren Erfolg ich beigetragen hatte. Und wissen Sie was, Norman? All diese positiven Dinge tauchten in meiner Erinnerung auf wie eine Flutwelle, die dann jene ›Ich-vermaßle-alles‹-Einstellung buchstäblich aus meinem Leben hinausspülte.«

Wie Sie sehen, habe ich Bob verstanden, weil wir uns so sehr ähnlich waren: von Minderwertigkeitsgefühlen geplagte Leidensgenossen. Durch meinen Glauben hatte ich sie überwunden; ich wußte, daß dies auch Bob gelingen würde.

Zu viele von uns lassen irgendeinen kleinen negativen Vorfall in der Vergangenheit die Kontrolle über ihr ganzes Leben ausüben. Ich kenne einen Mann mit einem hervorragenden Bariton, mit dem er aber nichts anfängt. Er singt im Kirchenchor nicht mit und hat das Angebot des Friseurs seines Wohnortes, im Quartett mitzusingen, schlankweg abgelehnt.

Warum? In der Unterstufe der Mittelschule war er in einer Operette, die seine Klasse aufführte, einer der ersten Sänger. Mitten in einem Solo zitterte seine Stimme ein bißchen. Die Zuhörer hörten es kaum – wohl aber er. Er ärgerte sich derart darüber, daß er seither nie wieder gesungen hat.

»Ich singe nun einmal nicht«, lautet seine Entschuldigung, wenn man auf ihn eindringt. Er hat es zugelassen, daß ein unbedeutender Zwischenfall in der Vergangenheit etwas zerstört, das eine reiche, aufbauende Erfahrung sein könnte. Aber ich weiß, wie es sich mit diesen Blockaden verhält: Es sind kleine, heimtückische Kobolde, die dauernd im Kopf herumspuken – wenn man es nicht wie Bob macht und sie mit Gottes Hilfe durch positive Erinnerungen verjagt, indem man im »KANN NICHT« das »NICHT« wegwischt.

Menschen wie Bob und andere vermeintliche »Kannnicht«-Menschen benötigen meines Erachtens ein bißchen von dem, was eine in Florida lebende Freundin von mir »Aufmöbelung« nennt. Als ich das letztemal bei dieser älteren, doch energischen Dame zu Besuch war, läutete das Telefon. Da es sich nicht ändern ließ, bekam ich das Gespräch mit. »So, Schätzchen, jetzt mach dir mal keine Sorgen«, sagte sie, »ich komme heute abend rüber und möble dich auf.«

Nachdem sie den Hörer aufgelegt hatte, sagte sie in der malerischen Ausdrucksweise des ländlichen Florida: »Die arme Frau. Sie hat alles Geld dieser Welt, meint aber, es gehe ihr entsetzlich schlecht. Behauptet, dies könne sie nicht und jenes könne sie nicht. Sie braucht wieder eine kräftige Aufmöbelung.«

»Du sagtest, diese Frau, die du nachher aufmöbelst, sei reich?« fragte ich.

»Schätzchen« – sie sagt allen Leuten »Schätzchen« – »Schätzchen, sie ist nicht eigentlich reich. Oh, sie besitzt natürlich wertvolles Grundeigentum und hat auf der Bank ein paar hübsche Konten. Doch man muß etwas in seinem Inneren haben, um wirklich reich zu sein. Aber wenn ich mit ihr durch bin, wird sie gelernt haben, nicht dauernd ›Ich kann nicht‹ zu sagen.«

»Und wie willst du das machen?« fragte ich sie.

»Ja nun, Schätzchen, ich lese ihr einfach aus der Heiligen Schrift vor, wo geschrieben steht: ›Ich vermag alles durch den, der mich mächtig macht: Christus‹ (Philipper 4. 13). Wenn sie *das* im Kopf hat, bleibt sie aufgemöbelt.«

Als ich mich von dieser praxisnahen Philosophin im Hinterland Floridas verabschiedete, war ich selbst auch aufgemöbelt. Ich denke deshalb gern an diese Dame, weil sie eine brauchbare Technik aufzeigte, dank der man das »Ich-kann-nicht«-Denkmuster ausmerzen kann. Tilgen Sie alle negativen Gedanken und schlechten Erinnerungen in der Gewißheit, daß Sie alles Gute durch Gott, der Sie mächtig macht, tun *können*.

Sehen Sie sich als Menschen, der geistiges Aufmöbeln braucht; das erzielen Sie, indem Sie Ihre miesmacherischen Ideen und schlechten Erinnerungen durch eine völlig andere Gedankenwelt ersetzen. Dieses Vorgehen heißt positives Denken, und es wirkt Wunder, wenn Sie daran arbeiten.

Über mein erstes Buch zum positiven Denken waren – wie früher erwähnt – die Meinungen geteilt. Unter den Befürwortern waren viele, die sagten, das Buch sei vielleicht der

Zeit voraus, zumal die Idee, daß ein Mensch mit positiven Gedanken Mißerfolg in erfolgreiches Leben umwandeln könne, neu war.

Unterdessen, also viele Jahre später, haben Psychologen, Forscher und andere Gelehrte Bücher veröffentlicht, die vom Nutzen und Gewinn der Grundsätze des positiven Denkens handeln.

Norman Cousins hat zu diesem Thema mehrere Bücher geschrieben; das erste war die bekannte *Anatomie einer Krankheit.* Dr. Redford Williams, Mediziner an der Duke University, hat *Das vertrauende Herz* veröffentlicht. Das Buch des Chirurgen Bernie Siegel *Liebe, Medizin und Wunder* wurde ein Bestseller. Der Biologe Joan Borysenko hat *Gesunder Körper, heiler Geist* geschrieben. Dies sind nur einige der vielen gängigen Bücher zu diesem Thema.

Das positive Denken hat heutzutage auch in den Garderoben der Sportler Einzug gehalten. »Coachs, Sportler und Sportpsychologen sind überzeugt, daß der Unterschied zwischen Gewinnen und Verlieren für Spitzensportler weitgehend in der Einstellung liegt«, berichtet die *New York Times.*

Robert Kriegel, ein Mitautor der Bücher *Inner Skiing* und *Die C-Zone,* schreibt in der *New York Times,* daß – ob ein Mensch sich nun dem Sport oder einem Projekt in der Wirtschaft verschrieben habe – bessere Leistung dann entsteht, wenn man die Angst, erfolglos zu sein, auslöscht, indem man sich die Siege und die dazugehörenden Gefühle vergegenwärtigt und darauf eine vollkommene Leistung erbringt und den angestrebten Sieg erringt.

»Sich vor dem Geist ein Bild schaffen«, schrieb er, »das verhilft den Menschen zu Vertrauen und Entspannung.«

Erneut kann ich nicht genug die Worte von Marcus Aurelius wiederholen: »Unser Leben ist das, wozu es unsere Gedanken machen«, und jene von Gotama Buddha: »Der Geist

ist alles. Wir werden, was wir denken«, und von Professor William James, dem Vater der amerikanischen Psychologie: »Die größte Entdeckung meiner Generation besteht darin, daß die Menschen ihr Leben verändern können, indem sie ihre geistige Haltung verändern.«

Zu diesen Zitaten muß ich natürlich noch hinzufügen, daß wir Wunder vollbringen können, wenn wir unseren Geist dem Willen Gottes öffnen.

Leider liegen die unerschöpflichen Möglichkeiten unseres Geistes brach. Darüber habe ich oft mit dem verstorbenen Gouverneur von New Jersey, Charles Edison, gesprochen, welcher der Sohn des berühmten Erfinders Thomas A. Edison war. Charles und ich waren gute Freunde. Er berichtete gerne von seinem Vater, den er grenzenlos bewunderte. Er erzählte mir, sein Vater habe oft gesagt: »Der Hauptnutzen des Körpers besteht darin, daß er das Hirn mit sich herumträgt; das Hirn ist das, was wir sind.«

Wie wahr! Denn mit unserem Hirn denken wir, überlegen wir, wägen wir ab. Durch das Hirn haben wir Kontakt mit den scharfsinnigen Denkern der Geschichte und den großen Dichtern und Künstlern. Im Hirn erinnern wir uns, träumen wir, beten wir und sind in Kontakt mit Gott. Vielfach bringen wir diese Funktionen mit dem Herzen in Verbindung, wobei dieses in Tat und Wahrheit ja nur ein Muskel ist, der lebenspendendes Blut pumpt. Das Hirn aber ist der Sitz unseres Geistes, und dieser zeichnet uns Menschen als nach Gottes Ebenbild erschaffen aus.

Und es ist auch das Hirn, das uns lähmen oder mit Tatendrang erfüllen kann. Der Grund, weshalb das »Ich-kann-nicht« heutzutage so weit verbreitet ist, liegt darin, daß dies die einfachste Art ist, einer Herausforderung aus dem Weg zu gehen. Vergegenwärtigen wir uns den Jux, den einige Ingenieure der Beleuchtungsabteilung von *General Electric* vor Jahren mit neuen Mitarbeitern zu machen pflegten. Sie wiesen dem Neuen jeweils die Aufgabe zu, ein Verfahren zu entwickeln, mit dem man Glühbirnen auf der Innenseite mattieren könnte. Alle bestandenen Ingenieure wußten, daß dies nicht möglich war. Aber es machte ihnen einen Mordsspaß, wie der neue Mitarbeiter tagelang an einem völlig aussichtslosen Projekt herumtüftelte und es schließlich aufgab. Aber ein junger Mann, Marvin Pipkin, gab nicht auf. Und wie kam's? Er entdeckte nicht nur ein Verfahren zum Mattieren der Glühbirneninnenseite, sondern auch eine neue Säure, mit der man die Birnen erst noch stärker machen konnte. Sie sehen: Keiner hat ihm gesagt, dies sei unmöglich.

Ein anderer junger Mann, der sich vom »Ich-kann-nicht« auch nicht abhalten ließ, war Peter Seibert, ein Skiläufer aus Colorado, dem im Wehrdienst während des Zweiten Weltkrieges ein explodierender Mörser ein Knie fast ganz zerfetzt hatte. Seine Ärzte sagten, daß er nie wieder Ski laufen könne. Peter war ein Spitzenläufer gewesen; er war aber auch ein Spitzendenker, denn eine innere Stimme sagte ihm unermüdlich: »Du *kannst* wieder Ski laufen.« Als er wieder gehen konnte, schnallte er sich die Bretter an und fiel beim Fahren andauernd um. »Ich hab's dir ja gesagt!« spottete alle Welt. Doch Peter sagte sich: »Ich kann.« Und er schaffte es: Wenige Jahre später gewann er das berühmte *Roche-cup*-Rennen.

Dann kam er auf die Idee, in einer ihm sehr lieb gewordenen Berggegend ein Skisportzentrum aufzubauen. Als er aber um Baukredite bat, lachte man ihn aus. »Das kannst du nicht machen, Seibert«, lautete die übliche Antwort. »Die Gegend, die du gewählt hast, liegt genau am Weg zum beliebten Skigebiet von Aspen!«

Doch Peter Seibert war es nicht gewohnt, auf »KANN NICHT« zu hören. Er blieb beharrlich und trieb den Bau des heute berühmten Zentrums namens Vail voran.

Beide, Seibert und Pipkin, kamen zu ihrem Erfolg, indem sie auf ihren Gebieten den üblichen Gedankenmustern entgegenwirkten. Solange mich Gott auf dieser Erde sein läßt, bestehe ich auf der eindeutigen Tatsache, daß jeder sein Leben ändern kann, wenn er oder sie die üblichen Gedankenmuster ändert. Denn, wie es so trefflich heißt: »Was du sein sollst, das wirst du eben jetzt.«

Nehmen Sie beispielsweise jenen Telefonanruf, den ich einst in meinem New Yorker Büro erhielt. Eine Frau rief mich an. Nachdem sie sich unter Tränen vergewissert hatte, daß ich am Apparat war, schluchzte sie weiter. Nach einigen Minuten fragte ich: »Woher rufen Sie mich an?«

»Von Oklahoma City«, antwortete sie tränenerstickt.

»Nun denn«, sagte ich. »Jetzt sind Sie schon zwei Minuten am Telefon, und Sie haben nur geschluchzt. Wenn Sie mich fragen, ist das ein reichlich teures Schluchzen. Jetzt sagen Sie mir doch bitte, was ich für Sie tun kann.«

»Oh, Mr. Peale, ich lese Ihre Bücher seit Jahren. Sie sind meine einzige Hoffnung. Eben habe ich herausgefunden, daß mein Mann sich mit einer anderen Frau trifft. Ich hätte mir nie träumen lassen, daß er so etwas machen würde. Was soll ich bloß tun?«

»Erzählen Sie mir von der anderen Frau. Wissen Sie, wer sie ist?«

»Und ob! Sie ist jünger als ich, und sie ist – das muß ich zugeben – sehr attraktiv.«

»Wie alt sind Sie?«

»42 Jahre alt.«

»Sehen Sie gut aus?«

»Ich bin 42«, wiederholte sie, »wie ich Ihnen schon sagte.«

»Na und?« fragte ich. »42 ist doch kein Alter. Und eine Dame sollte ihr gutes Aussehen nicht vorzeitig verlieren.«

»Ich will mich ja nicht brüsten«, fuhr sie fort, »aber als wir heirateten, nannten mich die Zeitungen eine ›Oklahoma-Schönheit‹.«

»Haben Sie sich vielleicht nicht ein bißchen vernachlässigt?« fragte ich. »Und unter Umständen gedacht, Sie seien aus dem Alter der Romantik heraus?« Eine lange Stille trat ein. Dann kam ein leises »Könnte wohl sein«.

»Jetzt hören Sie bitte gut zu! Ich bin kein Ratschläge erteilender Briefkastenonkel, aber Sie müssen alle negativen Gedanken ausschalten; und zwar gleich jetzt. Beginnen Sie positiv zu denken. Seien Sie eine Bärin, die zur grausamsten ihrer Artgenossinnen wird, wenn man ihre Jungen bedroht. Eine andere, jüngere Bärin, die somit nicht über Ihre Erfahrung verfügt, versucht, Ihre Jungen an sich zu reißen. Stehen Sie auf, und kämpfen Sie! Fahren Sie in die Stadt, lassen Sie sich eine neue Frisur machen, kaufen Sie sich ein paar schöne, hochmodische Kleider und lassen Sie die Rechnung Ihrem Mann schicken. Denken Sie an Glanz und Romanze. Wenn Ihr Gatte am Abend nach Hause kommt, halten Sie ihm im Kerzenschein ein herrliches Mahl mit allem Drum und Dran bereit. Machen Sie etwas, das in Richtung positives Denken geht. Üben Sie sich in der positiven Vorstellungskraft, und halten Sie sich ihre gemeinsame wundervolle Beziehung stärker denn je vor Augen.«

»Das klingt zwar überzeugend, Mr. Peale«, murmelte sie, »aber ich kann nicht. Ich fürchte, daß ich mit all dem zu spät komme.«

»Hören Sie mal«, sagte ich, »seit wann lebt Ihre Familie in Oklahoma?«

Von dieser scheinbar belanglosen Frage überrascht, antwortete sie: »Nun, mein Großvater kam vor etwa hundert Jahren aus Indiana hierher.«

»War er einer der berühmten Siedler, die sich damals in Oklahoma um Land gerissen haben?«

»Ja«, antwortete sie lebhaft, »man erzählte mir, er sei ein kräftiger und mutiger Pionier gewesen.«

»Das ist wirklich dumm«, seufzte ich. »Meine Sympathie gilt einer großen Familie, die auszog, um zu säen. Wer will sich denn schon einen so kräftigen Großvater vorstellen, der eine wimmernde Enkelin hat, die dauernd ›Ich kann nicht‹ vor sich hin schluchzt? Es ist wirklich tragisch, wie eine wertvolle Familie verfallen kann.«

Das tat bei ihr offensichtlich seine Wirkung. Ihre Stimme wurde plötzlich bestimmt: »Das kriege ich schon hin, Dr. Peale. Vielen Dank!« Und mit einem Klick hängte sie auf.

Da stand ich nun mit dem summenden Telefonhörer an meinem Ohr da und fragte mich, ob ich wohl was Dummes gesagt hätte.

Etwa ein Jahr später hatte ich in Oklahoma City zufällig eine Rede zu halten. Da läutete das Telefon in meinem Hotelzimmer.

»Hier spricht die Bärin«, sagte eine weibliche Stimme.

»Eine Bärin?« fragte ich verwirrt zurück.

Worauf sie sich zu erkennen gab.

»Wie geht es Ihnen?« wollte ich wissen.

»Herrlich«, antwortete sie. »Erinnern Sie sich an die Geschichte, weswegen ich Sie anrief? Vorbei, erledigt, im Keim erstickt. Alles geht bestens. Sie hatten recht. Ich hab' das, was Sie mir empfohlen haben, gemacht, ein bißchen positive Vorstellungskraft dazugetan, und jetzt«, fügte sie in aller Offenheit hinzu, »ist mein Mann der beste Mann der Welt.«

Bis heute habe ich diese Dame weder angetroffen noch ihren Namen kennengelernt. Als sie mich zum erstenmal anrief, war sie nichts als ein Häufchen Elend: verletzt und verschüchtert. Aber um das zu schaffen, was sie letztlich tat, brauchte sie Durchsetzungsvermögen, Vorstellungskraft, einen starken Glauben und eine ungebrochene positive Einstellung. Sie war in der Tat aus demselben Holz geschnitzt wie ihr Großvater; sie hat ihre Aufgabe glänzend gelöst.

Das verzagende »Ich-kann-nicht«-Gefühl weicht fast immer dem positiven Denken. In den wenigen mir bekannten Fällen, wo der Erfolg ausblieb, lag es daran, daß ein Mensch zuwenig Glauben und Beharrlichkeit besaß.

Ein Mensch kann eine gute Erziehung, eine hervorragende Ausbildung, großes Talent und Leistungsfähigkeit haben und unglücklicherweise dennoch dem Zweifel an sich selbst verhaftet sein, der, wenn er in einer Krise auftaucht, alles vernichten kann.

Das »Ich-kann-damit-nicht-leben«-Gefühl kann zum Tode eines Menschen führen. Dagegen verhilft das »Ich-kann«-Gefühl, wenn es freigesetzt wird, zu einem mit Freude erfüllten Leben. So geht es: Ein Mensch läßt das »Ich-kann-nicht« fallen, nimmt das »Ich-kann« an, und ihm widerfahren alle erdenklich schönen Dinge. Mein Bestreben, Menschen aller Rassen, aller Konfessionen und auch jenen ohne jeglichen Gottesglauben zu helfen, wurde in meinem Leben mannigfach belohnt. Am meisten wohl aber eines Nachmittags in New York City in einem Bus auf der Madison Avenue.

Ein gutgekleideter Schwarzer, der mit seinem kleinen Sohn im Bus fuhr, sprach mich mit meinem Namen an. Er stand auf und bot mir, da der Bus überfüllt war, seinen Platz an. Ich versuchte, sein Anerbieten abzulehnen, und dankte ihm für seine Gefälligkeit.

»Trotzdem muß ich darauf bestehen, daß Sie sich auf meinen Platz setzen, denn Sie sind für meinen Lebenserfolg verantwortlich, und ich habe mir immer gewünscht, Ihnen dafür einen Dienst zu erweisen«, sagte er. »Wobei das viel zuwenig ist.«

Widerstrebend setzte ich mich und fragte dann: »Was habe ich denn für Sie getan?«

Der Bus fuhr weiter die Madison Avenue hinauf, derweil immer mehr Fahrgäste ausstiegen; der Mann setzte sich neben mich und erzählte mir die folgende Geschichte: »Vor einigen Jahren sprachen Sie an unserer Mittelschule. Danach sagte ich Ihnen, daß mir Ihr Vortrag über positives Denken gefallen habe, hatte aber nicht geglaubt, entscheidend dazuzukommen. ›Wieso nicht?‹ hatten Sie mich gefragt. ›Das sollten Sie doch wissen‹, erwiderte ich; aber Sie waren in Gedanken offensichtlich immer noch bei Ihrem Vortrag, denn Sie machten mir zu meinem Äußeren und zu meiner Person und zu allen anderen Vorzügen Komplimente.

Schließlich sagte ich: ›Aber ich bin ein Schwarzer.‹ Worauf Sie erwiderten: ›Das war Ralph Bunche, der Generaluntersekretär der UNO, der ursprünglich Pförtner war, ja auch. Ebenso Bill Cosby. Und Jesse Jackson.‹ Dann nannten Sie noch mehr Schwarze, die zu Erfolgen gekommen waren, als es für sie noch viel härter als heute war vorwärtszukommen. Und dann erzählten Sie mir eine Geschichte.

Sie handelte von einem kleinen schwarzen Jungen auf einer Kirchweih. Ein Mann blies mit Helium gefüllte Ballone auf und ließ sie zum großen Vergnügen der Kinderschar zum Himmel steigen. Die Ballone hatten alle Farben. ›Glauben Sie, daß der schwarze dort ebenso hoch steigt wie die andern?‹ fragte zögernd ein kleiner Junge. »Der Mann hatte viel Einfühlungsvermögen. ›Schau mal‹, sagte er, ›ich zeig's dir.‹ Er blies den schwarzen Ballon auf, ließ ihn aufsteigen, und er schwebte so hoch wie die anderen hinauf. ›Wie du siehst‹, sagte der Mann, indem er seine Hand auf die Schulter des Jungen legte, ›ist es nicht die Farbe, die bestimmt, wie hoch man aufsteigt; das, was drin ist, bringt sie nach oben.‹«

Mein Mitfahrer, der mir all das erzählte, schwieg einen Augenblick, während er seinen Sohn ansah, der neben ihm saß. Dann wandte er sich wieder mir zu.

»Nachdem Sie mir diese Geschichte erzählt hatten, fügten Sie hinzu: ›Wenn Sie das Zweifeln an sich selbst aus dem Kopf vertreiben und sich von jenem Minderwertigkeitskomplex, den Sie hegen und pflegen, befreien wollen, wenn Sie glauben, daß Jesus Christus Ihnen hilft, und wenn Sie *alles*, was in Ihnen steckt, geben – egal, was Sie machen; dann kommen Sie gut zurecht.‹

Nun, ich sagte mir, ich würde ja nichts verlieren, wenn ich Ihren Ratschlag befolgte, und im Glauben, daß Gott mir wirklich hilft, gab ich das Zweifeln auf, stürzte mich vorbehaltlos in meine Arbeit und in alles, was an Gutem auf mich zukam. Ein Jahr später wurde ich an meiner Mittelschule, wo 90 % der eingeschriebenen Studierenden Weiße waren, zum Aufseher gewählt. Dank dieser Ermutigung arbeitete ich noch härter, erhielt wegen meiner guten Noten ein College-Stipendium, schloß mit Auszeichnung ab und habe heute bei einer Spitzenfirma eine gute Stellung. Sie haben mir meinen Weg gezeigt, und ich bin froh, daß mein kleiner Junge Sie kennenlernt. Ich zähle darauf, daß er seinen Vater übertrifft.« Glücklich schüttelte ich dem Kleinen die Hand. Dann kam meine Haltestelle, und ich stieg aus – mit dem dankbaren Gefühl, einen weiteren Menschen angetroffen zu haben, der sein »Ich-kann-nicht« überwunden hatte.

Um den Beweis zu erbringen, daß die »Ich-*kann*«-Philosophie jedem hilft – egal, welcher Rasse oder Farbe er ist –, will ich Ihnen von einer Frau berichten, die Sie wahrscheinlich schon oft im Fernsehen sahen, ohne zu ahnen, daß ihre Lebensgeschichte dramatischer als die meisten TV-Drehbücher war.

Sie heißt Marla Gibbs und spielte in der beliebten Serie »Die Jeffersons« ein dickes Dienstmädchen, und vor kurzem hatte sie eine Hauptrolle als Mutter, die alles zusammenhält, in der Fernsehserie *227*.

Ich lernte Marla Gibbs aufgrund ihrer Geschichte im *Guideposts*-Magazin kennen. Sie zeigt meiner Meinung nach, was ein Mensch vollbringen kann, wenn er sich im Glauben tüchtig ins Zeug legt.

Noch 1972 war Marla alles andere als erfolgreich. Sie wollte Schauspielerin sein, mußte sich aber letztlich sagen, daß sie so weder ihren Lebensunterhalt verdienen noch sich ein eigenes Zuhause leisten konnte. Ihr Leben war eine einzige lange Abfolge von »Ich-kann-nicht«-Gedanken.

»Damals hatte ich etwa soviel Vertrauen in mich wie ein Küken in einen Fuchsbau«, sagte sie lachend. »Ich kam damals aus dem Operationssaal und war während sechs Monaten unfähig, meiner Arbeit als Mitarbeiterin in der Reservation bei der *United Airlines* nachzugehn.«

Noch schlimmer: Marla Gibbs, Mutter von drei heranwachsenden Kindern, hatte kein Zuhause. Ihre Kinder lebten bei ihrem Vater, während Marla in einer Wohnung ihrer Tante dahinlebte, wo sie mit ihren Worten »ohne jede Hoffnung eine Wand anstarrte und nicht wußte, was tun und wohin gehen«.

»Dann, an einem Sonntagmorgen, schaltete ich so ganz mechanisch den Fernseher ein, und da waren Robert Young und seine Frau, die über ihr Schicksal sprachen. Sie erzählten, wie sie sich an Gott wandten, um ihn zu bitten, sie bei all ihrem Tun zu leiten. Sie sprachen auch von ihrer Kirche, die lehrte, daß Gott von uns nur das Beste will und daß, wenn wir im Glauben beten, Er uns erhört und Antwort gibt.«

Sobald es ihr möglich war, ging Marla in jene Kirche, wo sie hörte, wie der Pastor sagte, daß wir mit Gott unsere Gedanken auf das Gute ausrichten und so für uns das Gute und die Kraft erlangen können, unser Leben so rasch zu ändern, wie wir unseren Sinn ändern.

Marla lernte auch etwas anderes, das sehr wichtig war: im

Glauben vorwärtsgehen. »Wie der Pastor sagte«, so erklärte sie, »können wir das Ende unseres Weges nicht erblicken, aber Gott kann es. Und wenn wir den ersten Schritt, zu dem Er uns bestimmt, vertrauensvoll tun, zeigt Er uns den nächsten und dann den übernächsten – bis wir unser Ziel erreichen.«

Doch als Marla die erste Stufe vor sich sah, wurde ihr angst und bange. Nachdem sie wieder ihre Teilzeitarbeit bei der Fluggesellschaft aufgenommen hatte, suchte sie verzweifelt nach einer Wohnung, die sie dringend benötigte. Aber die Wohnungen, die sie sich ansah, waren entweder zu teuer oder für ihre Kinder – Angela, Jordan und Dorian – ungeeignet.

»Dann sprach ein Stimmchen in mir«, berichtete Marla, »und ich erkannte es als Gottes Stimme, der durch Seinen Heiligen Geist sprach: *Du brauchst keine Wohnung, Marla; du brauchst ein Haus.*«

Bevor Marla ihren neugewonnenen Glauben hatte, hätte sie sich »Ich kann nicht« gesagt und den Gedanken verworfen. Sie hatte nicht einmal das Geld für eine Anzahlung für ein Haus. Aber Marla dachte scharf nach. Sie erinnerte sich, daß sie ein wenig flüssiges Geld besaß, und dann gab es ja noch den Kreditverband der *United Airlines*.

Viel war es nicht, doch Marla entschloß sich zu diesem ersten Schritt.

»Mit schlotternden Knien ging ich zu einem Immobilienbüro«, erzählt sie. »Eigentlich seltsam, obschon in mir dabei eine neue Zuversicht aufkam. Und als der Makler mich fragte, welche Art Haus ich mir denn vorstellen würde, beschrieb ich ihm unvermittelt und kühn eines mit genügend Schlafzimmern für die Kinder und einem Garten, wo Gemüse angepflanzt werden kann, um die Auslagen für das Essen zu verringern.«

Doch als Marla sich mehrere Häuser angesehen hatte, war ihr Vertrauen erschüttert. Die wenigen Häuser, die sie fand, wurden ihr weggeschnappt, bevor sie noch ein Angebot machen konnte.

»Ich erinnerte mich an den Pastor, der sagte: ›Wenn eine Türe zugeht, öffnet sich eine bessere.‹ Nun, ich wollte nicht einfach dasitzen und mir verschlossene Türen ansehen. Und so setzte ich meinen mühsamen Weg fort. Ich beschloß: Meine Schuhe mögen sich austragen, nicht aber mein Glaube.«

Mit einem weiteren Schritt begab sich Marla in festem Glauben zu einem anderen Makler. Während sie in seinem Büro wartete, blätterte sie ein paar Fotografien von zu kaufenden Häusern durch. Bei einer geriet sie im Handumdrehen in größte Erregung. Das Foto zeigte zwei kleine Häuser auf einer einzigen Parzelle. Der Kaufpreis schien ihr erschwinglich zu sein.

Der Makler fuhr sogleich mit ihr hin. Die Häuser schienen das Richtige zu sein; sie boten den Kindern genügend Raum. Was Marla aber überraschte, war, daß die Parzelle einen großen Garten umfaßte, wo sie alles Gemüse, das ihre Familie benötigte, anpflanzen konnte. Zudem hatte sie ein Basketball-Spielfeld für ihre Jungen. Sie kratzte 3000 Dollar für die Anzahlung zusammen und ging die *Federal Housing Administration* um eine Hypothek an. Das, was sie an Geld benötigte, legte sie in den Gebetskasten der Kirche; dann wartete sie. Doch nach einigen Wochen bekam sie vom niedergeschlagenen Makler schlechten Bescheid: »Sie haben Ihr Angebot abgelehnt, weil sie dachten, Ihr Geld reiche nicht aus.«

Die meisten Menschen hätten jetzt aufgegeben und sich gesagt: »Ich hab's versucht, aber ich kann nicht.« Aber nicht Marla. Sie wandte sich mit einem Brief an die *Federal Housing Administration*.

»Martin Luther King hat an seiner ›Bergpredigt‹ wahrscheinlich kaum härter gearbeitet«, erzählt sie. »Über drei Seiten lang schrieb ich, wie ich meine Kinder in jenen Häusern aufziehen könnte, wie ich dank dem Basketball-Spielfeld meine Jungen im Auge behalten könnte und wie der Garten unserem Haushaltsgeld helfen würde. Machen Sie sich keine Sorgen, falls ich die Liegenschaft nicht bekomme, hob ich hervor; ich kämpfe wie eine Löwin darum.«

Nach einigen Tagen kam Marlas Hypothekargesuch zurück: *genehmigt.*

Marla bekam aber nicht nur ihre Liegenschaft mit dem erworbenen Selbstvertrauen, sondern auch kleine Rollen in Fernsehproduktionen. Sie konnte ihre Rollen freier interpretieren, sie war natürlicher, war mehr sie selbst. Und dann bat man sie, in der ersten Folge der *Jeffersons*-Serie eine Teilrolle als Dienstmädchen zu spielen – bei den *Jeffersons,* die eine recht wohlhabende Familie waren. Während der Aufnahmen lernte sie die Jefferson-Familie kennen und fragte sie, ob sie tatsächlich in einer derart luxuriösen und kostspieligen Wohnung leben würden. »O ja, natürlich«, antwortete ihr Frau Jefferson.

»Wie kommt's denn, daß wir es geschafft haben«, sagte Marla scherzend, »und daß mir das keiner je gesagt hat?«

Mit dieser Einstellung kam sie zu ihrem Haus und war bald darauf ständige Darstellerin in der TV-Serie.

Heute sagt Marla Gibbs: »Ich bin überzeugt, daß Gott, wenn er uns auf diese Erde kommen läßt, uns ein gerüttelt Maß an Selbstvertrauen mitgibt. Es ist ein Elend, wenn wir uns von ihm entfernen und das Vertrauen verlieren. Der beste Weg, den ich kenne, um es wiederzuerlangen, besteht darin, im Glauben an Ihn weiterzumachen. Zunächst mag es einem Angst einjagen; aber ich weiß, daß wenn ich einen Schritt gehe, Gott für mich zwei große Schritte macht.«

Ja, Marla war erst eine heimatlose Frau mit einer Familie, für die sie aufkommen mußte. Doch sie legte ein negatives Gedankenbild ab und überwand die »Ich-kann-nicht«-Einstellung, indem sie sich einem gewaltigen Zustrom außergewöhnlicher Möglichkeiten öffnete. Das brachte sie zu den »Ich-kann«-Menschen.

Ich weiß von einer Frau, deren Glaube an sich selbst derart mit einem absoluten Glauben verbunden war, der ihr zum Überwinden der allergrößten Schwierigkeiten verhalf. Es war ihr unverrückbares Ziel, Menschen zu helfen – vor allem den notleidenden. Ihr Glaube, sie über den Berg zu bringen, führte zu bemerkenswerten Ergebnissen.

Viel verschulde ich meinem langjährigen Freund Arthur Gordon, dem bestbekannten Schriftsteller, für seine bewegende Geschichte eines kleinen Jungen in New York, der mit drei Jahren Kinderlähmung hatte. Das war vor der Zeit, da es die Polio-Impfung gab. Die Kinderlähmung hatte zur Folge, daß der Junge spindeldürre Beinchen hatte und nicht gehen konnte. Seine Eltern waren sehr arm, und die Zeiten waren hart; deshalb brachten sie ihn in ein New Yorker Spital, wo sie ihn nie mehr besuchten. Eine Sozialhilfestelle nahm sich des kleinen Jungen an; schließlich endete er in einem kleinen Bauerndorf im Süden Georgias. Dort, in der wärmenden Sonne von immergrünen Eichen umgeben, nahm ihn eine wunderbare Frau, die von allen liebevoll Mama Jean genannt wurde, in ihre Obhut. Sie war wie eine Heilige. Alles hatte sie lieb, vor allem kleine verletzte Kinder. Da sie Hebamme war, wäre es keiner Frau im Dorf in den Sinn gekommen, ohne Mama Jeans Beisein zu gebären. Aus Kräutern und Wurzeln braute sie Heilmittel; alles, was Mama Jean anfaßte, wurde gut.

Dann fand sie diesen kleinen Jungen aus New York vor. Von Muskelschwund verstand sie zwar nur wenig, wußte aber, daß nicht gebrauchte Muskeln sich zurückbilden. Deshalb massierte sie jede Nacht die verkümmerten Beinchen des Jungen, bis er vor Schmerzen weinte. Dann sagte sie jeweils zu ihm: »Es tut mir leid, mein Schatz, aber ich muß das tun, damit du gesund wirst. Mach dir keine Sorgen. Ich spreche immer zu Jesus, und Er wird's mir sagen, wenn du gehen kannst. Denn – merk dir's gut! – du wirst gehen können, mein Schatz, du wirst gehen können.«

Sie kannte sich in der Hydrotherapie nicht sonderlich aus; es war ihr aber bekannt, daß fließendes Wasser solch verkümmerten Beinchen helfen würde. Deshalb hieß sie ihre großen, kräftigen Enkel, den Kleinen nach unten zu tragen und ihn ins Wasser zu halten. Nach vielen Massagen, Kaltwasseranwendungen und vielem Zureden, er würde gehen können, kam der Tag, wo der Junge zwölf Jahre alt wurde. Sie stellte ihn an eine alte immergrüne Eiche, ging ein paar Schritte zurück und sagte: »Heute, mein Schatz, sagte mir Jesus, ist der Tag, an dem du gehen kannst. Ich will, daß du zu mir herüber gehst; ich werde meine Arme ausstrecken und dich halten, wenn du hier bist.«

»Ich kann's nicht, Mama Jean, ich kann's nicht!« weinte der Junge. »Du weißt doch, daß ich's nicht kann. Meine Beine werden es nicht schaffen!«

Nun wurde ihre Stimme, die bis anhin sanft gewesen war, streng: »Jetzt hör mal zu, mein Junge! Wir sind doch gläubig, oder etwa nicht? Und mir wurde gesagt, heute sei der Tag. Und jetzt gehst du auf mich zu – los!«

Zögernd setzte der Junge einen Fuß vor, dann einen weiteren und dann noch einen und noch einen und fiel schließlich weinend vor Glück in ihre Arme. Auch sie mußte weinen. »Was habe ich dir gesagt, mein Junge? Du brauchst die Krücken nicht mehr!«

Nun, allmählich waren die Krücken unnötig, und der

Junge wuchs zum Mann heran. Und dann, eines Tages, erreichte ihn eine Nachricht von einem von Mama Jeans Enkeln. Sie lautete schlicht und einfach: »Mama Jean liegt im Sterben. Möchte dich sehen.« Er fuhr ins kleine Dorf zurück, ging einen sandigen, vom weißen Mondschein erhellten Weg hinunter und setzte sich an ihre Bettstatt. Sanft legte sie ihre Hand auf seinen Kopf. »Denk daran, mein Junge, was ich dir gesagt habe: Glaub, glaub immer!«

Und das ist in aller Kürze gesagt die Wahrheit.

1. **Wir werden zu dem, was wir denken.**

2. **Haben Sie Selbstvertrauen und Glauben, und halten Sie durch.**

3. **Wenn wir uns dem Willen Gottes anvertrauen, können wir Wunder vollbringen.**

4. **Um das »Ich-kann-einfach-nicht«-Gefühl loszuwerden, bekräftigen Sie die Tatsache: »Ich kann, mit Gottes Hilfe; ich kann.«**

Und jetzt: Gehen Sie weiter, und *tun* Sie's!

KAPITEL 4

Haben Sie alles, was es zum Glück braucht?

Die Art zu glauben, von der wir eben sprachen, besteht darin, das wahre Glück zu finden – nämlich das, was wir nach meiner Überzeugung im Leben brauchen.

Er saß mir an meinem Pult gegenüber: ein untersetzter, bulliger Vierziger. »Gibt's überhaupt Glück, Dr. Peale?« fragte er. »Ich bin nicht glücklich, will's aber sein. Ich hörte, Sie wüßten zu diesem Thema eine ganze Menge. Sagen Sie es mir bitte ohne Umschweife: erstens, zweitens, drittens. Ich mag kein Geplänkel, keine Psychologisiererei, kein Philosophieren und ähnliches Zeug.« »Ich auch nicht«, gab ich zurück. »Ich sage Ihnen bloß, was ich weiß: erstens, zweitens, drittens. Aber zuerst müssen wir festhalten, was es zum Glück braucht.« Als ich ihn anschaute, kam mir meine Sekretärin in den Sinn, die mir sagte, da sei ein Mann, der immer wieder für einen Gesprächstermin anrief, aber keine Bestätigung wollte. Sie sagte mir: »Ich erklärte ihm, Ihre überfüllte Agenda würde für persönliche Treffs wenig Zeit lassen. Aber dieser Mann ist beharrlich, und ich meine beharrlich.«

Ich konnte mir ein Lächeln nicht verkneifen, zumal ich für eine Verkaufszeitschrift mitten in einem Artikel zum Thema »Beharrlichkeit als Grundlage des Erfolgs« war. »Ich muß wohl dem nachleben, was ich predige«, sagte ich ihr. »Sagen Sie diesem beharrlichen Kerl, daß ich ihn sehen will.« Und da war er jetzt, ein offensichtlich erfolgreicher Mann. Das kam mir gelegen, und ich mochte ihn auch irgendwie.

Meine anfängliche Frage, ob er denn habe, was es zum Glück brauche, verwirrte ihn sichtlich, aber er faßte sich sogleich mit den Worten: »O.k., testen Sie mal, falls das zur Sache gehört.«

»Na denn«, gab ich zurück, »ich bin in dieser Sache kein Orakel. Ich bin einfach glücklich und kann Ihnen sagen, wie ich zu meinem Glück kam. Aber zuerst muß ich Ihnen etwas sehr Wichtiges sagen: Nie habe ich das Glück erlangt, indem ich nach ihm suchte. Auf einer Liste habe ich das, was ich die ›Bestandteile des Glücks‹ nenne. Möchten Sie sie sich aufschreiben?«

Indem er einen Kugelschreiber und einen Block zur Hand nahm, sagte er: »Also, los!«

Das ist die Liste, die ich als »Glücksmischung« bezeichne:

1. *Geistige Erfahrung*

Er hielt seine Hand hoch. »Was heißt denn *das*?«

»Schreiben Sie sich's auf«, erwiderte ich. »Sie sagten ›kein Geplänkel‹, und im übrigen schmeiße *ich* die Sache.« Worauf er lächelte; ich wußte, daß wir uns verstanden.

2. *Tiefer innerer Friede*
3. *Heiterkeit*
4. *Freude*
5. *Anregung*
6. *Kampf*
7. *Gute Verdauung*
8. *Gesundheit*
9. *Jemanden gern haben*
10. *Jemand, der Sie gern hat*
11. *Genug Geld für die Auslagen*

»Das wär's«, schloß ich, »das ist meine Liste. Nun können Sie zu einem anderen gehen und sich eine andere Reihenfolge auswählen. Aber wie schätzen Sie sich aufgrund dieser Liste ein; haben Sie alles, was es braucht, um glücklich zu sein?«

Er saß da und studierte die Liste. »Ich kann 11, 10 und 9 ausmachen. Die sind in Ordnung. 8 und 7 nur ein wenig; 6 ist wieder gut. Aber 5, 4, 3 und 2 – da muß ich passen, und was 1 angeht, so weiß ich nicht mal, wovon Sie reden. Somit komme ich bloß auf eine Punktzahl von etwa 50 %.«

»Aber Sie besitzen zwei weitere Eigenschaften, die auf der Liste stehen sollten: die Neugierde und den Wunsch.« Ich legte ihm dar, daß Menschen mit Neugierde und Wünschen üblicherweise ihre Ziele erreichen.

Darauf gab mein Besucher, der nach meinem Gefühl am Glück tatsächlich interessiert war, zu, daß meine Liste »ganz ordentlich« war, ging aber zur Nummer 1 zurück: geistige Erfahrung. Das verwirrte ihn ganz offensichtlich.

»So, sagen Sie mir jetzt mal, was Sie damit meinen!« sagte er beharrlich.

»Das hört sich so an, als hätten Sie noch nie eine Kirche von innen her gesehen«, gab ich zurück.

»Was soll's, von all diesem Zeug bin ich schon seit ...« Er zögerte. »... Ende der sechziger Jahre abgekommen. Wenn ich mich recht entsinne, riecht Ihr Spruch von der ›geistigen Erfahrung‹ nach Gott-Finden und all diesem religiösen Geschwätz.«

»Sie sind auf dem rechten Weg, recht so. Aber es geht um mehr als Geschwätz«, sagte ich darauf. »Es bezieht sich auf die höchste Form menschlicher Erfahrung, in welcher der Geist von Kraft, Friede, Heiterkeit und von dem, was die Bibel ›unsagbare Freude‹ nennt, durchdrungen ist. Darauf kommt ein Gefühl des Sieges über alles, was einen Menschen zuvor bedrückt hat.« Er war wohl sichtlich beeindruckt; deshalb fuhr ich weiter: »Vielleicht interessieren Sie sich, wie Jesus seine Aufgabe auf dieser Welt beschrieb: ›Ich bin gekommen, daß sie das Leben und volle Genüge haben sollen‹ (Johannes 10, 11).«

Ich nahm die Bibelübersetzung der *Guten Nachrichten für heutige Menschen* und las daraus laut den Vers vor, den ich oben zitiert habe: »Ich bin gekommen, damit Ihr Leben in all seiner Fülle habt.«

»Bedeutet das Glück?« fragte er.

»Schauen Sie«, sagte ich, »Glück kommt nie, wenn es Selbstzweck ist; Glück ist eine Nebenerscheinung einer Verpflichtung zu Dingen, die es wert sind. In meinem Fall habe ich mir bewiesen, daß wahre Hingabe zu Christus unweigerlich Glück bringt.«

Der jüngere unglückliche Mann saß nachdenklich da und trommelte mit seinen Fingern auf den Tisch. Dann sagte er recht ruhig: »Meinen Sie damit, Jesus sei einer, der mich glücklich machen kann?«

»Sie haben's getroffen«, antwortete ich. »Wenn Sie in diesem Sinne weiterfahren wollen und ich Ihnen dabei helfen kann, so lassen Sie es mich einfach wissen. Aber Sie brauchen mich nicht. Lesen Sie die Evangelien von Matthäus, Markus, Lukas und Johannes. Sprechen Sie dann zu Jesus und sagen Sie ihm, Sie wollten nach seinem Leben leben. Wenn Sie das mit wahrer Inbrunst tun, erlangen Sie die Kraft, um entsprechend und voller Freude zu leben. Das meine ich mit ›geistiger Erfahrung‹.«

Ich spürte, daß er es allmählich erfaßte; aber seit eh und je glaube ich, daß es nichts bringt, wenn man etwas erzwingt: etwas erspüren ist besser, um es auf natürliche Weise zustande zu bringen.

Schließlich stellte mir mein Besucher eine Frage: »Aber wenn ich mich Jesus zuwende und nach seinem Leben lebe, muß ich ja die schlechten Dinge, die ich tue, bleiben lassen.« Darauf folgte ein langes Schweigen. »Aber es könnte ja eben dieses Schlechte sein, das mir das Gefühl gibt, so schlecht und unglücklich zu sein.«

Er war ganz offensichtlich dabei, sich zu überzeugen. Daher sagte ich kein Wort. Im Grunde genommen war ich ein wenig erschrocken, denn mir kam der Gedanke, Gott selbst führe womöglich das Gespräch – ohne zu argumentieren und ohne religiöse Fachausdrücke zu gebrauchen. Seine geschickte Art machte mir Eindruck. Er ließ diesen intelligenten Mann seinen Weg zum guten Leben finden, zum freuderfüllten und bedeutungsvollen Leben. Mein Besucher wandte sich vor meinen Augen einem pulsierenden Leben zu.

Der Mann erhob sich und ging um den Tisch herum. Ich dachte erst, er komme, um mir zum Abschied die Hand zu geben. Dagegen legte er seine Hand auf meine Schulter, und ich sah Tränen in seinen Augen. »Endlich habe ich einen Menschen getroffen, einen wirklich gläubigen Menschen, der den Mut hat, einem vom Weg abgekommenen Kerl zu sagen, wo sein Erfolg liegt, der richtige Erfolg. Wissen Sie, ich wußte, daß die Antwort im Glauben liegt, wollte es aber nicht zugeben. Mit Sicherheit wäre ich enttäuscht gewesen, wenn Sie mich nicht sogleich zum Glauben zurückgeführt hätten.«

Sie fragen sich vielleicht, was aus diesem Mann geworden ist? Die Folge war, daß er die Antwort fand und mit ihr das Glück, das seine innere Leere füllte. Und dieses Glück fand er eifrig. Sein wiedergefundener Glaube belebte ihn wieder. In all der Zeit, während deren er auf totem Geleise war, suchte er unbewußt und ohne es zu merken den Glauben. Wahrscheinlich sind derzeit Tausende von unglücklichen Menschen in derselben mißlichen Lage. Auch sie können das

Glück und seine Bedeutsamkeit finden, die ihr Leben wie das meines Besuchers verändern.

Einige von Ihnen denken jetzt vielleicht: »Nun ja, das ist ja gut und recht für Menschen, die darüber schreiben. Aber ich bin ja nur ein Hänschen (oder ein Lieschen) mit einer Last von Problemen und Schwierigkeiten, die es mir unmöglich machen, glücklich zu sein.« Dazu sage ich nur: *Sie* haben die Wahl.

Viele Menschen möchten sich für Lebensfreude entscheiden, aber leider versagen sie sich den inneren Frieden und das Glück, weil es ihnen nicht gelingt, mit einem Kummer oder einem Schuldgefühl fertig zu werden, dessen Ursache Jahre zurück liegt.

Wie eine Klette haftet ihnen dieser Verursacher des Unglücklichseins in ihrem Kopf; dabei möchten sie sie loswerden. Aber solche Gedanken lassen einen nicht einfach so los: Sie müssen ausgetrieben werden.

Vor einigen Jahren kam ein hoher kanadischer Regierungsbeamter in mein Büro in New York. Als ehrenwerter und zurückhaltender Mann mit wissenschaftlicher Ausbildung befaßte er sich für sein Land mit einer komplizierten technischen Angelegenheit. Als Leser meiner Bücher, so sagte er mir, sei er wegen eines Problems gekommen, das ihn unablässig und ernsthaft beschäftige. Er war der Ansicht, seine Gefühle des Unglücklichseins könnten von einem über lange Zeit genährten Bedauern herrühren.

Er schien seine willensstarke, überaus maßgebende Frau, die im gesellschaftlichen Leben wie im Sozialwesen in seiner Stadt führend war, über alles zu vergöttern. »Sie war der netteste und freundlichste Mensch, den ich je kannte, und sie hat stets für mich gesorgt«, sagte er. »Aber ich war mit Regierungsgeschäften ziemlich belastet und deswegen – ich gebe es zu – ziemlich angespannt, weil ich der Beste sein und vorwärtskommen wollte. Aber letztlich wurde ich reizbar und sarkastisch.«

Er sagte mir, daß er diese Stimmungen in seinem Büro unter Kontrolle gehabt habe, doch während der Nacht wollte er über seine Frau herfahren und so richtig niederträchtig zu ihr sein. Jedesmal entschuldigte er sich, und sie vergab ihm immer wieder.

»Es war wie in dem alten Lied«, seufzte er, »›Man verletzt immer denjenigen, den man liebt.‹«

Eines Tages erlitt seine Frau einen unvermuteten Herzinfarkt; binnen 24 Stunden starb sie. »Ich war buchstäblich am Ende«, erzählte er mir. »Ich war derart von ihr abhängig und wußte keinen Ausweg mehr.«

Und dann geschah in ihm etwas, das ich schon bei vielen Menschen mit starkem Eigenwillen beobachtet hatte. Ein Gedanke wuchs in ihm, ein Gedanke, der die Gewalt hat, allen Frieden und alles Glück wegzufegen. Als der kanadische Regierungsbeamte zu mir kam, war es sieben Jahre her, seit seine Frau gestorben war. Aber der Gedanke, der erst winzig klein zur Idee heranwuchs, überfiel ihn jetzt unbarmherzig, untergrub seinen Seelenfrieden und seine Arbeitslust und beeinträchtigte gar seine Karriere.

»Was war nun mit diesem herumschleichenden Gedanken, der so heranwuchs und Sie derart beherrschte, daß er Sie Ihrer Meinung nach zerstören kann?« fragte ich.

Lange Zeit sagte er nichts; offensichtlich kämpfte er mit sich. »Sehen Sie mir bitte die Unhöflichkeit nach, daß ich Ihnen nicht sogleich eine Antwort gegeben habe. Nie zuvor habe ich dies einem Menschen gesagt. Aber Ihnen sage ich's, denn ich spüre, daß Sie mir helfen können und in gewissem Sinne ein Außenstehender sind und somit etwas Fremdes an sich haben.«

»Das schon, und mit aller Erfahrung und allen Erlebnissen völlig vertrauenswürdig«, unterbrach ich ihn. (Es ist das erstemal, daß ich von diesem seltsamen und tragischen Ereignis berichte – doch dieser Freund ist mittlerweile gestorben.)

Er sagte zu mir: »Ich war buchstäblich teuflisch meiner Frau gegenüber, und schon wenige Tage nach ihrem Tod ging mir all das Schäbige, das ich ihr angetan und ihr gesagt hatte, pausenlos durch den Kopf. Ich bedaure das jetzt so sehr, daß ich entweder meinen inneren Frieden finden oder zugrunde gehen muß.«

»Glauben Sie religiös?« fragte ich.

»Ja, wir waren beide gläubige Katholiken. Sie war ein Engel, eine Heilige und überhaupt die beste Christin, die ich je kannte. Wir gingen beide regelmäßig zur Messe.«

»Warum haben Sie deswegen nie eine Beichte abgelegt?« wollte ich wissen. Er verweigerte die Antwort, was ich als Anzeichen dafür nahm, daß er über die Sache nicht sprechen wollte.

Er weinte. »Als sie dem Tode nah war«, sagte er gebrochen, »sagte sie mir: ›Ich werde dich in alle Ewigkeit lieben und für dich im Himmel arbeiten.‹«

Mit einem Mal mußte ich ihn fragen: »Möchten Sie Ihre Frau im Himmel glücklich machen?«

»Bei Gott, wenn ich das vermöchte, wäre ich der glücklichste Mensch in Kanada.«

»Also, wenn Sie Trübsal blasen und sich geißeln, könnte es sehr wohl sein, daß Sie ihre Freude im Himmel trüben. Warum denken Sie denn nicht an *ihr* Glück anstatt an Ihr Elend? Stellen Sie sich vor, Ihre Frau würde Ihre innige Liebe zu ihr und Ihre Reue restlos verstehen. Machen Sie sich klar, daß sie Ihnen vergibt. Wenn Sie das tun und es auch wirklich meinen, so glaube ich, daß Sie von Ihrer Qual erlöst werden und wahren Frieden finden. Glück und Heiterkeit werden Ihnen auf dieser Erde beschert sein, wenn sie im Himmel Friede und Glück gefunden hat.«

Diese Überlegungen sprachen seine logische Denkart an, worauf er sagte: »Das klingt vernünftig. Ich mach's, und zwar gleich jetzt.« Dies war offensichtlich die geistige Behandlung, die er benötigte.

Er rief mich häufig an. Dabei verspürte ich bei ihm neue Begeisterung. Dieser Mann wurde in der Tat ein begeisterter, gläubiger Mensch. Er sagte mir, er fühle, daß die Beziehung zwischen den Sterblichen und denjenigen im »Jenseits« natürlicher und normaler sei, als er es sich vorgestellt habe. »Natürlich vermisse ich meine Frau, aber Ihre logischen Gedankengänge haben mich überzeugt, daß wir nicht wirklich getrennt sind, sondern zusammenarbeiten; und das gibt mir Zuversicht.«

Da ist noch ein anderes Hindernis auf dem Weg zum Glück – eines, das unsere Gesundheit ernstlich gefährden kann. Nämlich Feindseligkeit oder die Unfähigkeit zu vergeben. Gemäß medizinischen Erkenntnissen kann, wenn wir uns weigern zu vergeben, die so in uns angestaute Feindseligkeit zu schweren physischen Problemen führen. Wie Dr. Redford Williams, Internist und medizinischer Verhaltensforscher am Medizinischen Zentrum der Duke University, sagt: »Feindseligkeit birgt nicht nur das Risiko einer Herzkrankheit in sich, sondern auf alle möglichen Ursachen zurückzuführende Sterblichkeit.«

Dr. Williams und seine in der Forschung tätigen Mitarbeiter konnten verschiedene Menschengruppen während eines Großteils ihres Lebens studieren und erfahren, wie verschiedene Abstufungen ihrer Feindseligkeit das körperliche Wohlbefinden beeinflussen.

Eine Untersuchung begann mit Medizinstudenten, deren

Entwicklung über die darauf folgenden 25 Jahre verfolgt wurde. Die Forscher fanden heraus, daß diejenigen mit hohem Grad an Feindseligkeit ein etwa fünfmal höheres Risiko eingehen, einen Herzanfall zu erleiden, an Angina zu erkranken oder an einer Herzkrankheit zu sterben als jene mit einem geringen Grad an Feindseligkeit.

»Gläubige Menschen leben länger«, sagte Dr. Williams.

Es ist so: Ärger, Verdruß und Nicht-vergeben-Können vermögen auf einen Menschen körperlich und geistig verheerend zu wirken. Ich kenne eine Frau, die für sich jedes Recht zu hassen in Anspruch nahm. Lassen Sie mich Ihnen erzählen, was mit ihr geschah.

Hasula Hanna war eine hart arbeitende Witwe, die in Denver, Colorado, lebte. Die größte Freude in ihrem Leben war Pat, ihre 35jährige Tochter, die für sie alles war, was sie auf dieser Welt hatte. Pat hatte eine Zeitlang in einer anderen Stadt gearbeitet und kam dann nach Denver zurück, um ein Theologie-College zu besuchen. Sie wollte Missionarin werden. Während ihres Studiums arbeitete sie halbtags und lebte bei ihrer Mutter.

Eines Abends kam Pat nicht von der Arbeit zurück. Hasula begann sich Sorgen zu machen. Es war nicht die Art ihrer Tochter, nicht anzurufen. Am Ende stellte Hasula die Gasflamme unter der Pfanne mit dem zubereiteten Abendessen ab und begann, ihre Freunde und Bekannten und – in ihrer immer größer werdenden Verzweiflung – schließlich die umliegenden Spitäler und die Polizei anzurufen. Niemand wußte etwas vom Verbleib ihrer Tochter.

Am nächsten Morgen kam ein Polizeimann vorbei, um eine genaue Beschreibung von Pat, von ihrem Wagen und ihrer Kleidung aufzunehmen. Unterdessen bat Hasula ihre Kirchgemeinde, für ihre Tochter zu beten. Am späteren Tag läutete der Pastor mit zwei anderen Männern an ihrer Türe.

Ihre Augen blickten traurig, sorgenerfüllt. Hasula ahnte, was man ihr sagen würde.

»Sie haben Pat gefunden, nicht wahr?« – »Ja, Frau Hanna, wir haben sie gefunden«, sagten die Männer.

Man fand sie an einem Straßenrand, wo sie offensichtlich aus einem Wagen heraus hingeworfen wurde. Man hatte sie vergewaltigt und dann erstochen.

Hasula fiel in Ohnmacht.

Am Begräbnis ging sie wie ein Roboter durch die Formalitäten hindurch, indem sie der endlosen Reihe der Trauergäste aus dem College, dem Büro und der Kirche rein mechanisch antwortete.

Nach einigen Tagen, in denen sie allein in ihrem verlassenen Haus saß, begann sie, dumpf über den unbekannten Mörder ihrer Tochter zu brüten. Eiskalter Haß erfaßte sie – ein Haß, der mit jedem Tag anstieg. Selbst in der Kirche sann sie auf Rache.

Jedesmal, wenn sie die nicht zu Ende gelösten Hausaufgaben ihrer Tochter zur Hand nahm, schrie sie laut auf und fragte sich, wie Gott dies einem Menschen, der für ihn arbeiten wollte, bloß zufügen konnte.

Hasula nahm ihre Büroarbeit wieder auf. Vom unbändigen, leidenschaftlichen Willen erfüllt, den Mörder ihrer Tochter vor Gericht zu bringen, studierte sie die Zeitungen und blieb mit der Polizei in Kontakt.

Nach einiger Zeit faßte man ihn, als er wieder eine Frau töten wollte. Aus Gründen der Diskretion will ich ihn Carlton Moore nennen. Als Hasula in der *Denver Post* das Gesicht des Mörders ihrer Tochter sah, nahm sie einen Brieföffner und fuhr damit über seinen Kopf, bis er in Streifen zerschnitten war.

Es stellte sich heraus, daß Carlton Moore in einem unglücklichen Zuhause aufgewachsen war: Sein Vater war Alkoholiker, seine Mutter geistig gestört. Er hatte zwar einen hohen Intelligenzquotienten, doch da er als Kind vernachlässigt und mißbraucht wurde, geriet er häufig immer wieder in Schwierigkeiten. Als er Hasulas Tochter ermordete, war er lediglich zu einer zweimonatigen bedingten Gefängnisstrafe verurteilt worden.

Bei der Verhandlung saß Frau Hanna im Gerichtssaal. Als man Carlton Moore zu lebenslänglichem Zuchthaus verurteilte, war sie außer sich. Warum durfte er leben, nachdem ihre Tochter tot war?

Im Verlaufe der Zeit wurde sie immer verbitterter und kapselte sich zunehmend ab. Sarkastisch und scharfzüngig, wie sie geworden war, merkte sie fast gar nicht, daß ihre Arbeitskollegen sie zu meiden begannen. Eine kleine geschäftliche Spekulation, in die sie Geld investiert hatte, war eine Pleite. Hasula verkroch sich immer mehr und lehnte Einladungen zu Abendessen und gesellschaftliche Anlässe zunehmend ab.

Nach zwei Jahren, als sie 62jährig war, bestand das einzig Lebendige in ihr aus ihrem unbändigen Haß.

Doch dann rief an einem Sonntagsgottesdienst ein Mitglied der örtlichen Gideon-Vereinigung die Teilnehmer ihrer Gruppe auf, zur Erinnerung an geliebte Menschen überallhin Bibeln zu verschicken. Während der Mann sprach, vernahm sie eine sanfte, weiche Stimme, die ihr etwas zuflüsterte: »Auch mein Leben nahm ein grausames Ende. Aber mein Vater hat sich nicht von seinen verlorenen Kindern abgewandt.« Sie wußte, daß Jesus zu ihr sprach. »Befreie dich, indem du vergibst«, vermeinte sie zu hören. »Befreie dich aus dem Gefängnis des Hasses.«

»Aber wie kann ich denn in allem Ernst dem Mörder meiner Tochter vergeben – mit dieser Bitternis in meinem Herzen?« fragte sie.

Die Antwort lautete: »Denn so ihr den Menschen ihre Fehler vergebet, so wird euch euer himmlischer Vater auch vergeben« (Mattäus 6, 14).

Aufgerüttelt bat Frau Hanna das Gideon-Mitglied, mehrere Bibeln ins Staatsgefängnis zu senden und eine davon persönlich zu übergeben.

»Bringen Sie sie einem Häftling namens Carlton Moore, und sagen Sie ihm: ›Da Jesus ihr vergibt, vergibt Ihnen Frau Hanna.‹«

Frau Hanna berichtete, es sei, als hätte jemand anders gesprochen und nicht sie. Kaum hatte sie diese Worte gesagt, war ihr, als wäre sie aus einem Eisenpanzer herausgetreten und hätte das abgelegt, was sie gefesselt hatte.

Frau Hanna sagte dazu: »Der alte Carlton Moore starb, und so starb auch die alte verbitterte Hasula Hanna, als ich die wunderbare Kraft des Vergebens gefunden hatte.« Vergeben, Selbstlosigkeit, Mitgefühl – sie alle bedeuten neues Leben.

Glückliche Menschen sind vielfach bescheidene Menschen. Kürzlich begegnete ich bei einem Dinner einem dieser beispielhaft ausgeglichenen Menschen.

»In welcher Branche sind Sie tätig?« fragte ich den Mann, der am Haupttisch neben mir saß.

»Ich arbeite in einem Stahlwerk«, antwortete er.

»Wo arbeiten Sie?« fragte ich erneut; denn er war für einen Mann, der in einem Stahlwerk arbeitet, zu gut gekleidet.

»Oh, ich mache Büroarbeit«, erklärte er. »Ich helfe den Managern, wenn ich's kann.«

»Welche Position haben Sie denn genau in der Unternehmung?« – »Ich bin der Firmenleiter«, sagte er ruhig.

Als er aufstand, um seine Rede zu halten, sagte er den

anwesenden Gästen: »Ich arbeite im Stahlgeschäft und habe recht viel erreicht. Aber ich habe es nicht allein geschafft. Bill Jones, der als Portier tätig ist, hat mir geholfen, und Sam Smith, der den Korridor aufwischt, und alle Menschen, die in meiner Unternehmung arbeiten. Ich liebe diese Menschen. Sie sind meine Freunde; wir ziehen durchweg am selben Strick.«

Eine andere Möglichkeit, glücklich zu sein – auch wenn sie besonders viel Kraft erfordert –, liegt darin, für hohe Werte und für hohe Maßstäbe einzustehen, selbst wenn es unwahrscheinlich schwierig ist. Doch das macht in seltenem und außergewöhnlichem Maße glücklich.

Ich kannte einen jungen New Yorker Graphiker: Frank. Er war ein hervorragender, vielseitig begabter Illustrator und ein brillanter Kopf. Ich mochte ihn und dachte mir, seine Möglichkeiten seien unbeschränkt.

Er war das, was man einen jungen Großstadt-Karrieremenschen mit besten Erfolgsaussichten nennt. Er hatte eine leicht spöttische und ein bißchen abschätzige Einstellung denen gegenüber, die er »Kirchgänger« nannte. Doch daß ich Pfarrer war, schien ihn nicht zu stören. Wir waren Freunde.

Vielleicht betrachtete er mich deshalb eher als Kollegen im Kommunikationsbereich, weil ich auch Herausgeber von Zeitschriften war. Auf alle Fälle sprachen wir oft miteinander. Bei einem unserer Zusammentreffen gestand mir Frank, daß er nicht sonderlich glücklich war. »Finanziell gesehen habe ich alles bestens gemacht«, sagte er, »und doch habe ich noch nicht gefunden, was ich wirklich suche. Um Ihnen die Wahrheit zu sagen: Ich weiß tatsächlich nicht, was es ist.« Seufzend lehnte er sich zurück. »Wahrscheinlich können Sie das meiner Generation zuschreiben, Dr. Peale. Wir sind doch allesamt eine Bande von komischen Typen.«

Ich habe meinen jungen Freund nie in eine bestimmte Richtung gedrängt, sondern ihm sanft und ruhig aufgezeigt, wo er Antworten finden könnte und daß die Religion schon seit langer Zeit vorhanden ist, daß große Künstler gläubig waren und es Wahrheiten gibt, die überdauert haben. Es brauchte nicht lange, bis Frank in die Kirche ging.

Ehrlich gesagt überraschte mich dies nicht so sehr, wohl aber Franks Reaktion. Erneut erwies es sich, daß die Menschen unberechenbar sind: Ihre Sprechweise widerspiegelt nicht immer ihre allerinnersten Gefühle. Trotz seiner Einstellung den »Kirchgängern« gegenüber war Frank von dem beeindruckt, was er als »eine Religion, die einen Sinn ergibt« bezeichnete. Er wurde von dem ergriffen, was zu einem neuen Glauben heranwuchs. »Ich beginne allmählich, einige Antworten zu erhalten«, sagte er eines Tages, als wir miteinander sprachen. Als denkgewohnten Menschen fesselte ihn das, was er »die Vernunftmäßigkeit des Glaubens« nannte. Er wandelte sich zu einem der hingebungsvollsten Anhänger, die ich in unserer Zeit erlebt habe. Mit derselben Begeisterung, mit der er sich seiner Arbeit zuwandte, studierte er eifrig die Evangelien. »Dieser Jesus«, sagte er mit der ihm eigenen Offenheit, »war wirklich ein Ding – absolut einmalig. Ich folge Ihm und seinen Grundsätzen zu hundert Prozent. Er macht Sinn.«

Und doch setzte Frank seinen neugefundenen Glauben nicht in Glück um, bis ...

Allem Anschein nach hatten viele von Franks geistreichen Illustrationen etwas leicht Sexyhaftes an sich. Der Absatz dieser Art Arbeiten war sehr groß – mit der Folge, daß Frank viel Geld verdiente.

Mit seinem neuen Glauben begann ihn aber eine ethische Überlegung zu beunruhigen, vor allem wenn er eine seiner anzüglichen Zeichnungen ablieferte.

Nicht lange nach seiner Veränderung sagte Fred, sein Vorgesetzter: »Frank, wir haben einen irren Auftrag geangelt. Ich übergebe dir den künstlerischen Teil der Arbeit. Die Illustrationen müssen wirklich erotisch sein. Also, Frank, leg sie hin. Du weißt ja, wie's geht.«

In der Nacht jenes Tages rief mich Frank an und fragte mich, wie man beurteile, was recht und was falsch sei. »Einige meiner Freunde sagen, es sei nichts Falsches daran, dieses Zeug zu machen, und die herkömmliche Art und Weise, die Dinge zu sehen, wäre veraltet.«

»Ödes Gewäsch«, gab ich zurück.

»Ich glaub's Ihnen«, sagte er, »aber ich will wissen, ob es für *mich* irgendeine taugliche Richtlinie gibt, an die ich mich halten kann. Ich will unbedingt meiner christlichen Verpflichtung nachleben.«

Ich empfahl ihm, seine Entscheidungen durch die Frage ›Was würde Jesus machen?‹ abzuwägen.

»Na schön, das ist eine Möglichkeit«, sagte er, »aber gibt's denn keine andere, um tatsächlich zu wissen, was richtig und was falsch ist?«

»Natürlich«, antwortete ich und gab ihm die Prüffragen durch, wie man sich vor sich selbst gut fühlt. »Frank, wenn es dir bei dem, was du machst, nicht wohl ist, dann ist die Sache falsch. Wenn du dabei aber ein gutes Gefühl hast, darfst du glauben, daß sie richtig ist.« Das schien ihm einzuleuchten.

Einige Tage später übertrug Fred Frank den neuen Auftrag. »Gib in diese Illustrationen alles hinein, was in dir steckt, Frank. Du weißt ja, wie man den Betrachter kitzelt. Verbeiß dich drein!«

Er ließ Frank zum Überlegen an seinem Zeichenbrett zurück. Wie immer er es anpacken würde – Frank wußte in seinem Innersten, wie er sich fühlen würde, wenn er diesen Auftrag ausführte.

Zu seiner eigenen Überraschung stand er vom Zeichenbrett auf und ging ins Büro seines Vorgesetzten.

»Fred, ich kann's nicht machen«, eröffnete er ihm. Er erläuterte seine Verpflichtung, Gottes Weg zu gehen, und legte ihm dar, wie sehr er wußte, daß diese Arbeit für ihn falsch wäre.

Sein Vorgesetzter blickte zu ihm auf: »Aber früher hast du solche Arbeiten gemacht!«

Frank erklärte ihm, daß seine neuerworbene Loyalität Christus gegenüber ihm zu einer neuen Ethik verholfen habe, die nur Aufgaben zulasse, zu denen er stehen könne.

Sein Vorgesetzter seufzte und sagte: »Frank, ich verstehe und bewundere deine Ehrlichkeit; also werde ich diese Arbeit einem anderen übertragen. Gleichzeitig verstehst du bestimmt, daß wir mit unserer begrenzten Belegschaft auf deine Dienste verzichten müssen. Es tut mir leid.«

Mit diesem Bescheid zog Frank seinen Mantel an, ging nach Hause und erklärte Janet, seiner Frau, daß er entlassen wurde.

»Mein lieber Schatz«, sagte sie, indem sie ihn umarmte, »ich bin stolz auf dich. Manchmal ist es genau das, was Christsein bedeutet. Vertrauen wir im Glauben darauf, daß sich Gott unser annimmt und uns leitet.« Als die Tage zu Wochen wurden, hatten Frank und Janet ein zunehmend härteres Leben. Doch sie schnallten den Gürtel enger und beteten mit immer stärkerem Glauben.

Eines Tages rief ein Mann eines Stellenvermittlungsbüros Frank an. »Da ist ein großer Auftrag für einen Spitzenillustrator, der hochqualifizierte Arbeit leistet«, sagte er. »Sie sind mir für diese Aufgabe wärmstens empfohlen worden.«

Frank erhielt den Auftrag. Später fand er heraus, daß der Mann, der ihn empfohlen hatte, sein früherer Vorgesetzter war, der ihn entlassen hatte.

Er fuhr bei ihm vorbei und suchte ihn im Büro auf. »Danke, Fred, das war unglaublich nett von dir. Warum hast du das gemacht?«

»Weil ich dich mag, Frank, und weil deine Arbeit großartig ist. Im übrigen...« Er zögerte. »Im übrigen bist du ein toller Typ. Du hast Mut. Alles Gute, Frank.«

Später sagte mir Frank: »Ich fühle mich richtig gut.« Und dann fügte er hinzu: »Weißt du, es war etwas Eigenartiges: Als ich ein hartes Leben hatte, war ich wirklich glücklich, und so erging es auch Janet.«

Der Manager, der hohe kanadische Regierungsbeamte, die Witwe, deren Tochter ermordet wurde, und der Graphiker: Sie alle entdeckten die »Glücksmischung«:

- **Geistige Erfahrung**
- **Tiefer innerer Friede**
- **Heiterkeit**
- **Anregung**
- **Kampf**

Doch vor allem: Sie glaubten und liebten.

KAPITEL 5

Die Dinge mögen schlecht stehen, aber …

Manchmal sind es die ruhigen, selbstlosen Menschen, die auf uns einen nachhaltigen Eindruck machen. So Fred Brown. Ich war mit ihm während über 50 Jahren bekannt. Er sprach nie viel, aber wenn er sprach, sagte er immer etwas, das es wert war, darüber nachzudenken. Denn er war ein Denker, ein Mann, der die Dinge umsichtig überdachte, ehe er etwas sagte. Wenn er eine Idee oder einen Gedanken hatte, konnte man sicher sein, daß es nichts Halbbatziges war. Denn Fred hatte die Begabung, eine Sache in all ihren Aspekten zu betrachten. Er besaß die ungewöhnliche Gabe, in jeder Situation, und sei sie noch so aussichtslos, Möglichkeiten zu sehen.

Es war an einer Dinnerparty, als ich Freds Fähigkeiten zum erstenmal so richtig erlebte. Wir alle, die wir um den Tisch herum saßen, diskutierten über ein Projekt einer Gemeinde, in das wir mit einbezogen waren. Die Diskussion war zähflüssig. Das Gespräch verlief immer schlechter, da sich jeder von uns über die zahllosen Schwierigkeiten ausließ. Letztlich schien eine dumpfe Angst vor einem endgültigen Mißerfolg die Teilnehmer zu erfassen. Alle verstummten.

Doch dann räusperte sich Fred. Dies war immer ein Zeichen dafür, daß er etwas sagen wollte. Nach weiterem zögerndem Räuspern sagte er bloß fünf Worte, von denen das längste nur aus acht Buchstaben bestand. Mit leiser Stimme sagte Fred: »Die Dinge *mögen* schlecht stehen, aber …«

Das war alles, was er sagte. Er erging sich weder in Erläuterungen, noch machte er den Versuch, etwas zu erklären. Aber die Wirkung, die seine Worte auf uns hatten, war interessant. Eine der Frauen brach das Schweigen und sagte: »Nun, wenn wir mit jemandem von der Firma B. Verbindung aufnehmen, könnten wir unter Umständen Unterstützung bekommen.«

»Gute Idee«, fügte ein Mann auf der Gegenseite des Tisches hinzu. »Wenn B. für uns etwas macht, kann ich mit Sicherheit Hilfe von der Unternehmung J. kriegen.«

»Ich kenne einen Mann, der in solchen Dingen außerordentlich bewandert ist«, sagte ein anderer Tischgast. »Bislang habe ich noch nie daran gedacht, ihn um Unterstützung zu bitten.«

Einer nach dem andern sah das Projekt allmählich in rosigerem Licht, und am Ende des Abends lagen erstaunlich viele Ideen vor. Das Projekt konnte schließlich mit nachhaltigem Erfolg durchgeführt werden.

Alles, was Fred an jenem Eßtisch gemacht hatte, war das: Er flößte einer negativ verlaufenden Diskussion sanft eine kraftvolle Alternative ein; mit dem Ergebnis, daß diese ein aussichtsloses Gespräch in ein begeisterndes Suchen nach Möglichkeiten verwandelte.

Für mich war das ein Vorfall mit gewaltiger Wirkung. Denn ich erkannte die mächtige positive Kraft, die in dem gewöhnlichen Wort »aber« mit seinen vier Buchstaben liegt. Es besagt, daß eine Situation – mag sie noch so ausweglos scheinen – gar nicht so schlecht ist. Es gibt Hoffnung. Es gibt Möglichkeiten.

Es ist eine Bejahung des Positiven der Verzweiflung des Negativen gegenüber. So sind denn die größten Erfolge aus drohenden Mißerfolgen entstanden.

Einer der größten Verfechter der »Die-Dinge-mögen-schlecht-stehen-aber...«-Philosophie ist der beliebte Filmschauspieler Jimmy Stewart. Er erzählte einem unserer Redakteure der Zeitschrift *Guideposts*, die meine Frau Ruth und ich publizieren, wie der Film *It's a Wonderful Life* (Das Leben ist wunderbar) entstanden war. Dieser Film, der in der Weihnachtszeit überall im Fernsehen gezeigt wird, ist ein großartiges Werk mit einer göttlichen Botschaft. Jimmy Stewart sagt, von allen Filmen, die er gedreht habe, sei dies sein liebster. Er hatte jedoch eine seltsame Entstehungsgeschichte, und während der Dreharbeiten geschahen außergewöhnliche Dinge.

Als 1945 der Zweite Weltkrieg vorbei war, kehrte Jimmy als General nach drei Jahren Militärdienst bei der Luftwaffe zurück. Er sah sich einer ungewissen Zukunft gegenüber. Er war aus dem Filmgeschäft, sein Vertrag mit MGM war abgelaufen, und er hatte keine Ahnung, wie er wieder einsteigen könnte.

»Ich hatte schon ein bißchen Angst«, gab er zu.

Die Dinge standen schlecht – aber eines Tages besprach der große Filmproduzent Frank Capra mit Stewart ein Filmprojekt, das ihm vorschwebte. Frank schien ein wenig verlegen, als er seine Idee vorbrachte.

»Die Handlung beginnt im Himmel, Jimmy«, sagte er zögernd, »und es ist so, daß Gott jemandem aufträgt, zur Erde zu gehen, weil dort ein Mensch in Schwierigkeiten ist. Dieses himmlische Wesen geht in eine kleine Stadt und ...«

Jimmy erzählt, daß Frank Capra leer schluckte, tief Atem holte und dann so fortfuhr: »Nun, das Ganze läuft darauf hinaus, daß der Kerl, der meint, er versage im Leben, sich von einer Brücke hinabstürzt. Gott schickt einen Engel namens Clarence hin, der sich seine Flügel noch nicht verdient hat, und Clarence springt ins Wasser, um den Mann zu retten. Doch der Engel kann nicht schwimmen, so daß der Mann ihn retten muß. Und dann ...«

Frank, der merkt, daß dies abwegig war, brach ab und strich sich verlegen über die Stirn. »Das hört sich nicht so sonderlich an, oder?«

Ja, die Dinge mögen schlecht stehen, aber...

Jimmy sprang auf und sagte: »Frank, wenn du einen Film drehen willst, in dem sich der Kerl von einer Brücke hinabstürzt und dann ein Engel namens Clarence, der sich seine Flügel noch nicht verdient hat, herunterkommt, um ihn zu retten – nun, dann bin ich der richtige Mann für dich!«

Die Dreharbeiten begannen. Jimmy Stewart sagte: »Gleich von Beginn an hatte es mit diesem Film irgendeine besondere Bewandtnis.«

Er erzählte die Geschichte eines gewöhnlichen Menschen, George Bailey, der spürte, daß er es im Leben nie weit bringen würde. Er träumte davon, ein berühmter Architekt zu werden und in der Welt herumzukommen, landete aber statt dessen bei einem alltäglichen, langweiligen Job in einer Kleinstadt. Als er am Heiligen Abend eine Krise hatte, während deren er spürte, daß er nichts erreicht hatte, brach er unter der Spannung zusammen und sprang von einer Brücke in den Fluß hinunter. Da kam sein Schutzengel Clarence vom Himmel herunter, um ihm zu zeigen, wie es mit seiner Gemeinde stehen würde, wenn er nicht wäre. Der Engel führt ihn zu seinen Lebensstationen zurück und zeigte ihm, daß wir mit unseren gewöhnlichen, alltäglichen Bemühungen im Grunde genommen Großes vollbringen. Clarence zeigte George, wie von seiner Arbeit viele Familien profitiert haben, wie seine kleinen Aufmerksamkeiten und durchdachten Handlungen das Leben anderer Menschen verändert hat und wie seine Liebe wie sich kräuselnde Wellen sich über die Erde ausbreitet und sie so zu einer besseren Welt machen wird.

Jimmy sagt, daß sich während der Dreharbeiten Dinge

ereignet hätten, die in keinem anderen seiner Filme vorgekommen seien. In einer Szene zum Beispiel endet Georg Bailey, der mit ungerechtfertigten Strafklagen konfrontiert wird, als gebrochener, verzweifelter Mann in einem kleinen Straßenrestaurant. Er weiß nicht, daß fast alle Menschen in der Stadt für ihn beten.

In dieser Szene, die Georg Baileys äußerste Verzweiflung darstellt, war Frank Capra daran, in einer langen Sequenz zu filmen, wie Jimmy eingesunken auf seinem Stuhl saß. In dieser Aufnahme blickte Jimmy auf und flehte gemäß Drehbuch: »Gott... Gott... mein lieber himmlischer Vater, ich bin nicht besonders gottesgläubig, aber wenn es dich dort oben gibt und du mich hören kannst, so zeig mir einen Ausweg. Ich bin am Ende. Zeige mir einen Ausweg, mein Vater...«

Unserem Redakteur erzählte Jimmy: »Als ich diese Worte sprach, verspürte ich die Einsamkeit und Hoffnungslosigkeit von Menschen, die sich nirgendhin wenden können, und meine Augen füllten sich mit Tränen. Schluchzend brach ich zusammen. Das war überhaupt nicht vorgesehen. Doch die Kraft dieses Gebets und die Erkenntnis, daß unser himmlischer Vater da ist, um den Hoffnungslosen zu helfen, hatten mich zu Tränen gerührt.«

Obschon dies im Drehbuch nicht verlangt wurde, liebte Frank Capra diesen Bezug zur Wirklichkeit. Mit allen Mitteln drängte er – statt der langen Sequenz, die er aufgenommen hatte – auf eine Nahaufnahme von Jimmys Gesicht. Aber er wußte, daß eine Wiederholung praktisch unmöglich war. Die Dinge standen schlecht, aber...

»Aber Frank kam so oder so zu seiner Nahaufnahme«, berichtet Jimmy Stewart. »In der Folgewoche arbeitete er stundenlang im Filmstudio, wo er die Auszüge jener Szene immer wieder vergrößerte, damit sie schließlich auf der Leinwand eine Nahaufnahme ergäben. Noch nie, glaube ich, ist so etwas je zuvor gemacht worden. Tausende von Einzelvergrößerungen, viel Zeit und Geld waren nötig. Doch er fühlte, daß es sich lohnte.«

Nach neun Monaten Dreh- und Redaktionsarbeit fand im Dezember 1946 die Filmpremiere statt. Die Kritiken waren allerdings unterschiedlich. Die einen mochten den Film, die anderen fanden ihn zu rührselig tantenhaft. Ende 1947 legte man die Filmspule ins Regal ab.

Die Dinge mochten schlecht stehen, aber ... Aber der Film ließ sich nicht einfach so versenken. Menschen, die ihn mochten, erzählten anderen Menschen davon. Und als die Fernsehanstalten ihn auszustrahlen begannen, begeisterten sich Millionen von Amerikanern, die ihn nie gesehen hatten, für ihn. Heute, über 40 Jahre nach seiner Entstehung, wird *It's a Wonderful Life* »ein amerikanisches kulturelles Phänomen« genannt.

»Nun, das mag sein«, sinnierte Jimmy Stewart, »mich dünkt aber, es sei nichts Phänomenales am Film als solcher. Er handelt schlicht und einfach von einem gewöhnlichen Menschen, der entdeckt, daß jeder gewöhnliche Tag, den man anständig, mit Gottesglauben und selbstlosem Bemühen um andere Menschen lebt, ein wirklich wunderbares Leben ausmachen kann.«

Sie werden daher verstehen, daß ich jedesmal, wenn dieser Film in der Weihnachtszeit im Fernsehen gebracht wird, auch an meinen alten Freund Fred Brown denke. Wie gesagt hatte ich das Privileg, mit Fred während 50 Jahren nach jener denkwürdigen Abendveranstaltung, wo ich seine Aussage erstmals gehört hatte, verbunden zu sein. Immer wenn etwas schiefging und noch schlechter zu werden drohte, hörte ich Freds leises Räuspern – worauf sich jeweils jenes kräftige Bejahen der positiven Alternative einstellte, wir den Gürtel enger schnallten und unablässig versuchten, das Ziel zu erreichen. Und jedesmal wendete sich das Blatt zum Guten.

Es war unheimlich, wie Fred immer zum richtigen Zeitpunkt mit seinem leisen Räuspern daherkam.

Während des ersten der zahlreichen Tiefpunkte im Verlaufe der großen Wirtschaftskrise nach dem Zusammenbruch von 1929 hörten Fred und ich die öffentliche Aussage eines bekannten Wirtschaftswissenschaftlers, wonach unser Land nie wieder Wohlstand kennen werde.

Das war schrecklich zu hören, wenn man bedenkt, daß die meisten von uns sich nur mit Not über Wasser halten konnten.

Ich ging mit Fred die Fifth Avenue hoch und fragte ihn düster: »Was meinst du zu dieser Voraussage?«

Sie haben es erraten. Nach einigem Räuspern sagte er: »Die Dinge mögen schlecht stehen, aber...« Dieses Mal ließ er es dabei allerdings nicht bewenden. Er fügte noch ein paar Worte hinzu – genau gesehen deren neun, was für ihn schon eine ganze Rede war: »Gott und die Vereinigten Staaten sind immer noch da.«

Nun, Fred ist jetzt im Himmel – daran zweifle ich nicht; denn auf Erden hat er es dem Teufel, dem negativen Denker Nr. 1, sehr schwer gemacht. Ich für meinen Teil glaube, daß Freds krafterzeugendes Konzept heute wieder größerer Verbreitung bedarf. Wenn wir Amerikaner uns nicht von jeder Schwierigkeit gleich einschüchtern ließen, sondern uns einfach sagten »Die Dinge mögen schlecht stehen, aber...«, dann hätten wir unsere Probleme im Griff, statt von ihnen ergriffen zu werden.

Glücklicherweise habe ich die Gelegenheit gehabt, diesen Schlüssel zum Erfolg unzähligen jungen, aber auch vielen älteren Menschen aufzuzeigen.

Einige haben mich hämisch belächelt, doch viele haben diesen Gedanken in die Tat umgesetzt. So etwa jener Taxichauffeur, der mich eines Morgens zum Kennedy Airport fuhr. Er listete mir lückenlos seine Probleme auf – von seinen Geldsorgen bis hin zu den Ratten in seinem Wohnhaus.

Schließlich fiel ich ihm mitten in seiner negativen Tirade ins Wort und sagte: »Die Dinge mögen schlecht stehen, aber...«

Dieser Gedanke schlug offensichtlich bei ihm ein, denn er drehte sich um und fragte verwirrt, aber interessiert: »Was soll das jetzt heißen?«

»Das soll heißen, daß Sie das, was Sie besitzen, und Ihre Möglichkeiten mißachtet haben.«

»Was besitze ich? Und welche Möglichkeiten?« – »Nun, davon sehe ich einige. Ihre hellen Augen, Ihren kräftigen Körperbau, Ihren hellen Verstand – um nur die offensichtlichsten zu nennen.«

Am Flughafen verabschiedete ich mich von ihm, nahm mein Gepäck und dachte, ich würde ihn wohl nie wieder sehen.

Nach Jahren winkte ich in Manhattan ein Taxi herbei. Der Fahrer erwies sich als recht redselig. Der Gouverneur hatte offenbar ein Programm in die Wege geleitet, um die Ratten in den Wohnhäusern New Yorks auszurotten.

»Ich konnte ihm sagen, wie man das macht«, sagte der Chauffeur.

»Wie denn?« fragte ich ihn.

»Streuen Sie Glasscherben in alle Löcher, so wie ich's gemacht habe«, erläuterte er. Darauf berichtete er, wie er und seine Frau, nachdem sie die Ratten in ihrer kleinen Wohnung losgeworden waren, eines Tages im Frühling sich in der Sonntagszeitung die Beilage über Blumenzucht ansahen.

»Irgend jemand hat mich auf die Idee gebracht, daß ich

mich bessern könnte«, sagte er. »Nach Arbeitsschluß fuhren meine Frau und ich jeweils in Queens umher, und – Sie glauben's kaum – wir gaben die Wohnung auf und mieteten ein Haus. Es war nichts Außergewöhnliches, aber ich hatte die Gartenbeilage aufbewahrt, und wir pflanzten Blumen. Dies verschönerte die Umgebung, und meine Frau machte einen prächtigen Ort daraus.«

Dann fuhr er fort und erzählte, daß sie damit ihre Nachbarn angesteckt hätten. Es schien, daß die Frauen ihre Männer anspornten, Gärten anzulegen und ihre Häuser herzurichten. Die ganze Nachbarschaft und Umgebung hätte dadurch gewonnen.

Ich sagte dazu: »Sie haben einen Grundsatz, an den ich glaube, in die Tat umgesetzt: ›Die Dinge mögen schlecht stehen, aber ...‹«

»Hallo!« rief er aus und drehte sich nach mir um. Zum Glück mußten wir vor einem Rotlicht anhalten. »Wissen Sie, irgendein Kerl war einst in meinem Wagen und hat mich auf dieselbe Idee gebracht.«

Ja, dieser Kerl war ich. Wir hatten ein herrliches Gespräch. Ich war so aufgeregt, diesen Mann wieder getroffen zu haben, daß ich, erst als wir angekommen waren und er weggefahren war, merkte, daß ich ihn weder nach seinem Namen noch nach seiner Adresse gefragt hatte. Es blieb mir nur zu hoffen, ihm wieder zu begegnen, um ihn fragen zu können, wie sich die Dinge weiterentwickelt haben.

Schwierigkeiten und Probleme können gemeistert werden, wenn wir zäher werden, als sie es sind. Mein Freund George Cullum, der Bauunternehmer, der alle Leitungen unter dem Areal des *Dallas-Fort-Airport* verlegt hatte, erzählte mir, daß er während der Arbeiten unerwartet auf Steinschichten gestoßen sei.

»Was hast du dann gemacht?« fragte ich ihn. George antwortete: »Wir sind einfach härter als das Gestein geworden, und damit hatte es sich.«

Die Decke der Sixtinischen Kapelle in Rom wurde von Michelangelo gemalt. Dazu mußte er flach auf dem Rücken liegen. Dabei ergab sich aber ein Problem; denn Michelangelo hatte einen »schlechten Rücken«, und wenn er längere Zeit lag, plagten ihn qualvolle Schmerzen. Zudem litt er an einer Art Nasenverstopfung, welche ihm die Luft abschnitt, wenn er auf dem Rücken lag. Was tun? Er lag während 20 Monaten Tag für Tag auf dem Rücken und malte eines der größten Meisterwerke aller Zeiten. Er war zäher als der Schmerz geworden.

Es ist eine hohe Wahrheit: *Jedem Nachteil kann ein entsprechender Vorteil gegenüberstehen, und meistens ist es auch so.* Denken wir nur an die Binsenwahrheit, wonach hinter den dunkelsten Wolken die Sonne scheint. In den ärgsten Situationen steckt immer ein Wert, dem Gutes innewohnt. Falls wir nach hartnäckigem Suchen diesen Wert nicht finden, sind die positiv Denkenden, die das Gute, den Vorteil und den Sonnenschein suchen, besser dran als die negativ Denkenden, die nur das Schlechte sehen. Was wir im Innersten glauben und vor uns sehen, hat eine starke Neigung, zum Geglaubten und Gesehenen zu werden. Denken wir deshalb immer positiv, glaubend, erwartend, hoffend.

Vor kurzem erhielt ich einen Brief von einem Mann namens Walter Harter. Als er noch jung war, lebte er in einer kleinen Stadt in Pennsylvania. Das war zur Zeit einer wirtschaftlichen Krise.

Walter war ein wirklich positiv denkender Mensch. Er glaubte, daß mit dem Glauben nichts unmöglich sei und man auch in einer Wirtschaftskrise eine Arbeit finden könne.

Er ging zum Fernsprechamt und verlangte das gelbe Branchen-Telefonbuch von New York City. Er schlug es auf und ging es durch. Dabei stieß er bei den Anzeigen auf eine Drogeriekette mit 393 Läden auf New Yorker Boden. Er schrieb jedem Drogisten ein Bewerbungsschreiben. Kein einziger antwortete auf seine 393 Briefe. Darauf entschloß er sich, nach New York zu fahren. Der erste Drogist, den er aufsuchte, war ein sympathischer Mann, der ihm erklärte, daß alle Bewerbungen an die Personalabteilung an der Park Avenue weitergeleitet würden.

Als Walter im Personalbüro eintraf, war es voll von Menschen, die eine Arbeit suchten. Er ging zum Schreibtisch und sagte: »Mein Name ist Walter Harter. Ich komme von Pennsylvania...« Weiter kam er nicht. »Kommen Sie bitte«, sagte die Sekretärin lächelnd. Im Büro saß ein Mann hinter einem riesigen Pult. Als sie ihm sagte, wer Walter war, leuchtete sein Gesicht.

»Sie sind alle hier«, sagte er und zeigte auf einen Briefstapel, »alle dreihundertdreiundneunzig. Ich wußte, daß Sie eines Tages durch diese Türe kommen würden.«

Am selben Nachmittag nahm er seine Arbeit auf, und binnen kurzem wurde er zum Leiter einer Drogerie befördert und später zum Hauptleiter. Er hatte Erfolg, weil er ein positiv denkender Mensch war und beharrlich vorging.

Die Dinge mögen schlecht stehen, aber... aber!

Die Kraft dieses kurzen Satzes macht die Konjunktion »aber« aus. Denn sie ist unser Durchgang vom traurig Negativen zum herrlich Positiven. Bob Dylan, der berühmte Texter und Sänger, sagt dasselbe auf interessante Weise: »He who's not busy being born is busy dying.«

Das Wunderbare daran ist, daß wir die Wahl haben: Wir können unser Leben auf der Schattenseite fristen oder auf der Sonnenseite zum Blühen bringen.

Es gibt eine aufschlußreiche Studie, mit der man untersuchte, was mit 200 Managern in Chicago geschah, von denen anscheinend die eine Hälfte auf der Schattenseite und die andere auf der Sonnenseite der Straße ging.

Sie arbeiteten für die *Illinois Bell Telephone Company*, die damals zum Stammhaus *AT&T* gehörte, das in der Folge seine Tochtergesellschaften abstieß. Die Psychologin Suzanne Kobasa, die zu jener Zeit an der Universität von Chicago war, studierte diese 200 Manager, welche diese schwere Zeit in ihrem Leben durchzumachen hatten. Sie kam zu einer interessanten Schlußfolgerung: Die Hälfte der 200 Manager erkrankte wegen der ungewohnten Mühseligkeiten, die sie während der dreieinhalb Jahre dauernden Umstrukturierung durchgemacht hatten, doch die anderen blieben gesund. Frau Dr. Kosaba glaubt, daß die Manager, die gesund blieben, »eine starke Persönlichkeit, ein ausgeprägtes Selbstwertgefühl hatten und die im Leben unvermeidlichen Spannungen eher als Herausforderung denn als Bedrohung auffaßten«. Dies waren Menschen – und davon bin ich überzeugt –, die sich die Schwierigkeiten ansahen und sich dann sagten: »Die Dinge mögen schlecht stehen, aber ...«

Ich habe einen Freund, der für eine Werbeagentur an der Madison Avenue arbeitet. Er hat mir gesagt, seine Aufgabe verursachte in ihm viele Spannungen. Wenn die Mitarbeiter in seinem Büro unter Druck waren, verloren sie ab und an die Fassung und begannen einander zu kritisieren. Ich fragte ihn, was er gegen diese Kritisiererei denn mache.

Er erläuterte es mir so: »Als ich noch jünger war, hat mich Kritik jeweils deprimiert. Jeden Widerspruch faßte ich als persönlichen Angriff auf. Manchmal ging ich darauf ein, indem ich auf Kritik mit Kritik antwortete. In anderen Fällen wurde ich schlicht und einfach wütend.

Doch dann hörte ich einem Pastor zu, der einen Satz aus der Heiligen Schrift zitierte: Und es geschah, daß alles vorüberging. Da wurde mir bewußt, daß es sich mit Kritik genauso verhält – im Grunde genommen eigentlich mit jeder Situation. Kritik kommt, aber nicht um zu verharren, sondern um vorüberzugehen. Sie geht bald vorbei und ist rasch vergessen. Dieses Bibelzitat ist in meinem geschäftlichen Umgang so wichtig geworden, daß ich es drucken ließ und es an der Wand in meinem Büro aufhängte. Es erinnert mich stets, ausgeglichen zu bleiben, wenn ich kritisiert werde.«

Ich glaube nicht, daß es eine hoffnungslose Situation ohne hoffnungsvolle Alternative gibt.

Ich kannte einen jungen Mann aus Ohio, der, sobald er nach Alternativen Ausschau hielt, sein Leben grundlegend änderte. Er war der Sohn eines alten Freundes von mir. Er war in einem kleinen Dorf aufgewachsen, hatte im College und darauf im Geschäftsleben so viel Erfolg, daß er an den Universitäten von Columbus und Cleveland weiterstudierte. Am Wochenende fuhr er jeweils nach Hause und wohnte zusammen mit seinen Freunden und Bekannten dem Gottesdienst in der Baptistenkirche bei. Dieser junge Mann hatte ein unwahrscheinliches Gespür für Geld; er arbeitete sich in seinem angestammten Bereich weiterhin hoch, bis er schließlich an der New Yorker Wallstreet war. Er erwarb sich ein umfangreiches Marketing-Know-how und verfügte schon bald über ein beachtliches Einkommen. Bei alledem vergaß er nie die Kirche in seinem Heimatdorf.

Dann heiratete er die Tochter eines Managers einer großen Investmentfirma. Sie war ein Mädchen, das gerne alles auf die leichte Schulter nahm, alles daran setzte, um zum Jetset zu gehören, und in einem roten Jaguar in der Stadt herumfuhr.

Die Hochzeit war ein beachtliches gesellschaftliches Ereignis, das in einer großen Kirche New Yorks stattfand; einer der geladenen Gäste rechnete aus, daß in den Mittelreihen an jenem Ostersonntag beinahe eine Milliarde Dollar »saßen«. Der Pastor war trotz seiner kultivierten Spitzfindigkeit nach wie vor gläubiger Christ; er versuchte gewissenhaft, das junge Paar zu beraten.

»Wenn nicht Gott das Haus baut, so mühen sich die, die es bauen, vergeblich ab«, sagte er zu den beiden. Der junge Mann war beeindruckt und sagte, er begreife nun, was dies in einer Ehe bedeute. Seine Verlobte war höflich, sagte ihm aber später: »Na ja, der Mann mußte das Zeug einfach loswerden. Gehört ja zu seinem Beruf.«

Nach ihrer Heirat hatte der junge Mann vom Lande weiterhin Erfolg. Sooft wie möglich übersandte er der Baptistenkirche in seiner Heimat Spenden. Die Kirchenmitglieder ließen zu seiner Ehre eine bronzene Gedenktafel aufhängen.

Doch das unablässige Streben seiner Fau, in den Gesellschaftskreisen der Stadt hochzukommen, regte ihn allmählich auf. Eines Nachts, als sie um 3 Uhr morgens von einer Party nach Hause kehrten, lagen sie miteinander in erbittertem Streit. »Geh mir aus den Augen, du Amen schreiender, hinterwäldlerischer Baptist«, schrie sie ihn an. »Du bist nichts als ein Niemand, der niemals jemand sein wird.« So hat es wenigstens ihr Gatte später zitiert, als er zu mir kam.

»Norman«, sagte er, »ich dachte, wenn ich groß rauskomme, sei alles wundervoll. Aber das ist's überhaupt nicht. Es ekelt einen an.«

Eingesunken saß er auf dem Sessel neben meinem Pult und starrte seine Schuhe an. Dann gestand er mir, daß er seine Frau trotz ihrem Gebaren liebe. »Ich spüre einfach, daß in ihr ein Engel steckt. Ich vermute, sie bekämpft diesen Engel.«

»Sehr gute Einsicht«, sagte ich und fügte hinzu: »Womöglich könnte man das von uns allen sagen. Entweder bekämpfen oder mißachten wir die guten Engel in uns.«

Darauf teilte ich ihm Fred Browns Grundsatz mit: »Die Dinge mögen schlecht stehen, aber ...«

»Hm«, brummte er nachdenklich, »meinst du, man soll nach Alternativen suchen?«

»Gewiß«, erwiderte ich, »denn es gibt sie.«

»Aber was kann ich denn machen?« fragte er. »Gib mir doch ein paar Ideen.«

Ich sandte ein Stoßgebet zum Himmel, damit ich diesem großen Mann, dessen Größe ins Wanken geraten war, das Richtige sagen konnte. Dann gab ich ihm das Rezept:

1. *Hör auf, in erster Linie immer nur an dich zu denken.*
2. *Laß jene »Groß-rauskommen«-Absicht als dein großes Ziel fallen.*
3. *Denk positiv von deiner Frau, und stell sie dir als den wirklich wunderbaren Menschen vor, den sie werden wird.*
4. *Streite dich nie wieder mit ihr – egal, ob und wie du provoziert wirst.*
5. *Bete für sie morgens und abends.*
6. *Geh ganz normal mit ihr um, füge aber noch ein bißchen Achtung und Höflichkeit hinzu. Paß aber auf, wie du das machst; sei ehrlich. Die heutigen Frauen lassen sich üblicherweise durch den Schein nicht täuschen.*
7. *Ermuntere sie, zusammen mit dir irgendeiner wohltätigen Aufgabe nachzugehen, zum Beispiel für obdachlose oder hilflose Menschen.*
8. *Wenn du siehst, daß sie dazu bereit ist, und sie wird es sein, wenn du die vorstehenden Regeln gewissenhaft befolgst, so bitte sie, mit dir laut zu beten. Nichts gibt mehr Aufschwung, als den anderen beten zu hören – statt zu schreien.*

9. *Gewöhnt euch an, regelmäßig zusammen in die Kirche zu gehen, sofern deine Frau dazu bereit ist. Setzt euch dort auf irgendeinen Platz – bloß nicht auf einen in der Nähe der »Milliarden-Dollar-Reihe«.*
10. *Versucht, einander zu verstehen. Dies gelingt euch, wenn ihr die Evangelien lest und gemeinsam Gott findet. Dann habt ihr es wirklich geschafft.*

Nachdem ich diese Punkte aufgezählt hatte, erwartete ich schon, er würde sie als sicher wohlgemeint, aber nicht durchführbar abtun. Doch er hatte schweigend zugehört. Dann sagte er: »Schreib mir sie bitte auf. Wie hast du es genannt – ein ›Rezept‹? Ich werde davon Kopien machen.«

Das machte ich, und er steckte die Liste in die Innentasche seines Mantels. »Aus ganzem Herzen, Norman«, sagte er, »und ich meine es: Ich tu's. Gott helfe mir, ich werde es tun.«

Nun, meine Belohnung erhielt ich einige Zeit später. Ich fuhr von der Stadt zu meiner Farm. Auf einer Landstraße neben einem beliebten alten amerikanischen Restaurant spazierten die beiden Hand in Hand im goldenen Oktobernachmittag. Sie waren derart mit sich selbst beschäftigt, daß ich an ihnen, ohne zu hupen, vorbeifuhr, denn ich wollte ihre Zweisamkeit nicht stören.

Der Mann hatte sich offensichtlich ernsthaft vorgenommen, den Alternativen, die sich einer gescheiterten Ehe gegenüber anboten, nachzugehen. Mit der Folge, daß er und seine Frau glückliche Menschen wurden, indem sie aus sich herauskamen und ihren inneren Engel zu Wort kommen ließen.

Ich bin fest davon überzeugt, daß in jedem Mann und in jeder Frau ein besseres, stärkeres und anziehenderes Menschenwesen steckt, als es den Anschein hat. Und wenn wir klug genug sind, dieses »Superwesen« überhandnehmen zu lassen, so laufen wir nicht länger leer. Im Gegenteil, wir sind lebenserfüllter als je zuvor.

»Das sind doch alles nur Luftschlösser«, mögen nun einige sagen. »Das ist so leicht gesagt, aber unmöglich zu tun.«

Lassen Sie mich deshalb von einem markanten Industriellen erzählen, der mich in meinem Büro in Manhattan besuchte. Seinen Namen fand ich eines Morgens unter den Besuchsterminen in meiner Agenda. Nie zuvor hatte ich diesen Mann getroffen; deshalb war ich erstaunt, daß er mich sehen wollte. Ich glaubte nicht einmal, daß er je von mir gehört hatte, und wußte auch nicht, daß er ein Kandidat für die »Die-Dinge-mögen-schlecht-stehen-aber...«-Philosophie war. Doch nachdem er sich gesetzt hatte, spürte ich, daß er nicht glücklich war.

Er kam sogleich zur Sache. Er erzählte, er sei auf einer Farm großgezogen worden und die Mitglieder seiner Familie seien »altmodische Konservative« gewesen. »Presbyterianer der alten Schule«, erklärte er, »die an die Lehre der Vorbestimmung glauben.«

Es war eindeutig, daß er seine Eltern liebte und achtete, denn er sagte: »Sie waren das Salz der Erde, hatten Charakter und ein warmes Herz. Ich bin von dem, was sie mich gelehrt haben, nie abgekommen, und ich wollte es auch nicht.«

Dann machte er eine Pause, schaute eine Weile aus meinem Bürofenster hinaus und sagte irgendwie traurig: »Aber ich bin nicht der Mann, der mein Vater war. Er und meine Mutter sind jetzt beide im Himmel.«

Elende Traurigkeit fuhr kurz über sein Gesicht. Ich konnte das große Unglücklichsein in diesem Mann förmlich sehen. Dennoch fragte ich mich nach wie vor, weshalb er zu mir gekommen war.

Er wandte sich wieder mir zu. »Ich weiß, daß Sie nicht

Presbyterianer sind, doch das, was ich von Ihnen weiß, hat mich davon überzeugt, daß Sie mir einen guten Rat geben können.«

»Innerhalb meines begrenzten Wissens«, erwiderte ich, »habe ich immer versucht, auf der Grundlage des gesunden Menschenverstandes und des christlichen Glaubens Ratschläge zu geben, und beide sind für mich ein und dasselbe.«

Er nickte und sagte dann: »Wollen Sie damit sagen, daß ich nur geboren wurde, um das ganze Leben lang Geschäftsmann zu sein und mich zudem an der Börse herumzuschlagen?«

Als er sich dieser überraschenden und unerwarteten Frage entledigt hatte, lehnte er sich zurück, als wollte er sagen: »Das ist's. Endlich hab' ich meinem Herzen Luft gemacht.«

Er grinste kläglich. »Sie haben einen harten Job, Dr. Peale, wenn ich bedenke, daß Sie sich mit Kerlen wie mir abgeben müssen.«

»Keineswegs«, gab ich zurück. »Ich befasse mich mit dem, was man ›Menschengeschäft‹ nennen könnte, und das ist etwas sehr Spannendes. Die Menschen haben in sich gewaltige Möglichkeiten zum Erfolg, zum Glück und zur schöpferischen Arbeit aufgebaut. Genau deshalb ist es ein besonderes Privileg, mit Ihnen zu sprechen; Sie scheinen mir ein junger Mann mit ungewöhnlichen Fähigkeiten zu sein, der aus seinem Leben das Beste machte.«

»Eben in diesem Punkt irren Sie sich«, gab er zurück. »Selbst als radikaler Student der sechziger Jahre brachte ich die Dinge nie auf einen gemeinsamen Nenner. Zuinnerst war ich nach wie vor der altväterische Presbyterianer und war dennoch im Herzen nicht dabei.«

Er fuhr fort und sprach von einer »zufälligen Karriere«, in der fast alles bestens geriet, so daß er nun ein Spitzenmanager sei und als solcher auch an der Börse Erfolg habe.

»Aber mein Hauptproblem, Dr. Peale«, sagte er, »besteht darin, daß ich mit meinem sogenannten Erfolg nicht glücklich bin.« Ich blickte ihn verständnisvoll an: »Sie meinen, daß Sie sich trotz allem leer fühlen?«

Schweigend saß er da, offensichtlich nachdenkend, und sagte dann: »Jetzt haben Sie einen Volltreffer gelandet. Ich hab's für Äußerlichkeiten getan, nicht aber für das Innere. Eben, mein Vater war ein guter Farmer; er hatte es im Äußeren *und* im Inneren. Er war ein glücklicher Mensch.«

Dieser Mann hatte seinen Vater wohl vergöttert. »Was hat denn Ihr Vater im Innersten gehabt, das ihn so glücklich machte?« fragte ich.

Lange saß er schweigend da. Ich mochte seine Art, eine Frage zu überprüfen, ehe er eine Antwort gab. Wahrscheinlich war es deswegen, daß er derart erfolgreich war.

»Vermutlich war es seine Charakterfestigkeit«, sagte er nachdenklich. »Er schien sich immer im Griff zu haben. Widrige Wetterverhältnisse oder schwankende Getreide- und Viehpreise brachten ihn nie aus der Fassung.«

»Wirklich ein Mann«, sagte ich dazu.

»Und ob!« meinte er zustimmend. Und dann, wie immer wenn sich jemand entspannt und mit der Wahrheit herausrückt, kam er auf die Antwort auf sein Problem.

»Na klar, jetzt begreif' ich's. Wegen seines starken Glaubens war er das, was er war. Er hatte einen festen Glauben, nach dem er Tag für Tag lebte. Jetzt geht alles auf.« Seine Stimme und seine Miene wurden heller, als er fortfuhr und sagte: »Ich tue wohl besser daran, meinen Glauben wieder in Ordnung zu bringen.«

»Sie haben das besser gesagt, als ich es könnte«, pflichtete ich ihm bei. »Denken Sie daran: Gott führt Sie, wenn Sie Ihn darum bitten. Er führt Sie richtig, wenn Sie den Glauben haben und Ihm vertrauen. Vergessen Sie aber nicht: Er vertraut uns, indem Er uns freie Wahl gibt. Wir können in den Himmel kommen oder in die Hölle – nach unserer Wahl.«

»Ja«, sagte er, »mein Glaube hat unter dieser Hetzjagd schon gelitten. Der Unterschied liegt darin, daß mein Vater sowohl in den guten als auch in den schlechten Zeiten an seinem Glauben festgehalten hat. Danke, Dr. Peale«, sagte er, indem er aufstand, »Sie haben mir das gegeben, weswegen ich hergekommen bin.«

»Nein«, widersprach ich, »Sie haben die Antwort selbst gefunden. Kein Wunder, daß Sie im Geschäft und an der Börse Erfolg haben. Sie können die Tatsachen abwägen und dann entsprechend handeln.«

Unter der Tür drehte er sich um: »Wissen Sie, ich mag Sie.« »Danke«, erwiderte ich, »ich mag Sie auch, und was noch wichtiger ist: Gott mag Sie. Und Ihre Eltern sind stolz auf Sie«, fügte ich hinzu. Er hielt an. *»Sind?«* fragte er überrascht. »Ja, *sind*«, wiederholte ich.

Einen Augenblick dachte er nach. »Stimmt«, lächelte er, »ich glaub's auch.«

Aus diesen Beispielen können wir viel Wertvolles lernen, wenn auch wir diese Grundsätze beherzigen:

- **Verzweifeln Sie nie. Viele Erfolge sind aus angeblichen Mißerfolgen heraus entstanden.**

- **Denken Sie immer an Ihre Werte und Möglichkeiten.**

- **Erinnern Sie sich an die Kraft des Wortes mit vier Buchstaben: A - B - E - R .**

KAPITEL 6

Geben Sie!

Der Mensch, der Sie an einem erfüllten, glücklichen und erfolgreichen Leben hindert, sind *Sie*. Ja, Sie selbst!

Weise ist deshalb derjenige Mensch, der aus sich etwas Wertvolles macht. Wir können unser ärgster Feind oder unser bester Freund sein. Wir können eine Quelle der Schwierigkeiten oder Heilmittel gegen Schwierigkeiten sein. Wenn Sie sich also – wie so viele – leer fühlen, so befreien Sie sich in einem ersten Schritt zu einem aufregenden Leben zunächst einmal von sich selbst.

Kommen Sie aus sich heraus, geben Sie von sich selbst.

Die Methode ist so einfach: dem nächsten Menschen helfen, dem man begegnet. Stellen Sie sich vor, Sie würden diese Zeilen in einem Flugzeug lesen und ein Mensch auf der anderen Sitzreihe rede zu laut. Er scheint einer jener Klugscheißer zu sein, die alles wissen. Je mehr er redet, desto mehr geht er Ihnen auf die Nerven. Nach halber Flugzeit verabscheuen Sie diesen Menschen, obschon Sie ihn gar nicht kennen.

Dies ist mir einst widerfahren. Der Kerl hatte eine krächzende, durchdringende Stimme, die allen Lärm übertönte. Pausenlos redete er auf den Mann ein, der neben ihm saß. Schließlich stand sein Sitznachbar auf – vermutlich um irgendwo im Flugzeug einen freien Platz zu suchen. Als ich dies sah, stand ich auf, um mir die Beine zu vertreten, doch im Grunde genommen wollte ich mir diesen komischen Vogel ansehen, dessen dauerndes Geschwätz mich derart genervt hatte. Mit jedem Augenblick, der verstrich, mochte ich ihn noch weniger leiden. Als ich den Gang hinunterlief, hielt er mich mit der Bemerkung an: »Hallo, Sie kommen mir irgendwie bekannt vor.«

»Du lieber Himmel«, dachte ich, »da hast du den Salat!« »Wir alle sehen Menschen, die wir zu kennen glauben«, erwiderte ich leicht verärgert. Als ich eilig an ihm vorbeigehen wollte, nahm er mich am Ärmel. »Ich *weiß*, daß ich Sie kenne«, sagte er beharrlich. »Ah ja, jetzt erinnere ich mich. Ich habe Ihr Foto in einem Buch gesehen, das ich gelesen habe. Sie sind Dr. Peale. Setzen Sie sich für einen Moment!«

Ich gab zu, daß ich Peale war, und setzte mich widerwillig auf den Platz, den der Mann, der jetzt irgendwo im Flugzeug saß, frei gemacht hatte. Mein Nachbar verblüffte mich. Statt seine ununterbrochene Schwätzerei fortzusetzen, wandte er sich zu mir und sagte leise: »Gott muß Sie zu mir gesandt haben.«

»Wie kommen Sie denn darauf?« fragte ich verdutzt.

Er gab mir keine Antwort, sondern blickte zum Fenster hinaus.

Ich stellte meine Frage nochmals. Als er sich zu mir umdrehte, waren Tränen in seinen Augen. Mit seiner brüchigen, rauhen Stimme erzählte er mir von einem tragischen Familienfall, der sich in seiner Heimatstadt, nach der er eben flog, ereignet hatte. Ich hatte Mitleid mit ihm und konnte ihn nicht nur ein bißchen trösten, sondern ihm auch etwas Mut zusprechen. Als das Flugzeug gelandet war und wir aufstanden, nahm er meine Hand und sagte: »Danke, Dr. Peale, daß Sie so mitfühlend gewesen sind und mir Zuversicht gegeben haben.«

Hinterher wurde mir bewußt, daß sein unaufhörliches lautes Geschwätz lediglich ein Deckmantel über seinen wahren Empfindungen gewesen war, eine Art schrilles Pfeifen im Dunkeln.

Ich hatte noch ein anderes Erlebnis, das mich gelehrt hat, mit dem Urteil über andere Menschen vorsichtig zu sein und daran zu denken, daß jeder Mensch seine Sorgen hat. Ja, Sie werden entdecken, daß das Leben nie leer ist, wenn Sie von sich selbst geben, indem Sie die zahlreichen Gelegenheiten benützen, um anderen bei ihren Problemen zu helfen.

Als ein junger Mann wegen einer Beratung zu mir kam und sagte, er fühle sich ausgehöhlt und unglücklich, riet ich ihm, Möglichkeiten zu suchen, um anderen Menschen zu helfen.

Er lächelte sarkastisch, schüttelte den Kopf und meinte: »Ich bin nicht Pfarrer, Dr. Peale, ich bin bloß Programmierer. Was weiß ich schon, wie man anderen hilft!«

»Mehr als Sie denken«, gab ich zurück. »Als Mensch haben Sie, wenn Sie einen sorgenvollen Menschen treffen, ein natürliches Mitgefühl, wenn Sie es zeigen können. Wenn ja, so macht Sie das glücklicher. Letztlich liegt es an Ihnen, das zu tun – vor allem wenn Sie sich leer und unglücklich fühlen. Ich garantiere Ihnen in Ihrem Interesse, daß Ihre Niedergeschlagenheit nachläßt und schließlich verschwindet, wenn Sie weniger an sich und dafür mehr an die Menschen, die um Sie herum sind, denken.«

Ronald Reagan hat mich stets als glücklicher Mensch überrascht, der trotz der unbequemen Entscheidungen, die er als Präsident zu treffen hatte, beliebt war. Die Mitglieder beider Parteien mochten ihn, weil er sich um die Menschen kümmerte. Obschon er mit Entscheidungen und Amtsverpflichtungen belastet war, dachte er immer an die anderen.

Hier nur ein Beispiel: An meinem Geburtstag, dem 31. Mai, läutete einmal in unserer New Yorker Wohnung das Telefon. Ich nahm den Hörer ab und vernahm die bekannte rauhe Stimme, die wie ein gewöhnlicher Anrufer zu mir sagte: »Norman, da ist Ronald Reagan. Ich rufe an, um Ihnen alles Gute zum Geburtstag und Gottes Segen zu wünschen.«

Ich war beeindruckt, daß der Präsident der Vereinigten Staaten, der wohl meistbeschäftigte Mann der Welt, nicht nur an mich dachte, sondern sich auch die Mühe nahm, mich anzurufen. Für mich war es klar: Dieses Anteilnehmen war eine Erklärung für seine glückliche Art.

Ronald Reagan machte alles liebevoll und überlegt. Senator Bob Dole erzählte mir folgendes: »Einmal rief mich Ronald Reagan an und fragte: ›Gibt es irgend etwas, das ich für Sie tun kann?‹ – ›Ja‹, antwortete ich, ›Sie könnten meine Mutter in Russell, Kansas, zurückrufen. Sie liegt im Spital und möchte von Ihnen hören.‹ Keine Stunde verging, und er hatte mit ihr telefoniert.«

Wirklich große Menschen leben ein außergewöhnliches Leben, weil fast alle meiner Meinung nach die tiefverwurzelte Gewohnheit haben, immer an andere Menschen zu denken und ihnen ihre Zuneigung zu schenken. Ich war einst im ovalen Büro des Weißen Hauses bei Harry Truman, einem weiteren beliebten amerikanischen Präsidenten. Ich war in irgendeiner Angelegenheit mit einem Ausschuß dort. Als wir aufbrachen, schüttelte Präsident Truman jedem von uns die Hand und fragte mit seiner für Missouri typischen Aussprache: »Kann ich persönlich für Sie irgend etwas tun?« Ich nahm all meinen Mut zusammen, riß von einem Schreibblock, den ich bei mir hatte, ein Blatt weg und sagte: »Herr Präsident, ich habe eine kleine Tochter. Sie heißt Margaret. Sie zählt zu Ihren großen Bewunderern und würde sich ihr Leben lang geehrt fühlen, wenn Sie auf dieses Blatt Papier Ihr Autogramm gäben.« Er nahm das Blatt und schaute es nachdenklich an, derweil seine Brillengläser das Licht widerspiegelten. Es war ein gewöhnlich liniertes Papier der billigsten Sorte.

»Also, Dr. Peale«, sagte er schmunzelnd, »Sie würden ja wohl nicht denken, der Präsident der Vereinigten Staaten setze seinen Namen auf so ein billiges Papier.« Er hielt uns alle in seinem Büro zurück, beachtete die ungeduldigen und vornehmen Besucher im Vorzimmer nicht, sondern murmelte, während er mehrere Schubladen seines Pultes auszog, vor sich hin: »Wo sind denn bloß diese besonderen Karten des Weißen Hauses?« Ich war verlegen, daß ich ihm solche Mühe bereitete, aber alle Ausschußmitglieder sagten nachher, daß sie sein Mitempfinden und seine Herzlichkeit verspürt hätten. Schließlich fand er die Karten und schrieb auf meine: »Für Margaret Peale von ihrem Freund Harry Truman.«

Ich dankte dem Präsidenten. »Oh«, lächelte er, »für ein Mädchen oder einen Jungen würde ich alles tun.« Und dann, als stolzer Vater, fügte er hinzu: »Ich habe auch eine Tochter, die Margaret heißt.« Ich glaube nicht, daß irgend jemand Harry Truman und Ronald Reagan je als leer oder unglücklich empfunden hat. Sie beide hatten die Fähigkeit, sich selbst aufzugeben, von sich zu geben und auf überlegte und herzliche Weise an andere Menschen zu denken.

Das beste Mittel, um gegen das Gefühl der Leere anzugehen, besteht somit darin, sich ein echtes Mitgefühl für die anderen Menschen zu eigen zu machen, es zu pflegen und entsprechend zu handeln – vor allem für diejenigen, denen es schlecht ergeht. Ich bin mir bewußt, daß sich dies einfach anhört – etwa so wie eine Lektion in der Sonntagsschule. Seien wir aber nicht so dumm, dies einfach abzutun, nur weil es einfach klingt. Unterziehen Sie es vielmehr der unerbittlichen Probe, die besagt: *Es geht.* Es ist einfach, na und? Was Sie wollen, ist etwas, das mit Bestimmtheit diese öde »Wozudenn«-Einstellung abstellt. Dieses Mitgefühl für andere – sie mögen es Liebe nennen, wenn Sie wollen – bringt Bedeutung und Glück dorthin, wo gegenwärtig große Leere herrscht.

Ich erinnere mich an den Tag, an dem ich zur formellen Mittagsmahlzeit unseres New Yorker Rotary-Klubs ging und zufällig neben einem Mann saß, der sich als Rotarier vom Land vorstellte. Wir plauderten zusammen, wie es so üblich ist. Doch immer mehr spürte ich, daß dieser Mann – er hieß Joe – Sorgen hatte. Was er sagte, war belanglos, doch wenn man sich den Gefühlen anderer öffnet, so sprechen Sorgen und Befürchtung für sich.

Schließlich sagte ich höflich, daß ihn wohl irgend etwas betrübe, und fügte hinzu: »Kann ich Ihnen irgendwie helfen?«

Joe seufzte tief, blickte kurz auf seinen Teller und schaute darauf mich an. »Wieso haben Sie gemerkt, daß ich in Sorge bin?«

»Ich hab's einfach gespürt«, erwiderte ich.

»Schön«, sagte er und versuchte die Sache abzutun, »ich werd's schon hinkriegen. Aber Ihr Anerbieten war sehr nett.«

Ich habe gelernt, daß viele Menschen so reagieren, wenn man ihnen helfen will. Sie sind ein wenig verlegen, wollen einen nicht behelligen und sagen einem höflich ade.

Wenn wir aber einem Menschen tatsächlich helfen wollen, nehmen wir dieses »Ade« nicht einfach hin, für das unser Partner und wir meist so dankbar sind.

»Schauen Sie sich den Mann dort drüben an«, sagte ich und zeigte auf einen Herrn, der im Raum schräg gegenüber saß. »Ich möchte, daß Sie ihn kennenlernen; er ist ein kluger Kopf: Es wird Ihnen Freude machen, ihn kennenzulernen.«

Der Mann, auf den ich zeigte, war ein Jungmanager, der eine Blitzkarriere gemacht hatte. George besaß ein wunderschönes Haus in Westchester und fuhr (besser gesagt: sein

Chauffeur fuhr) einen Rolls-Royce. Er war immer noch in den Vierzigerjahren. Vor einigen Jahren hatten wir uns kennengelernt. Er war mir gegenüber stets offen und aufrichtig, vielleicht weil ich ihm anscheinend helfen konnte und auch nie klatschte. Als ich ihm vor sechs Monaten zu einer erfolgreichen geschäftlichen Transaktion gratulierte, schüttelte er bloß den Kopf. »Norman, das ist keinen Pfifferling wert – nichts, wenn man bedenkt, wie es bei uns zu Hause läuft. Das Geschäft hat mich derart in Anspruch genommen, daß ich nicht nur Frau und Kinder vernachlässigt habe, sondern auch gemein wie ein Teufel geworden bin. Joan verlangt die Trennung.« Er holte tief Luft. »Ich dachte, wenn ich viel Geld mache, daß ich und meine Familie gut und glücklich leben können, aber ich fühle mich elend. In mir drin ist nichts.« Er schaute mich kläglich an. »Ich brauche Hilfe.«

Wir hatten eine Reihe von Gesprächen, während deren er allmählich lernte, seine Prioritäten in die richtige Ordnung zu bringen: Gott im Leben an erster Stelle, dann seine Familie, sein Geschäft und schließlich auch die Freunde und Bekannten. An einem der darauffolgenden Rotarier-Essen war George immer noch daran, sich aufzufangen, doch ich spürte, daß er es schaffen würde.

Nach dem Essen brachte ich Joe und George zusammen, wobei ich zunächst ruhig und leise zu George sagte: »Dieser Mann braucht Hilfe; wenn du ihm hilfst, so bringt das womöglich auch dir etwas.«

George blickte mich erstaunt an. »Wie kommst du darauf, daß ausgerechnet ich ihm helfen kann?«

»Weil ich *weiß*, daß du es kannst«, erwiderte ich.

Er zuckte die Schultern und ging zu Joe, der ein paar Schritte entfernt auf ihn wartete.

Die beiden Männer verstanden sich auf Anhieb. Mir ist immer wieder aufgefallen, daß sich Menschen, die Probleme haben, entsprechen. Dies ist eines der Geheimnisse der Anonymen Alkoholiker. Bill Wilson, der diese Vereinigung ins Leben gerufen hat, sagte mir einst: »Es braucht einen Betrunkenen, um dem anderen zu helfen.«

Joe sprach mit George von Mann zu Mann und erzählte ihm, daß er wegen seines Sohnes Sam nach New York gekommen sei, der wegen Autodiebstahls im Gefängnis saß. Zudem war Sam in weitere antisoziale Betätigungen verwikkelt. (Dies geschah während der Jugendunruhen der sechziger Jahre, bei denen sein Sohn voll mitgemacht hatte.)

George bekundete Interesse daran, den Jungen kennenzulernen, und er fuhr mit Joe zum Gefängnis. Irgendwie mochte er Sam und erkannte dessen Möglichkeiten. Er reichte dem Gericht ein Gesuch ein und erreichte eine bedingte Begnadigung, indem er und ein weiteres Rotary-Mitglied für ihn bürgten.

Er widmete sich mit Begeisterung der Rehabilitierung des Jungen. Dazu wandte er eine Menge Zeit auf; doch, wie er mir sagte, der Aufwand lohnte sich. Indem er Joes Sohn half, wuchs er logischerweise über sich hinaus. Darüber hinaus konnte sich George noch mehr festigen: Er wurde umsichtiger, was seine Familie anging, und seine Ehe wurde besser. Große geistliche Unterstützung fand er zudem in seiner katholischen Kirche, die er während seines gestreßten Lebens völlig vernachlässigt hatte.

Indem er einem jungen Mann den richtigen Weg zeigte, verhalf er sich selbst zum richtigen Weg und zum wahren Ziel. So fand auch er zu seiner Zufriedenheit und Genugtuung den Sinn des Lebens.

Und der verworrene Junge? Nun, ich schreibe dies kurz nach der Weihnachtszeit; eine der Karten, die ich erhielt, bekam ich von ihm. Sam, der feindselige Rebell und Autodieb, ist heute ein erfolgreicher und beliebter lutherischer

Pfarrer. Nicht schlecht für ein Gotteswerk: Ein Katholik bringt einen lutherischen Pfarrer hervor und lenkte sich selber in die richtige Bahn!

Ein Mannequin namens Sue Miller entdeckte mit 37, daß sie Brustkrebs hatte, und unterzog sich einer Brustamputation. Während mehrerer Jahre nach diesem Eingriff lebte sie völlig abgekapselt. Sie fühlte sich zu niedergeschagen, um die eigenen vier Wände zu verlassen.

Eines Tages überredete man Sue, eine Modeschau zu organisieren. Die Kleider – einschließlich Nachthemden und Badekleider – sollten von Frauen vorgeführt werden, denen man die Brüste entfernt hatte. Während der Modeschau schrieb Sue: »Ich verspürte bei der Arbeit eine heilende Kraft. Diejenigen von uns, die als Mannequins arbeiteten, fühlten die aufregende Kraft des Selbstvertrauens. Die Zuschauerinnen und Zuschauer begannen mit Verwunderung zu merken, daß Brustkrebs nicht das Ende eines guten, glücklichen Lebens ist.«

Die Modeschau war so erfolgreich, daß Sue sie weiter darbot, sie auf der Straße zeigte und sie zu einem alljährlichen Gala-Ereignis unter der Bezeichnung »Ein Tag der Anteilnahme« machte. Was noch wichtiger war: Als Sue ihr Selbstvertrauen und ihre Selbstachtung wiedergewonnen hatte, begeisterte und erfaßte sie immer mehr Menschen. Sie half mit, ein Programm der individuellen Hilfe für jede Frau auf die Beine zu stellen, die wegen einer Brustoperation ins Spital mußte, und absolviert nun am College einen Lehrgang im Bereich des Gesundheitswesens, damit sie noch mehr helfen kann.

Da sie am Tiefpunkt ihres Lebens, wo sie körperlich und seelisch am Boden lag, aus sich herauskam, von sich selbst gab und anderen half, ihre Probleme zu lösen, fand Sue

Miller im Leben einen tiefen Sinn, den sie vorher nicht gekannt hatte. »Man glaubt nicht, daß man die innere Kraft hat, mit einer Sache fertig zu werden, aber man kann es«, schreibt Sue.

Carol Sasaki, Opfer sexuellen Mißbrauchs, lief mit 13 von zu Hause weg. Mit 18 erlitt sie einen Nervenzusammenbruch, weil sie brutal vergewaltigt worden war. Und als sie etwas über 20 Jahre alt war, stand sie da: schwanger, mittellos und besudelt. Nach der Geburt ihres Sohnes war sie zwar eine fürsorgliche Mutter, träumte aber dauernd von einem besseren Leben für sich und ihren Sohn. Sie wußte, daß eine Möglichkeit, aus der Armut herauszukommen, darin bestand, einen College-Abschluß zu erwerben und so eine gutbezahlte Arbeit zu bekommen.

Carol mußte zunächst ein dem Mittelschulabschluß gleichwertiges Diplom erwerben. Der nächste Schritt war das College. Sie bewog eine Wohlfahrtsinstitution, einen Teil des Studienhonorars zu übernehmen, und mit Hilfe eines Stipendiums und eines Zuschusses des College schaffte sie ihren Abschluß. Dadurch kam sie mit einer billigen Wohnung, mit niedrigen Lebenskosten und Halbtagsarbeiten aus dem Wohlfahrtswesen heraus. »Zum erstenmal hatte ich mich im Griff«, sagte sie.

Indem ihr bewußt wurde, daß *sie* es so weit gebracht hatte und das auch anderen von der Wohlfahrt abhängigen Müttern gelingen könnte, beschloß Carol, Wohlfahrtsgelderempfängern mitzuteilen, was sie gelernt hatte.

Heute ist Carol 43, und über 20 000 Menschen gehören ihrem Home Helping Ourselves Means Education (Sich helfen heißt lernen) an, einer Organisation, die den Armen hilft, den ersten Schritt zur finanziellen Unabhängigkeit zu wagen.

Ist es nicht erstaunlich, wie ein sorgenvoller Mensch dynamische Kräfte entwickeln und wirken lassen kann, um einstiges Elend zu überwinden? Carol Sasakis unbändiger Wille und ihre Fähigkeit, gegen jede Widerwärtigkeit anzukämpfen, haben ihr geholfen, aus der Krise herauszukommen. Sie hat sich geweigert, eine Niederlage einzustecken. Und heute hat Carols Befähigung, sich selbst zu meistern, sie so weit gebracht, daß sie anderen Menschen zeigen kann, wie auch sie ihr Ziel erreichen können.

Ein weiterer Mensch, den ich kannte und der dieselben Fähigkeiten besaß, war von unvergeßlicher Wesensart. In seinem Leben hat er immer gegeben. Es ist der verstorbene Hugh M. Tilroe, Dekan an einer Fakultät der Syracuse University. Groß war sein Körperbau, aber ebenso groß war sein Mitgefühl für andere. Er strahlte so viel Männlichkeit aus, daß es untertrieben wäre, wenn man angesichts seiner beeindruckenden Persönlichkeit sagte, er sei bloß von Liebe zu den Mitmenschen erfüllt gewesen.

Dennoch war es so. Er war ein glänzender Redner, so daß Anstrengungen unternommen wurden, ihn zur Wahl zum Kongreßabgeordneten vorzuschlagen. Aber er zog es vor, Lehrer der Jugend zu bleiben.

Doch dann erlitt er einen Schlaganfall. Ich besuchte ihn und fand ihn im Bett liegend: seine gewaltige Gestalt zerstört und seine Sprechweise irgendwie verfremdet. Mit größter Anstrengung schaffte er es, mir zu sagen, daß er zum Schulbeginn eine Eröffnungsrede in einer Stadt in Pennsylvania hätte halten sollen. »Ich kann nicht hingehen«, sagte er kläglich. »Ich kann nicht mehr jagen.« (Er war ein großer Jäger gewesen.) »Ich kann nicht mehr fischen, kann nicht mehr reden.« Dann raffte er sich auf und sagte: »Ich nehm's hin, ich nehm's hin, Gott helfe mir!« Darauf bat er mich, an seiner

Stelle an der Schulbeginnfeier zu sprechen. Zunächst wehrte ich ab: »Keiner kann Hugh Tilroes Platz einnehmen.«

Er richtete sich halbwegs auf, nahm meine Hand in beide Hände und sagte: »Norman, Sie gehen hin und sagen den jungen Menschen, daß sie das Zeug haben, im Leben alles hinzunehmen. Und sagen Sie ihnen, daß ich das gesagt habe.« Indem ich die Tränen zurückhielt, versprach ich ihm, die Rede zu halten. Dann ging ich in den *Walnut Park*, der dem Hause von Professor Tilroe schräg gegenüber lag, und mußte weinen, daß dieser gewaltige Mann wie ein großer Baum gefällt worden war. Und so, wie es bei riesigen umgefallenen Bäumen der Fall ist, ließ er am Horizont eine große Lücke zurück.

Jedesmal wenn ich an Professor Tilroe denke, kommt mir in den Sinn, was er vor Jahren für einen Pfarrer auf dem Lande getan hatte. Der Pfarrer hatte eine junge hübsche Frau geheiratet, die er buchstäblich vergötterte. Sie war für ihn absolut vollkommen. Aber sie hatte einen schwachen Punkt, einen fatalen Fehler. Andere Menschen wußten es, aber für ihren Mann war sie stets rein und keusch. Immer wieder sagte er ihr, er sei nicht gut genug für sie und der Himmel habe sie ihm geschickt.

Als er eines Abends nach Hause kam, war seine Frau gegangen. Schließlich fand er ihren Brief: »Liebster, ich bin mit... (sie erwähnte einen Mann mit zweifelhaftem Ruf, mit dem einige sie gesehen hatten) weggegangen. Du bist der beste Mann der Welt, ein Heiliger. Du bist die Güte selbst. Was mich betrifft, so wollte ich gut sein, aber in mir ist ein Teufel. Ich bin Deiner Güte nicht gewachsen und muß Dich verlassen. Versuch, mir zu vergeben. In meiner armseligen Art liebe ich Dich. Helen.«

Der Mann ließ sich in einen Stuhl fallen – betäubt und gebrochen, den Kopf auf die Hände gestützt. Dann stand er auf und ging im Zimmer verzweifelt hin und her. Er erblickte den Telefonapparat. Mit eiskalten Händen suchte er in seinem Adreßbuch eine Nummer und stellte sie ein. Die kräftige Stimme von Professor Tilroe meldete sich. Der Mann versuchte zu sprechen, brach aber in heftiges Schluchzen aus. Tilroe wartete und sagte dann: »Ich bin da.« Der Pfarrer erzählte ihm unter Tränen, was geschehen war.

Tilroe verhielt sich managerhaft. »Bleiben Sie, wo Sie sind«, wies er den Mann an, »ich bin auf dem Weg. Ich komme. Verstanden?« Er befand sich über 50 Meilen außerhalb von New York. Es war Winter, und die Straßen befanden sich in schlechtem Zustand.

Nach zwei Stunden traf Tilroe ein und sagte: »Packen Sie Ihre Sachen zusammen. Wir gehen weg.« Er setzte den Mann neben sich in den Wagen und fuhr durch stärksten Regen über die Straßen, auf denen er hergekommen war. Der Pfarrer erzählte mir, daß Tilroe ihm mit seiner riesigen Hand ein paarmal einen Klaps aufs Knie gab, aber nichts sagte; der einzige Laut sei das Geräusch des Scheibenwischers gewesen.

Schließlich kamen sie bei Professor Tilroes Jäger- und Fischerhaus in Lake Onondaga an. Tilroe nahm die Tragtasche, und der Pfarrer folgte ihm ins Haus nach. Der Professor sagte: »Machen Sie sich frisch. Ich bereite ein Essen zu.« So saßen sie dann bei Ei und Schinken, Toast und Kaffee. Der Pfarrer hatte keine Lust zu essen und sagte es auch. »Jetzt essen Sie wie ein braver Junge«, befahl der Professor. Der Pfarrer gehorchte.

Dann nahm der große Lehrer eine abgegriffene Bibel zur Hand und las daraus einige Verse. »Zeit, zu Bett zu gehen«, sagte er darauf. Der Pfarrer gehorchte lammfromm und ging zu Bett. Tilroe stand neben seinem Bett und betete: »Lieber Gott, Du liebst diesen armen Mann, dessen Herz gebrochen ist. Himmlischer Vater, tröste ihn bitte. Amen.«

»So, mein Lieber, jetzt wird geschlafen«, sagte er. »Ich bleibe auf und wache über Sie.« In der Nacht wachte der kummerbeladene Mann mehrmals aus seinem unruhigen Schlaf auf und sah Tilroe neben dem Feuer sitzen, eine Wolldecke gegen die Kälte über sich. »Als ich diesen großen, entschlossenen Mann mit seinem gewaltigen Herz voller Liebe sah, wurde mir klar, wie Gott ist«, sagte mir der Pfarrer, als er mir seine Geschichte erzählte. Nach einiger Zeit erholte er sich – dank einem Mann, der für andere lebte. Und nun zu Ihnen. Glauben Sie auch nur eine Sekunde lang, dieser gewaltige Tilroe sei ein leerer und lebensfeindlicher Mensch gewesen? Er war all die Jahre ein großer, gläubiger Mensch, denn er hatte ein Geheimnis: Er war fähig zu geben. Er stand in der Tat seinen Mann als Freund seiner Mitmenschen.

Eine oder zwei Generationen Amerikas, von denen es viele geschafft haben, wundern sich heute, weshalb es denn nicht wie erwartet herausgekommen ist. Sie hatten Geld und alles, was man damit kaufen kann, aber sie sind nicht glücklich, sondern vielmehr schlicht und einfach leer. Sie beklagen sich, daß irgendwo etwas falsch sei, und möchten wissen, woran es liegt. Am wichtigsten ist es glücklicherweise, daß sie wissen wollen, was man dagegen unternehmen kann.

Allen, die nach jener Zuversicht oder nach einem erfüllten Leben suchen, sage ich eines: Geht mit euch selbst ins Gericht. Stellen Sie sich ein paar unbequeme Fragen: Bemitleiden Sie sich? Schieben Sie anderen die Schuld für die Lage zu, in der Sie sich befinden? Wenn das so ist, dann fallen Sie tiefer und tiefer in die Grube der eigenen Verzweiflung. *Geben Sie!* Trösten Sie einen leidenden Mitmenschen.

In unserer arbeitswütigen Welt gehen wir allzuoft unseren Geschäften nach und sehen uns dabei im Mittelpunkt; wir befassen uns mit belanglosen Dingen wie dem Einkaufszettel, der Aktennotiz oder dem Bericht, den wir verfassen müssen, und dem Wagen, der gewartet werden muß.

Im Büro oder im Klub gehen wir an den Menschen vorbei, als ob es sie nicht gäbe.

Ich möchte, daß Sie dieses einfache Experiment bloß während eines Tages machen: Lächeln Sie jedem Menschen, den Sie treffen, zu. Sagen Sie kurz guten Tag, wenn es angebracht ist. Ich garantiere Ihnen, daß Sie sich am Ende des Tages nicht nur wesentlich besser fühlen, sondern auch Ihr guter Ruf sich verzehnfacht. Ich kenne einen Mann, der in seinem Büro am beliebtesten ist – nicht etwa, weil er übermäßig schöpferisch oder ein Macher ist oder mit Gefälligkeiten um sich wirft. Nein, er ist ein gewöhnlicher Mann des mittleren Managements, aber er machte es sich einfach zur Gewohnheit, zu lächeln und jeden, den er antrifft, zu grüßen. Wußten Sie, daß es zum Wohlbefinden beiträgt, wenn man einem Menschen schlicht und einfach zulächelt? Und daß das Stirnrunzeln einen in schlechte Laune versetzt? Schon im 19. Jahrhundert haben dies Psychologen – einschließlich der bekannte William James – nachgewiesen. Von einigen ihrer Kollegen wurden sie deswegen belächelt.

Die heutige Wissenschaft gibt aber William James und seinen Mitstreitern recht. Der Nachweis ergibt, daß der Gesichtsausdruck eines Menschen seine Stimmung tatsächlich beeinflußt. Einer der modernen Psychologen, die diese Theorie befürworten, ist Dr. Robert Zajonc von der Universität von Michigan. Er ist nicht der einzige, der so denkt. Psychologen der Clark University, in Worcester, Massachusetts, stellen aufgrund einer ausgedehnten Studie fest: Lächeln bringt Wohlbefinden, Stirnrunzeln bringt Trübsal.

Dr. Ekman von der University of California Medical School legt in der Zeitschrift *Science* dar, daß der Körper von Menschen, die ihren Empfindungen Ausdruck geben, psychologisch entsprechend reagiert, zum Beispiel mit verändertem Puls und anderer Atemfrequenz. Die Doktoren sprachen davon, inwiefern das Stirnrunzeln die Gesichtsmuskeln zusammenzieht, was sich wiederum entsprechend auf das Hirn auswirkt. Nun, ich schaffe es nicht, alle die wissenschaftlichen Begriffe zu verstehen. Was ich aber begreife, ist das: Wer glücklich *handelt*, *fühlt* sich glücklich. Und umgekehrt.

Mit anderen Worten: Wenn Sie mißmutig sind, gehen Sie aus sich heraus. Ich traf einst einen Busfahrer in New York City, welcher der beste Beweis dafür war. Busfahrer in den Großstädten sind meist nicht unbedingt die heitersten Menschen der Welt. Wenn ich mich allerdings wie sie im Verkehrsgewühl der Straßen durchschlagen müßte, so wäre ich auch nicht eben allzu glücklich. Doch als ich an einem regnerischen, trüben Morgen einen Bus an der *Third Avenue* bestieg und inmitten der gedrängten, nassen und mürrischen Fahrgäste stand, hieß uns eine fröhliche Stimme willkommen: »Guten Tag, meine lieben Leute!« Ich blickte auf und fiel vor Erstaunen beinahe zurück. Es war der Busfahrer.

Eine aufheiternde Stimmung erfüllte den dampfenden, nassen Bus. Grämlich dreinguckende Menschen begannen zu lächeln, gestreßte entspannten sich. Als ich mich an meiner Haltestelle zum Aussteigen bereit machte, gratulierte ich dem Fahrer zu seinem guten Humor.

Ein breites Grinsen huschte über sein Gesicht. »Tja, wenn ich am Morgen beginne, hab' ich die Wahl: Entweder bin ich glücklich oder schwermütig. Und an gewissen Tagen, wie zum Beispiel heute, kriegen die Menschen nichts auf die Reihe. Aber wenn ich glücklich handle, motzt sich mein Körper auf, und ich bin glücklich.«

Ja, überlegte ich mir, als er die Tür schloß und davonrollte, das ist wieder ein glücklicher Mensch, der wirklich etwas gibt.

Gute Dinge ereignen sich, wenn Sie von sich geben – trotz jener Tage, an denen, wie der Busfahrer sagte, »die Menschen nichts auf die Reihe kriegen«.

Ich geb' zu, daß ich auch Zeiten habe, zu denen es mir schwerfällt, aus mir herauszugehen. Nie vergesse ich den Tag, da ich im *La-Guardia*-Flughafen ein Flugzeug nach *O'Hare* in Chicago bestieg. Ich kann nach wie vor nicht verstehen, wie sich die ganze Geschichte ereignen konnte. Und doch war es so: Ich setzte mich, und schon bald ließ sich ein junger Mann, der mir Anfang zwanzig zu sein schien, auf den Sitz neben mir fallen. Er war, wie wir Älteren es nennen, ein »Hippie«: lange, ungepflegte Haare; Jeans, die seit Monaten keine Waschmaschine gesehen hatten; eine zerlumpte Jacke mit aufgenähten seltsamen Symbolen drauf. Ich wandte mich von ihm ab, und als er eine Zeitung aufschlug, war ich froh, daß er nicht mit mir sprechen wollte. Doch nach dem Start knüllte er die Zeitung plötzlich zusammen, knallte sie auf den Boden und sagte laut und bissig: »Gottver... Sch...welt!«

Wenn ein Mensch so etwas sagt und macht, so liegt es wohl auf der Hand, daß er Aufmerksamkeit auf sich ziehen will. Aufgrund meiner Erfahrung heißt das, daß er Hilfe sucht – sei er sich nun dessen bewußt oder nicht. Offengestanden, ich hatte keine Lust, mit ihm zu sprechen. Aber ich spürte, daß ich aus mir herausgehen mußte.

Es war ein herrlicher Tag, der Himmel, mit ein paar wenigen Quellwolken übersät, strahlend blau, die Sonne golden. Ich zeigte mit dem Finger nach oben. »Gar nicht so schlecht«, sagte ich dazu. Der junge Mann starrte erst kurz durchs Fenster und blickte dann stumpf vor sich hin. Mein Gott, dachte ich mir, meine Schuldigkeit hab' ich ja wohl getan.

Doch so leicht kam ich aus der Sache nicht heraus.

Er wandte sich mir zu: »Mein Lieber, Sie und Ihresgleichen sind derart vom Fenster weg, daß Sie keine Ahnung haben, wo's langgeht.«

Ich überlegte kurz und sagte dann: »Über den Erie-See und schließlich noch ein bißchen über den Michigan-See.«

Er schenkte meinem Scherz keine Beachtung, sondern – da er offenbar meinen altertümlichen Haarschnitt bemerkt hatte – stänkerte weiter: »Für mich seid ihr alle wie Schafe, gleiche Montur, dieselbe Kluft; ihr glaubt blind, was die Regierung erzählt... Deshalb ist die Welt heute so aasig. Übrigens, weshalb tragen Sie Ihr Haar so kurz?«

»Weil ich ein Rebell bin«, gab ich zurück. »Keiner befiehlt mir, wie ich meine Haare zu schneiden habe. Keiner.

Sind Sie denn anders als ich?« fuhr ich fort. »Sonst hätte ich während dieser Woche wohl kaum tausend Menschen wie Sie gesehen, in dreckigen Jeans, mit langen Haaren, dasselbe Zeug verkündend, denselben Wortführern zuhörend, die gegen das Establishment wettern. Sie bringen mich wirklich zum Lachen.«

Er holte tief Atem, versuchte, etwas zu sagen, und brach dann in Lachen aus. »O. k., O. k., Sie haben mich erwischt. Jetzt sind wir wohl quitt.« Er lehnte sich zurück und begann zu berichten. Er war sehr intelligent; wir begannen – um es in seinem Wortschatz zu sagen – zu quatschen und unterhielten uns sehr gut.

Etwas später war er ganz ruhig und fragte dann: »Sind Sie wirklich glücklich, oder ziehen Sie einfach eine Show ab, wie die meisten Menschen heutzutage?«

Ich antwortete ihm: »Ja, ich bin glücklich, wirklich glücklich. Es ist mir zeit meines Lebens großartig gegangen.«

»Nun denn«, fragte er forschend weiter, »wie machen Sie denn das?« Ich verspürte ein bißchen Ungläubigkeit und ein bißchen Herausforderung in seinen Worten. »Wollen Sie's wirklich wissen, oder plaudern Sie irgend etwas?«

Er lehnte sich zurück und sagte still: »Ja, ich möchte wirklich wissen, warum Sie ... Sie offenbar derart glücklich sind.«

»Schön, dann sag' ich's Ihnen«, entgegnete ich, »aber ich will keine Diskussion. Nehmen Sie es an, oder lassen Sie's bleiben. Halten Sie sich an Ihrem Sitz fest, denn es könnte Sie aus der Fassung bringen. Ich kann es Ihnen mit einem Wort mit fünf Buchstaben sagen: Jesus.«

Ich erklärte ihm, was Jesus für mich bedeutete, was Er für ihn tun könnte, doch in diesem Augenblick rollte das Flugzeug zum Gangway von *O'Hare*. Der junge Mann streckte mir die Hand entgegen, und wir sagten uns ade. Zu meiner Überraschung sagte er dann: »Geben Sie mir bitte Ihre Karte.« Er steckte sie in seine Jackentasche und ging zum Ausgang. Leise sagte er etwas, aber ich hatte gute Ohren und vernahm: »Wer weiß? Vielleicht versuch' ich's irgendwann.«

Einige Jahre später war ich zufällig im *O'Hare*-Flughafen in Chicago, um ein Flugzeug zu besteigen. Da stellte sich mir ein Mann als Pfarrer von Illinois vor.

»Sie treffen so viele Menschen an, Dr. Peale«, sagte er, »daß Sie mich mit Bestimmtheit vergessen haben. Erinnern Sie sich aber an einen Hippie, der vor mehreren Jahren während eines Fluges nach *O'Hare* neben Ihnen saß und Sie fragte, wie Sie bloß so glücklich sein können?«

»Natürlich«, antwortete ich, wobei ich mich fragte, wie dieser Pfarrer mich mit jenem Hippie in Verbindung bringen konnte. »Ich habe es immer bedauert, daß wir nicht mehr miteinander sprechen konnten. Doch weshalb fragen Sie mich das? Kennen Sie denn jenen jungen Mann?«

Der Pfarrer lächelte. »Ja, ich kenne ihn gut. Er war in einer Familie aufgewachsen, die stets zur Kirche ging; er ging ins College und wurde durch und durch Rebell, der seinen Glauben ablegte. Er glaubte nicht einmal an sich selbst. Aber das, was Sie ihm gesagt haben und wie Sie es ihm gesagt haben, hat in ihm eine Wandlung ausgelöst. Heute ist er wieder im Glauben verankert. Er stellt sich natürlich nach wie vor Fragen, aber ich kann Ihnen sagen: Er ist glücklich, wirklich glücklich.«

Mittlerweile war meine Neugierde geweckt, und ich wollte etwas sagen. Doch der Pfarrer fuhr fort: »*Ich* war der junge Mann, Dr. Peale«, sagte er lachend, »und ich mache Ihnen ja keinen Vorwurf, daß Sie mich nicht wiedererkannt haben. Ich geb' ja, zu, daß ich damals völlig anders ausgesehen habe.«

»Aber bitte, was hab' ich denn gesagt?« fragte ich verdutzt.

Ruhig sagte er: »Jesus. Einfach ein Wort: Jesus.«

»Wissen Sie«, fuhr er fort, »wenn Sie damals in meiner geistigen Verfassung den Versuch unternommen hätten, mir eine Predigt zu halten, hätte ich Sie mundtot gemacht. Aber Sie haben sich Zeit genommen und waren nett zu mir, obschon Sie's mir deftig eingeschenkt haben. Und dann, als wir uns verabschiedeten und ich Sie fragte, was Sie denn so glücklich mache, antworteten Sie mit einem Wort: ›Jesus‹. Und damit haben Sie bei mir ein Tor geschossen. Das bewog mich, darüber nachzudenken, was ich abgelehnt hatte. Und jetzt«, sagte er lächelnd, »sind wir im selben Geschäft.«

Als er eilend zu seinem Flugzeug ging, saß ich dankbar da, dankbar dafür, daß ich an jenem fernen Tag den Ansporn hatte, etwas zu geben, als ich diesen jungen Mann zum erstenmal gesehen hatte.

Auf jeden von uns warten erstaunliche Ergebnisse, wenn wir die Gelegenheit wahrnehmen, einem Mitmenschen zu helfen. Und mit der richtigen Einstellung bewirkt das, daß wir uns wohl fühlen.

KAPITEL 7

Der Kampf gegen die innere Leere

Mich hat ein zunehmend größerer Teil der Bevölkerung unseres Landes beschäftigt. Wir machen uns natürlich immer Sorgen um die Armen und die Heimatlosen. Aber die Gruppe, von der ich jetzt spreche, nennt man die »Baby-Boomer«. Es sind Menschen, die zwischen 1946 und 1964 geboren wurden. Viele von ihnen sind überdurchschnittlich begabt. Im Beruf haben sie es geschafft, aber viele von ihnen sagen, sie seien innerlich leer; für mich ist das ein Jammer, und dagegen sollte meiner Meinung nach etwas unternommen werden. In einem Artikel mit dem Titel »Große Baby-Boomer« und mit dem Untertitel »Die Generation, die geboren wurde, um wild zu sein, muß sich jetzt überlegen, wie man im mittleren Alter zurechtkommt« nennt F. J. Kalm III die einstigen »Baby-Boomer« die »neuen Philister« und sagt, sie kämen ins Alter, seien müde und konservativ.

»Für die neuen Philister«, schreibt er, »sind Sicherheit, Schutz und Familie das höchste. Sie lassen den Saum ihrer Hosen herab und tragen Zweireiher. Sie versuchen, wohlhabend zu wirken. Und graues Haar ist zeitgemäß.«

Was soll denn daran falsch sein? Warten Sie; es kommt noch mehr. Kalm zitiert den Forscher Jan Andrew, der sagte: »Als die ›Baby-Boomer‹ damals auf dem Arbeitsmarkt auftauchten, erwartete jeder von ihnen Gehaltszulagen, und jeder von ihnen wollte Erfolg haben. Heute ist ihnen bewußt, daß es nur wenige sind, die das große Los gezogen haben.«

Andere, welche die spätere Karriere dieser Generation untersucht haben, sagen, daß es viele von ihnen finanziell geschafft haben, im Innern aber leer seien. Die Anzahl dieser Frauen und Männer wird auf 76 bis 80 Millionen geschätzt, also rund auf einen Drittel der Gesamtbevölkerung Amerikas. Sie sind alle Amerikaner, Väter, Mütter, einige von ihnen junge Großeltern. Was mir besonders Sorge bereitet, ist dieses durchdringende Gefühl des Leerseins, das so viele von ihnen empfinden. (Selbstverständlich kenne ich einige 60- und 70jährige, die sich darüber auch beklagen.) Ich hatte drei Begegnungen – eine mit einer Frau und zwei mit Männern.

Einst traf ich in einem bekannten Restaurant von San Francisco, wo ich auf einer Verkaufsjahrestagung gesprochen hatte, die junge Frau. Als ich gegessen hatte, kam sie zu meinem Tisch und gratulierte mir zu meiner Rede. Ich spürte aber, daß dies nicht der alleinige Grund war.

»Setzen Sie sich doch bitte, und nehmen Sie einen Kaffee«, sagte ich einladend. Sie nahm mein Anerbieten an; wir kamen ins Gespräch. Sie war eine Frau in den frühen Dreißigern und berichtete von ihrer Arbeitgeberfirma und ihrem Beruf. Ich war beeindruckt.

Und dann, als sie die Kaffeetasse abstellte, schaute sie mich ernst an und sagte: »Dr. Peale, ich bin schrecklich unglücklich.« Das überraschte mich nicht. Nach rund 65 Jahren Seelsorge weiß ich in der Regel, wie es um einen Menschen steht. Man sieht es seinen Augen, seinen Bewegungen und hört es seiner Stimme an. »Sagen Sie es mir«, forderte ich sie auf. Worauf folgendes aus ihr herauskam: »Ich bin in einer traditionell jüdischen Familie erzogen worden. Papa und Mama waren wunderbar, liebevoll, aufrichtige Menschen im Gottesglauben. Aber im College verlor ich irgendwie diesen Glauben.«

Sie blickte auf ihre Kaffeetasse hinunter.

»Ich geriet in eine weltkluge Gesellschaft, von der einige aus religiösen jüdischen Familien wie die meine stammten. Aber die Klassen, die Professoren und die Vollversammlungen waren so negativ, so zynisch, so zerstörend. Binnen kurzem waren wir total abgedreht.« Ihre Augen sahen mich flehend an. »Aber ich habe keinen Ersatz für jenes feste, befriedigende Gefühl gefunden, das mir mein Glaube gegeben hat. Ich fühle mich leer, schlicht und einfach leer.«

»Haben Sie mit Ihrem Rabbi gesprochen?« fragte ich.

Sie gab ein nervöses Lachen von sich. »Er würde das nicht begreifen«, sagte sie. »Er ist ein netter Mensch, hätte aber nicht die leiseste Ahnung, wie er mir helfen könnte.« Sie seufzte und schlürfte ihren Kaffee. »Na ja, es kann ja sein, daß dieses Gefühl der Leere irgendwann verschwindet. Wissen Sie, es ist nicht einfach die religiöse Angelegenheit, die mich durcheinanderbringt. Es ist, nun ...« Sie schaute weg. »... es ist diese neue Moral. Irgendwie geht's so nicht ...«

Sie zuckte die Achseln und sagte nichts mehr.

»Hm«, gab ich nachdenklich von mir, »das College, das Sie besucht haben, muß gewaltig gewesen sein – eines mit einer über alle Zeiten hinweg überlegenen Fakultät.«

Sie schaute erstaunt auf. »Es ist eine gute Schule mit einer wirklich feinen Fakultät; aber wie kommen Sie darauf, anzunehmen, daß sie derart groß ist?«

»Weil Sie vor dem College ein paar wirklich große Lehrer hatten, kluge Köpfe wie Jesaja, Jeremia und Moses. Die Tatsache, daß Sie danach einige Professoren hatten, die Sie dazu bewogen, die Lehren Mose und der Propheten zu verwerfen, bringt mich auf den Gedanken, daß jene Professoren irgendeine Fakultät ausmachten.« Ich lächelte, eine Grimasse schneidend. »Haben sie auch Sokrates, Plato und Aristoteles herabgewürdigt?«

Sie lachte. »Getroffen. Toll von Ihnen, daß Sie die Sache so anpacken. Ich muß schon sagen: Ich mag Sie, Dr. Peale.«

»Dieses Kompliment erwidere ich, denn ich mag Sie auch«, sagte ich lächelnd. Darauf lehnte ich mich im Stuhl zurück und schaute sie ernst an. »Für mich sind Sie viel zu intelligent, um auf derartige Kleingeister reinzufallen, statt auf die wirklich Großen zu hören.«

Sie guckte mich belustigt an. »Was meinen Sie jetzt wohl, Dr. Peale, wenn ich Ihnen sage, daß ich ein christliches College besucht habe?« Ich lachte. Kein Wunder, daß diese junge Dame Leiterin einer wichtigen Abteilung in ihrer Unternehmung war.

»Getroffen«, gab ich zurück. »Wenn die Christen einen Mißerfolg verbuchen, so ist es so, wie Major La Guardia zu sagen pflegte: ›Herrlich! Ich sag' Ihnen was: Geht nach Hause, und lest die Genesis, Jesaja, Jeremia, Hesekiel, die Sprüche und die Psalmen‹«, sagte ich darauf.

Sie schrieb diese Namen auf einem Notizpapier, das sie aus ihrer Tasche herauszog, auf.

»Ich verbürge mich dafür, daß diese Bücher und Propheten Sie wieder auf den richtigen Weg bringen«, sagte ich. »Aber da ist noch mehr, was Sie tun müssen ... mehr, als sie einfach so lesen.«

Sie schaute fragend auf.

»Glauben Sie, was Sie lesen«, betonte ich mit Nachdruck. »Erinnern Sie sich daran, daß diese Lehren Juden, Christen und allen, deren Glauben zum Teil auf den Büchern des Alten Testaments beruhen, während tausend und abertausend Jahren geholfen haben. Wären Sie nicht wahr gewesen, hätten sie nicht die Probe über alle Zeiten hinweg bestanden.«

Hinzu fügte ich: »Nehmen Sie noch eine weitere Anregung eines christlichen Pfarrers, wie ich es bin, als guten

Ratschlag an, liebe junge Dame.« Sie schaute auf, derweil sie ihren Notizblock in ihre Tasche zurücklegte. Ich lehnte mich vor und sagte: »Lieben Sie Ihren Rabbi; ich bin überzeugt, daß er in Ordnung ist.«

Sie lächelte, nahm ihre Tasche und machte sich zum Weggehen bereit. »Ich muß gestehen, daß ich mich bereits jetzt besser fühle, Dr. Peale. Aber...«, ihre Augenbrauen zogen sich kurz zusammen, »...ich bin nach wie vor verwirrt. Ich muß mir ein paar Gedanken machen.«

»Machen Sie sich viele davon«, sagte ich zustimmend, »je mehr Sie über jene ewig währenden Wahrheiten, die von einigen der größten Psychologen und Denker aller Zeiten geschrieben worden sind, wirklich nachdenken und lesen, desto rascher erlangen Sie wieder das feste, befriedigende Selbstvertrauen und den Glauben.« Ich stand auf und gab ihr die Hand. »Ich werde Ihnen auch einige gute, positive protestantische Gebete zukommen lassen, die Sie zum Frieden und zum Glück hinführen mögen. Wissen Sie«, sagte ich, als wir uns verabschiedeten, »es liegt auf der Straße und wartet darauf, daß sie es schlicht und einfach annehmen und *glauben.*«

Etwas später erhielt ich von ihr eine Mitteilung auf dem Briefpapier ihrer Firma: »Ich habe getan, was Sie sagten, Dr. Peale, und ich gehe wieder zurück auf meinen Weg.« Dann fügte sie hinzu: »Ich erzählte meinem Rabbi von Ihrem Ratschlag; Sie erraten nie, was er gesagt hat: ›Dieser Mann wäre ein guter Rabbi geworden.‹«

»Das ist ein Kompliment«, dachte ich. Als ich sie um Erlaubnis bat, dieses Erlebnis im vorliegenden Buch zu schildern, sagte sie zu, verlangte aber, daß ihr Name aus persönlichen Gründen nicht genannt werde.

Einige Wochen nach dieser Begegnung war ich in Las Vegas, wo ich an einer nationalen Geschäftskonferenz sprechen mußte. Dort traf ich einen weiteren »Baby-Boomer«. Nach meiner Ansprache kam ich mit vielen Teilnehmern zusammen; da grüßte mich ein jüngeres Ehepaar, das wirklich reizend ausschaute. Der Mann nahm mich beiseite, legte seine Hand liebevoll auf meine Schulter und sagte: »Für mich sind Sie wie ein alter Freund, Dr. Peale. Als ich ein kleiner Junge war, habe ich Ihr Buch *Die Kraft positiven Denkens* gelesen und mich danach gerichtet. Ich war von jeglicher Begeisterung und vom Glauben erfüllt. Aber ich muß Ihnen etwas gestehen.« Er zögerte erst und fügte dann hinzu: »Unser Pfarrer begann, Sie zu kritisieren. Er sagte, daß das, was Sie schreiben, theologisch nicht haltbar sei und wir uns davon nicht irreleiten lassen sollten. Ihre Bücher, so sagte er, seien bloß Erfolgsbücher, die aufzeigten, wie man zu Geld kommt und wie man sich aufmotzt. Na ja, ich hörte auf ihn und las Ihre Bücher nicht mehr.«

Er schüttelte den Kopf. »Wahrscheinlich war es dumm von mir, so zu handeln. So oder so verlor ich allmählich die Begeisterung, die ich als Kind hatte. Ich habe auch keinen Glauben und kein Selbstvertrauen mehr – wenigstens nicht so, wie Sie beides beschreiben.«

Er blickte mich hilflos an. »Vielleicht liegt's nur an der Welt, Dr. Peale. Mit all den Verbrechen, all den wilden Spekulationen an der Wallstreet, mit den irrwitzigen Dingen, die sich im Nahen Osten und in Mittelamerika ereignen; vielleicht hatte mein alter Pfarrer recht, wenn er sagte, man dürfe die Welt nicht durch eine rosa Brille sehen. Ich hab' einen guten Job in einer großen Stadt, doch, Dr. Peale, ich weiß, daß wir in einer Welt leben, in der einer den anderen frißt. Ich kann mir vorstellen, daß ich von allem schlecht denke. In Tat und Wahrheit habe ich nicht viel vom Leben –

Phyllis, die gleich nebenan steht, ausgenommen«, sagte er und zeigte auf seine Frau. »Sie ist ein wunderbarer Mensch, sie denkt positiv und ist eine wahre Christin. Und doch, machen wir uns nichts vor, fühle ich mich leer. Ich glaube nicht, daß es überhaupt irgend etwas gibt, woran man noch irgendwie wirklich glauben kann.«

Ich fühlte mich zu diesem Mann hingezogen, zumal er tatsächlich leer aussah.

»Warum gehen Sie nicht zum Pfarrer Ihrer Heimatstadt und sagen ihm, wie leer Sie sich fühlen?« schlug ich vor. »Ich bin sicher, daß er ein verständnisvoller Mann ist. Er wird Ihnen helfen.« Der Mann schüttelte den Kopf. »Wie käme ich dazu? Er ist derjenige, der meine Begeisterung, die ich als Kind hatte, auslöschte.«

»Nun, ich glaube nicht, daß er dies gewollt hat«, gab ich zurück. »Er hat womöglich gedacht, er würde Sie so im Glauben bewahren. Vielleicht fehlte es ihm an Verständnis. Aber geben Sie ihm doch eine Chance. Jeder von uns hat irgendwann einmal einen anderen Menschen in eine falsche Bahn gelenkt. Sie wissen, daß Jesus Christus der positivste Denker war, den diese Welt je gesehen hat. Seine Lehren – wie zum Beispiel Gott um Hilfe bitten und *glauben*, daß man sie erhält, die andere Backe hinhalten, den Feinden vergeben und Ihm die eigenen Sorgen überlassen – laufen der Denkweise dieser Welt so zuwider, daß wir Menschen Mühe haben, an sie zu glauben. Verurteilen Sie daher Ihren alten Pfarrer nicht allzusehr.«

Jetzt legte ich meine Hand auf *seine* Schulter. »Eines steht fest: Mit diesem Groll im Herzen, mein Freund, finden Sie nie Frieden.«

Darauf erläuterte ich ihm, was ich der jungen Dame zum Bibellesen gesagt hatte: »Verlassen Sie sich nicht nur auf einen Menschen. Lesen Sie die großen Lehrbücher und Propheten des Alten Testamentes und danach Matthäus, Markus, Lukas und Johannes – ohne dabei Paulus zu vergessen. Ich bin überzeugt, daß das alles Sie auf den richtigen Weg zurückführt.«

Er versprach es mir, und ich glaubte ihm, daß er die richtige Bahn wiederfinden würde. Heute ist er allem Anschein nach ein Mensch, der an das Leben und an die wahren Werte glaubt. Denn wenn man die zeitlosen Wahrheiten der großen Heiligen mit dem oberflächlichen ichbezogenen Denken und der Einstellung »Erst die andern fertigmachen, *bevor* sie dich fertigmachen« von heute vergleicht, so tritt der eindrückliche Unterschied recht eigentlich zutage.

Bald darauf traf ich einen jungen Mann an, auf den ich zufällig in einem Artikel im angesehenen *Journal of the American Medical Association* stieß. Der Bericht fiel mir ins Auge, weil er von »Baby-Boomern« handelte. Sowohl die junge Frau in San Francisco als auch der junge Mann in Las Vegas paßten in diese Kategorie. Laut diesem Bericht hatte Dr. Gerald Kierman vom Cornell University Medical College in New York und einer seiner Kollegen Studien, die in den vergangenen fünf Jahren von 40 000 Menschen in den bedeutendsten zehn Staaten der USA angestellt worden waren, durchgesehen. Dabei ergab sich, daß »Baby-Boomer« vier- bis fünfmal mehr zu Depressionen neigen als jene, die früher oder später geboren wurden.

Dies traf für industrialisierte Länder wie die Vereinigten Staaten, Schweden, Deutschland und Kanada zu. Dr. Kierman war davon überzeugt, weil in solch urbanisierten Gebieten der enge Familienzusammenhalt als Quelle sozialer Unterstützung dazu neigt, schwächer zu werden. »Man ist geneigt zu sagen, daß Depression Teil des Preises ist, den wir für die Verstädterung zahlen«, schreibt er.

Ich dachte mir, daß die junge jüdische Frau und der christliche Mann, obschon sie in ihren Berufen blitzartig Spitzenpositionen erreicht hatten, ihren Glauben grundlegend verloren hatten.

Unvermindert betete ich, auf daß sie beide den Glauben wiederfinden würden, den Generationen ihrer Vorfahren so gut verankert hatten.

Nachdem ich den erwähnten Artikel gelesen hatte, erstaunte mich die Haltung eines dritten Menschen, den ich traf, nicht sonderlich. Er war ein weiterer »Baby-Boomer«, ein 32jähriger Manager einer Hollywood-Filmgesellschaft. Er war nach New York gekommen, um Episoden aus meinem Buch *Die Kraft positiven Denkens* für eine VHS-Kassette zu verfilmen, die für Private, Geschäfte, Kirchen und Schulen bestimmt war.

Ich muß zugeben, daß ich ein wenig verblüfft war, als er mir in unserem ersten Gespräch sagte: »Nun denn, mir ist es lieber, wenn wir auf dieser Kassette das Wort ›Gott‹ nicht verwenden; ersetzen wir es durch das Wort ›gut‹.«

Als ich Bedenken äußerte, erklärte er folgendes: »Ich stamme von einer streng protestantischen Familie ab. Mein Großvater war sogar Pfarrer. Aber offengestanden, ich bin von diesem Gottes-Zeug abgekommen. Deshalb sollten wir den Zuschauer nicht mit etwas belasten, mit dem ich mich schwertue.«

Nach jahrelangem Predigen von Gottes Wort, ließ ich es nicht zu, daß jemand den Namen Gottes durch ein simples Eigenschaftswort ersetzte. Und wir fuhren fort, auf dieser Grundlage zu filmen.

Er nahm sich die Zeit, sich das zu überlegen, was wir machten, und die geschichtlichen Begriffe und das gegenwärtige Denken, mit dem er arbeitete, herauszufinden. Alsbald übermannte ihn unser Glaube, und dieser »ausgelaugte« Mensch (wie er sich selber nannte) verwandelte sich völlig.

In seiner Begeisterung entdeckte er einige Untersuchungen von Volksschullehrern, die herausgefunden hatten, daß fast alle Kinder mit einer gesunden Selbstachtung positiv eingestellt sind, wenn sie in den Kindergarten kommen. Doch nach der vierten Schulklasse haben 80 bis 85 Prozent dieser Kinder eine negative Einstellung und ihre Selbstachtung verloren.

Warum? Während dieser fünf Jahre haben sie »die Welt kennengelernt«.

Die Kinder, von erbarmungslosem Negativem niedergeschmettert, vom erzwungenen Leistungsdruck verletzt, von unfairen Vergleichen abgesondert, waren am Boden zerstört. Die Lehrer waren auch der Meinung, daß die Teenager, die den Drogen, dem Alkohol, dem Schwänzen, der Gewalttätigkeit und dem Selbstmord erliegen, nicht einfach »schlechte« Kinder sind, sondern versuchen, eine mindere Selbstachtung zu kompensieren.

In diesem Sinne überzeugte der innerlich verjüngte Hollywood-Filmer den Gouverneur von West Virginia und dessen Erziehungsdirektor davon, im Kindergarten und in den ersten vier Schuljahren an der staatlichen Volksschule ein Programm des positiven Denkens einzuführen.

Dieses Projekt, das auf den Aufbau einer gesunden Selbstachtung der Kinder abzielt, war so erfolgreich, daß es auch von den Grundschulen Kentuckys übernommen wurde und für viele andere amerikanische Staaten vorgesehen ist.

Die Folge war, daß Mark Lambert, dieser hochbegabte junge Mann, der, wie er zuvor selbst gestand, »abgestellt« war, nun richtig »aufgestellt« war.

Seinetwegen und wegen anderer Menschen, die wie er sind, schreibe ich dieses Buch. Es ist nun einmal so: Ich liebe die Menschen und glaube an ihre unermeßlichen Möglichkeiten. Leider sind so viele schrecklich unglücklich. Das weiß ich nur allzugut; denn sie schreiben mir. Diese traurigen Briefe kommen von Hunderten von Menschen jeglichen Alters. Ohne Zweifel sind viele von ihnen kluge Köpfe, und bei einigen muß ich eingestehen, daß das Abgestelltsein gewisser Umstände wegen eine gesunde Reaktion war. Doch das Problem liegt darin, daß die meisten dieser Menschen für ihren verlorenen Glauben und für die ihnen abhanden gekommene Zuversicht keinen Ersatz gefunden haben, als sie am Boden waren. Viele haben es materiell geschafft, sind aber dennoch unglücklich, weil sie enttäuscht, unzufrieden und leer sind. Einige von ihnen sagen dazu: »Gibt's denn hier einen guten Gott? Gibt's überhaupt einen Gott?«

Viele dieser Menschen besitzen ein Diplom von erstklassigen Universitäten. Sie sind zu anerkannten Denkern, Philosophen und künftigen Genies der Geschäftswelt erklärt worden. Und doch sind sie unzufrieden und unglücklich. Und das in den Vereinigten Staaten von Amerika, dem größten Land der Welt, dem Land mit dem vortrefflichsten Regierungs- und Wirtschaftssystem. Dennoch hört man in diesem Land der unbegrenzten Möglichkeiten immer wieder: »Zum Teufel damit!«

Als ich mich einem sehr gebildeten Bekannten gegenüber dagegen verwahrte, schüttelte er den Kopf. »Norman, die Welt kommt auf den Hund; keiner kann dagegen was machen – du nicht und ich ohnehin nicht.« Auf eine solche Aussage reagiere ich wie ein Stier auf ein rotes Tuch. Wer bin ich denn, daß ich mir anmaße, *ich* könne etwas dagegen machen? Welche Berechtigung habe ich denn dazu?

Wer's nicht wissen sollte: In diesem herrlichen Land lebe ich seit 92 Jahren. Ich bin in einem schönen, kleinen Dorf im südlichen Ohio geboren worden, in Cincinnati aufgewachsen und habe über 60 Jahre in New York City gelebt. Daher habe ich mit allen möglichen Amerikanern eine enge Beziehung gehabt. Für mich sind sie die Größten. Ich mag es daher nicht, wenn einige von ihnen Miesmacherei betreiben.

Da gibt es zum Beispiel diejenigen, die ihr ganzes Leben lang Kirchgänger waren; diejenigen, die geschäftlichen Erfolg hatten; diejenigen, die sich für Wohltätigkeit und andere gute Werke einsetzten. Und doch fühlen sie sich »leer«. Was ist denn mit ihnen los?

Ein solcher Mensch war Jack Eckerd von *Clearwater* in Florida, der eine der erfolgreichsten Drogerieketten aufgebaut hatte. 1982 belieferten rund 1200 Eckerd-Drogerien Familien in 15 Staaten. Jack war ein zäher Kerl, der sein Geschäft mutig und entschlossen aufgebaut hatte.

Darüber hinaus hatte er in der Wohlfahrt Ausgezeichnetes geleistet. 1968 startete die »Jack-und-Ruth-Stiftung« ein therapeutisches Wildnis- und Camping-Programm für Kinder mit seelischen Problemen. Die Stiftung betrieb auch eine Ausbildungsstätte für Jugendliche. Überdies war Jack Präsident eines erfolgreichen Industrie-Rehabilitationsprogramms für Gefangene. Er stand unter Präsident Ford dem Versorgungsdienst vor und war in Florida ein bedeutender Politiker. Daneben nannte ihn die Nationale Konferenz der Christen und der Juden einen »außergewöhnlichen Mitbürger«.

Warum hat denn ein inneres Stimmchen Jack bewogen, sich dauernd zu fragen: »Weshalb das Gefühl der Leere, Jack, wenn man bedenkt, was du alles besitzt und erreicht hast?«

»Ich versuchte, den Gedanken von mir zu weisen«, erzählte er. »Er hat mich in den letzten Jahren verfolgt: ein Ausgelaugtsein, eine Lücke, die den Erfolg und das, was ich gegeben habe, nie ausgefüllt haben.«

Lange Zeit war Jack Mitglied der Kirche. »In Gedanken war ich aber nie dabei«, sagt er. »Ich saß in der Kirche und plante an einem Ort, den ich vergangene Woche gefunden hatte, einen Laden. Ich war wohl im Wasser, aber ich schwamm nicht.«

Dann wurde Jack bei seinen Nachbarn zu einer Bibelstunde eingeladen; er ging eher aus Neugierde. »Aus irgendeinem Grunde ärgerte mich das Ganze, vor allem jene Autos, welche die Straße dorthin verstopften«, gestand er. »Was sind denn das überhaupt für Menschen, fragte ich mich. Wahrscheinlich eine Horde von Deppen.« Doch Jack war von der Bibelstunde gefesselt. »Während des Lesens der Bibel erzählten die Menschen viel von ihren persönlichen Problemen«, erzählte er. »Als wir einen Teil der Heiligen Schrift lasen, sagten sie immer wieder, in welchem Maße sie sich auf ihre Schwierigkeiten bezog. Ihre Offenheit überraschte mich. Das stand im Gegensatz zu meiner Welt, in der viele von uns Fronten aufbauen. Wir ließen es nicht zu, daß der andere unsere wirklichen Gefühle erkannte – in der Meinung, er würde über uns die Oberhand bekommen. Aber diese Menschen waren ehrlich und offen. Das hat mir etwas gegeben. Immer mehr öffnete auch ich mich. Und als wir uns die Hände reichten und zusammen beteten, erlebte ich eine Gemeinschaft wie noch nie zuvor.

Dann lasen wir eines Morgens im 1. Korinther, Kapitel 13, Vers 3: ›Und wenn ich alle meine Habe den Armen gäbe und ließe meinen Leib brennen und hätte der Liebe nicht, so wäre mir's nicht nütze.‹ Ich habe diese Worte schon früher gelesen, doch jetzt haben sie mich tief berührt. Sie sagten mir, daß es nicht darauf ankommt, wie sehr ich bedürftigen Kindern helfe, mich für das Gefängniswesen einsetze und für mein Land einstehe; ich bekam keine Liebe; alles war bedeutungslos.

Das hat mich dazu geführt, in mich zu gehen. Ich begann einen Menschen zu sehen, der dazu neigt, sich hinter einer

Mauer zu verschanzen. Doch dieser Vers hatte in die Mauer eine Bresche geschlagen. Je mehr wir die Bibel lasen, desto größer wurde die Bresche. Denn es wurde immer deutlicher, daß ich jene Liebe erlangen mußte, von der Paulus spricht, wenn ich die Ganzheit, nach der ich strebte, erreichen wollte. Und um diese Liebe zu erlangen, mußte ich mich Jesus zuwenden. Das war ein harter Entscheid. Es fiel einem Menschen, der sein ganzes Leben lang gekämpft hatte, schwer, sich unterzuordnen; und noch härter war's, sich vom entscheidenden Menschen zum gehorchenden Menschen zu machen.

Als ich darüber nachsann, traf ich Chuck Colson, der Gefängnisgottesdienste leitete. Von Anbeginn mochte ich ihn; deshalb verübelte ich es ihm nicht, als er nach einem Jahr sagte: ›Ich begreife euch Geschäftsleute, die ihr es gewohnt seid, gewichtige Entscheidungen zu treffen, einfach nicht. Dann kommt auf einmal die wichtigste Entscheidung, die ihr zu fällen habt, und ihr macht leere Ausflüchte. Du bist entschlossen. Was ist das Problem, Jack?‹«

Jack Eckerd sagte, daß alles ›darauf hinauslief, entweder weiterhin den Erfolgen nachzujagen und mit diesem Gefühl der Leere zu leben oder aus dem bisherigen Geleise herauszukommen und Jesus die Oberhand bekommen zu lassen‹. »Ich gab nach. Er ließ mich nicht mehr los. Das Licht fiel nicht aus. Es gab kein Erdbeben. Zwar widerfuhr mir nichts so Gewaltiges, wie es Paulus auf seinem Weg nach Damaskus erlebte, aber ich begann einen tiefen inneren Frieden zu verspüren, den ich zuvor nicht gekannt hatte; und jene alte hohle Stelle in mir füllte sich wie ein ausgetrockneter Brunnen allmählich auf.«

Von diesem Zeitpunkt an wurde Jack Eckerds Leben noch viel aufregender. Er merkte, daß er ein neues Einfühlungsvermögen und Mitgefühl für andere Menschen besaß, was sich in seiner zunehmenden Tätigkeit in den Bereichen von Gefangenschaftsreformen, Drogenbekämpfung und Schulungsprogrammen auswirkte. Er ordnete an, daß obszöne Zeitschriften aus den Eckerd-Läden entfernt wurden, und setzte sich in seiner Stiftung und anderen wohltätigen Institutionen noch mehr ein.

»Der althergebrachte Begriff *wie neu geboren* ist keine falsche Bezeichnung«, sagte er. »Ich fühle mich wie ein neuer Mensch mit neuer Kraft und einem neuen Lebenswillen, der jeden Tag immer noch aufregender macht. Jetzt bin ich 77 Jahre alt, aber jedes Jahr ist noch besser. Das will nicht heißen, daß ich keine Probleme und ein paar Schmerzen habe. Natürlich habe ich das. Aber Er gibt mir die Kraft, das zu meistern.«

In seinem Buch *Das größte aller Risiken* schreibt Walter Anderson, Redakteur beim Magazin *Parade,* sehr aufschlußreich: »Seien Sie vergewissert: Es ist nicht möglich, daß Menschen leere Gefäße sind. Keiner, der je gelebt hat, war ungläubig – egal, was er vorbringen mochte. Jeder glaubte an etwas. Das kann Gott sein oder auch nicht Gott, ausgeprägte Geldgier oder Machthunger, Karriere oder ein Freund, Wissenschaft oder ein Prinzip: *Etwas* ist es. Was immer wir unserem Leben voranstellen, ist das, dem wir uns zuwenden.«

Eine Geschichte, die mir mein Freund Pater Joseph Kelly erzählte, dürfte in diesem Zusammenhang von Nutzen sein. Sie handelt von einem jungen Priester, der an seiner Berufung zu zweifeln begonnen hatte.

»An einem bitterkalten Winternachmittag begegnete er einem kleinen Jungen: kein Zuhause, ausgemergelt, abgetragene Jacke, sein magerer Körper über einer Straßengitterschranke zusammengekauert, als er versuchte, die Wärme des darunter liegenden U-Bahn-Tunnels aufzunehmen.

›Gott im Himmel!‹ rief der Priester starr vor Entsetzen aus.

Er schaute das vor Kälte zitternde Kind an. ›Gott‹, fragte er, ›warum läßt Du so etwas zu? Warum machst Du nichts dagegen? Ist Dir das völlig egal?‹

Im Innern vernahm er zu seinem Erstaunen zum erstenmal die Stimme, von der er wußte, daß sie Gottes Stimme war: ›Ich mache etwas dagegen‹, vernahm er, ›und ich habe dagegen etwas unternommen: Ich habe *dich* erschaffen.‹

»*Wähle,* was du glaubst.«

Wir müssen uns daran erinnern, daß unser weiser Gott uns hierher gebracht hat, damit wir einem leidenden Kind helfen. Wir sind Seine Hände, Seine Füße, Seine Stimme. Und wir können wählen, ob wir das glauben oder nicht. So etwas wie Unglaube gibt es nicht; denn wir glauben alle an etwas. Entweder glauben wir an Liebe, Tugend und Hoffnung, oder wir glauben an Haß, Übel und Hoffnungslosigkeit.

Glückliche Menschen – meines Erachtens sind sie auch intelligent – entscheiden sich für Liebe, Tugend und Hoffnung. Während der vielen Jahre in New York habe ich mehr als nur eine Erfahrung mit beiden Arten von Menschen gemacht. Hier bin ich während der großen Wirtschaftskrise, während des Zweiten Weltkrieges, der unruhigen sechziger Jahre, des Vietnam-Kriegs, ja während der meisten beunruhigenden Ereignisse des 20. Jahrhunderts meiner seelsorgerischen Aufgabe nachgegangen.

Mir ist, als hätte ich mit Unmengen von »Baby-Boomern«, ehemaligen Hippies und Yuppies der letzten Jahre zu tun gehabt. So etwa mit Ben. Er ging immer in die Kirche – ausgerechnet er mit seinen langen Haaren, seinem buschigen Bart, in seinen Jeans und Turnschuhen. Er ließ sich herab, in der Kirche eine Jacke zu tragen, aber nie sah ich ihn mit einer Krawatte. Vermutlich hat er nie gelernt, wie man eine bindet. Er war von liebenswürdiger Wesensart und immer engagiert. Aber mit seiner unablässigen Fragerei neigte er dazu, zur Plage zu werden. »Heute morgen haben Sie gesagt...« Und dann wollte er wissen, was gemeint war und wie es dazu gekommen sei. Und so weiter.

Doch da ich einen regen Kopf und wirklich überlegende Menschen seit eh und je bewundert habe, versuchte ich geduldig, Bens Fragen zu beantworten. Er war offensichtlich im Begriff zu lernen; doch meine Antworten führten zu noch mehr Fragen, und Ben wurde sozusagen herausfordernd.

Seine Fragen bezogen sich weitgehend auf seine Person, auf sein Leben. Er war darüber besorgt, wie er sich bessern und sich in der Welt mit Erfolg durchschlagen könnte. Ich stellte mir vor, daß es sich hier um einen schöpferischen Menschen handelte, der die fünf Dinge erlernen wollte, die zu einem besseren Leben notwendig sind: *denken, lernen, versuchen, arbeiten* und *glauben.* Trotzdem haßte ich Ben beinahe, wenn er auf mich zukam.

Eines Tages mußte ich nach Allentown in Pennsylvania fahren, wo ich an einem zentralen Verkaufsseminar eine Rede zu halten hatte. Etwa um 2 Uhr nachmittags verließ ich mein Büro, stieg in meinen Wagen ein, um nach Allentown zu fahren, und dachte mir, ich könnte unterwegs meine Rede durchdenken und ihr den letzten Schliff geben. Ich halte freie Reden und fummele nicht mit Notizen herum. Als ich mich hinter das Steuer setzte, hörte ich die wohlbekannte Stimme: »Hallo, Dr. Peale, warten Sie einen Augenblick!« Sie haben es erraten: Es war Ben, der seinen Kopf in den Wagen steckte und fragte, wohin ich führe.

Dann öffnete er unaufgefordert die Wagentür und plumpste auf den Sitz neben mir hin. »Was dagegen, wenn ich mitkomme?« fragte er munter. »Wir können ein gutes Gespräch führen.«

Ich war nicht gerade das, was man begeistert nennen

könnte, sagte aber: »O. k., Ben. Aber es gibt hier die grundsätzlichen Regeln, und du mußt versprechen, sie zu befolgen. Während der Fahrt muß ich über meine Rede nachdenken, und wir haben nur etwa 160 Kilometer vor uns. Wenn du auf der Fahrt dorthin schweigst, spreche ich auf dem Rückweg mit dir.«

»Kein Problem«, willigte er ein.

Ich muß sagen, daß er sich gut gehalten hat. Einige Male begann er zu sprechen, aber ich legte jeweils die Finger an die Lippen, worauf er verstummte. Doch als wir nach dem Meeting nach New York aufbrachen, begann er zu sprechen. Die meisten seiner Fragen drehten sich darum, wie er es im Leben zu etwas bringen könne. Ich war über seine geringen Fortschritte verwundert. »Ich habe alle Ihre Bücher gelesen und komme praktisch nirgends hin.« So verlief unser Gespräch, als wir durch die mondhelle Nacht fuhren.

Schließlich kamen wir bei einem sehr netten Restaurant an. Ich sagte: »Ben, ich bin hungrig und du wahrscheinlich auch. Wie wär's, wenn wir hier anhielten und einen Hamburger, Pommes frites und eine gehörige Portion Apfelkuchen äßen?«

»Aber mit Vanillesoße«, sagte er bereitwillig. Schon bald saßen wir am Tresen, wobei Ben unablässig nachdachte und sprach – und dabei lernte, wie es sich später herausstellen sollte.

Plötzlich knallte Ben seine Faust mit Gewalt auf die Theke, was die Teller hochspringen und klappern ließ, und brüllte: »Ich hab's, ich hab's!« Die anderen Gäste fuhren erschrocken auf und schauten zu uns herüber. »Was hast du?« rief ich aus.

»Ich hab' die Antwort!« sagte er laut. »Der Grund, weshalb ich nicht vorwärtskomme, bin ich. Ich allein.«

»Mein guter Junge«, sagte ich darauf, »ich wußte nicht, daß in einem Hamburger so viel Kraft steckt.«

Später stand Ben auf einem Parkplatz im Mondlicht irgendwo in New Jersey neben dem Wagen und sagte mit einer für ihn neuen Stimme: »Norman [zuvor hatte er mich nie mit dem Vornamen angesprochen, sondern immer nur mit ›Dr. Peale‹], ich will mich Gott anvertrauen. Ich will Jesus folgen. Geben Sie mir jetzt Ihren Segen, bitte?«

Von seiner Ehrlichkeit war ich zutiefst beeindruckt. Er neigte seinen Kopf, ich legte die Hand darauf und sagte: »Lieber Gott, nimm meinen Freund Ben in ein neues Leben neben Dir auf. Schenke Ben Frieden, Freude und Führung, und stärke ihn immerfort, jeden Tag. Im Namen unseres Herrn und Erlösers Jesus Christus. Amen.«

Ben ergriff meine Hand mit festem Druck und sagte darauf: »Das werde ich nie vergessen.«

Als wir nach Hause fuhren, wurde mir bewußt, daß ihm etwas Gewaltiges widerfahren war. Ich weiß nicht, wie oder warum. Es muß eine Verbindung von verschiedenen Dingen gewesen sein, unsere Gespräche, Argumente und sein Kampf um das Annehmen der Hilfe einbezogen. Auf jeden Fall gab es in diesem Augenblick eine Antwort auf seine Fragerei. Er wurde ein wirklich glaubender Mensch – glaubend nicht nur an Gott, sondern auch an sich selbst. In der Folge arbeitete er in seinem Beruf wie nie zuvor, setzte brachliegende Fähigkeiten ein, die er vorher nie richtig entwickelt hatte, und ging in ein krafterfülltes Leben ein. Bens derart lange Leere war gefüllt. Er war voller Freude und Engagement. Sicher kannte er Rückschläge und Sorgen, aber jetzt hatte er sie besiegt. Er heiratete, und seine Arbeitgeberfirma versetzte ihn meilenweit als Manager ihrer Geschäftsstelle in eine große Stadt. Auf diese Weise ist er aus meinem Leben verschwunden, nicht aber aus meinem Gedächtnis.

Er war ein Mann, der die fünf Grundsätze für ein erfolgreiches Leben befolgte. Dieselben fünf schöpferischen Prinzipien lassen sich anwenden, um in jeder Phase unseres Daseins gute Ergebnisse zu erzielen.

Denken Sie aber daran, daß diese Grundsätze auf dem festen Glauben an Gott beruhen müssen. Das ist logischerweise der Sinn des fünften Grundsatzes. Denn ohne diese Gewißheit werden die anderen vier Prinzipien gegenstandslos.

- **Denken**
- **Lernen**
- **Versuchen**
- **Arbeiten**
- **Glauben**

Und ein erfolgreiches Leben führen!

KAPITEL 8

Der Weg zu einem freudvollen, erfüllten Leben

Ich möchte an noch mehr Menschen herankommen, die eingestehen, »leer« zu sein, und ihnen zur Freude eines erfolgreichen Lebens verhelfen. In dieser Hinsicht glaube ich unerschütterlich an den größten aller Gelehrten, was ein erfülltes und strahlendes Leben angeht; Er erläutert seine Aufgabe in dieser Welt kurz und bündig so: »Ich bin gekommen, daß sie das Leben und volle Genüge haben sollen« (Johannes 10, 11). Und »Genüge« ist natürlich das Gegenteil von »Leere«. Persönlich habe ich entdeckt, daß, wenn man dem großen Genie und der von Ihm gelehrten Lebensweise folgt, alle nur erdenklichen inneren leeren Stellen gefüllt werden. Er erfüllt sie mit Freude und Begeisterung, was die Fähigkeit, das Richtige zu tun und es vorzüglich zu tun, unermeßlich steigert.

Lassen Sie mich von einer überaus bemerkenswerten Begebenheit erzählen, die zeigt, wie diese absolute Leere gefüllt wurde.

Es war an einem kalten, trüben Wintertag im Dezember, kurz vor Weihnachten. Es war früh dunkel geworden, wie es in dieser Jahreszeit üblich ist. Wir waren daran, unsere Büros an der 29. Straße in Manhattan zu schließen; da kam meine Sekretärin herein und sagte: »Im Vorzimmer ist ein Mann, der unter großer Belastung zu leiden scheint; er möchte Sie sehen. Er ist sehr elegant angezogen; aber ich muß gestehen, daß ich vor ihm ein bißchen Angst habe. Er scheint mir, na ja, ein eher harter Typ zu sein. Soll ich ihm sagen, daß Sie nicht gestört werden möchten?«

Wenn man versucht, allen möglichen Menschen – vor allem in New York – zu helfen, muß man auf fast alles gefaßt sein; aber Angst ist eigentlich niemals eine gute Reaktion. »Führen Sie ihn herein«, sagte ich. In der Folge machte ich eine der außergewöhnlichsten Erfahrungen in meiner Beratungspraxis.

Der Mann hatte ein wildes Leuchten in den Augen. »Schauen Sie«, sagte er, »ich habe Sie heute an der nationalen Versammlung der Immobilienhändler im Hotel Hilton in New York gehört und sagte mir: ›Auch wenn er Pfarrer ist, so scheint er doch ein verständiger und vernünftiger Kerl zu sein und würde mich nicht mit diesem Zeug von Gott und Jesus behelligen.‹«

Nach dieser Einleitung erzählte er mir, daß er Alkoholiker sei. »Ich habe von mir die Nase total voll.« Er fügte hinzu, daß er in den sechziger Jahren ein Rebell gewesen sei und später im Immobiliengeschäft ein Vermögen erworben habe. »Aber was hat mir das gebracht?« sagte er fragend und gestand, daß er, obgleich er fast alles hatte, was er gewollt und mit Geld kaufen konnte, sich »innerlich leer« fühle. Nachdem er eine herzzerbrechende Leidensgeschichte erzählt hatte, sagte ich: »In Ihrer Jugend haben Sie bestimmt viel Negatives in sich angestaut. Sie sind ja wohl kaum viel über dreißig.«

»Ich bin 32 und ein Versager. Außer Geld zu scheffeln habe ich es zu nichts gebracht und am Leben vorbeigelebt. Ich sag' Ihnen, ich bin ausgelaugt. Offenbar haben Sie eine Antwort darauf. Um Gottes willen, tun Sie etwas für mich.«

»Einverstanden. Aber ich bin kein Wunderheiler, überhaupt nicht«, versicherte ich ihm. »Und die Erfahrung fehlt mir auch, um Ihnen zu helfen, so leid es mir tut. Aber ich weiß, wer Ihnen helfen kann und helfen wird. Es ist einer, den Sie offensichtlich nicht mögen.«

»Wer ist das?« fragte er.

»Gott. Bitten Sie Ihn, Ihnen zu helfen. Er kennt sie durch und durch. Er liebt Sie und kann alles besser machen, indem Er Sie besser macht.«

Er sprang auf: »Also sind Sie genau so wie alle übrigen religiösen Fanatiker. Von Ihnen erwartete ich etwas Gescheiteres; aber ihr kommt mit diesem Gott- und Jesus-Zeug daher.« Mit diesen Worten ging er, ohne sich mit einer einzigen Silbe zu verabschieden, hinaus. Alles, was ich tun konnte, war, ihm ein Gebet nachzuschicken.

Etwa eine halbe Stunde später schaute meine Sekretärin wieder herein. »Er ist wieder da, noch aufgebrachter.« – »Wer denn?« – »Der Mann, der wütend rausging.«

Als er eingetreten war, lief er auf und ab. »Ich will etwas wissen: Bin ich verrückt? Habe ich einen Klaps? Sagen Sie's mir!«

Ich bat ihn, sich zu setzen und mir zu sagen, was geschehen war. Er erzählte darauf die beinahe unglaubliche Geschichte – unglaublich, weil sie von einem scheinbar hartgesottenen, weltklugen New Yorker kam. Nachdem er mein Büro verlassen hatte, war er blindlings westlich zur 29. Straße gegangen, über den Broadway und dann die Sixth Avenue, wobei er vor sich hin stampfend mit sich selbst verärgert murmelte: »Gott, Gott, Jesus, Jesus. Das ist alles, was sie wissen; das ist alles, was sie zu sagen haben: nichts als Gott, Gott, Gott – o Gott!« Dann geschah etwas. Obschon es dunkel war, schien die Straße zwischen der Sixth und der Seventh Avenue plötzlich von Licht erfüllt zu sein. Die Menschen, die vorbeigingen, hatten leuchtende Gesichter und schienen sehr schön zu sein. Der Gehsteig begann zu wogen, bewegte sich auf und ab. Und über allem war Licht, »eine Art irdisches Licht«.

Er beugte sich vor; auf seinem Gesicht zeichnete sich etwas wie Angst ab. »Was ist mir geschehen? Irgendwie fühle ich mich ruhig und gereinigt. Was ist dort mit mir geschehen, und warum?«

»Ich weiß es nicht«, erwiderte ich, »ich weiß es ehrlich nicht.« Ich zögerte, ihm zu sagen, was ich dachte – aus Angst, er könnte wieder »rückfällig« werden. »Ich kann nur sagen, daß ich einst ein Buch gelesen habe. Den Titel habe ich vergessen und weiß auch nicht, wer es geschrieben hat, aber es handelte von mystischen Erlebnissen.«

»Was ist das, ein mystisches Erlebnis?«

»Auch das weiß ich wiederum nicht genau – außer daß es, wie ich glaube, etwas Außersinnliches ist, etwas Jenseitiges – das heißt, es scheint wenigstens so zu sein. Aus Erfahrung kann ich dazu nicht viel sagen«, fuhr ich fort. »Doch als meine Mutter, die in einer kleinen Stadt außerhalb New Yorks lebte, plötzlich starb, stand ich fassungslos neben dem Pult dort drüben und legte die Hände auf die Bibel; da verspürte ich deutlich, wie sich zwei Hände sanft auf meinen Kopf legten. Ich glaube aber, daß Sie jemandem begegnet sind, den Sie nicht mögen: Gott. Es könnte sogar sein, daß, selbst wenn Sie Ihn nicht lieben, Er Sie liebt und sich auf diese ungewöhnliche Art geoffenbart hat.«

»Aber ich habe ja keine Stimme gehört«, sagte er, »nur Licht und Schönes und Kraft gesehen, die mich auf die Welle auf dem Gehsteig gehoben haben. Habe ich denn ein Wunder erlebt? Und wenn ja, warum gerade ich?«

»Ich weiß es nicht. Klingt schon unwahrscheinlich, nicht? Doch Gott wendet sich oft unwahrscheinlichen Menschen zu. Ich glaube, daß Gott Sie will.«

»Wollen Sie damit sagen, ich müsse sterben?«

»Nicht unbedingt; vielleicht will Er, daß Sie leben, daß Sie wirklich in Seinem Sinne leben: voller Freude.«

Er nahm meine Hand und sagte ergriffen: »Danke, hab Dank, Norman!«

»Aber ich habe ja nichts gemacht, rein gar nichts«, widersprach ich.

»Sie waren nett zu mir; ich weiß, daß ich grob war, aber Sie waren nett zu mir.«

»Alles, was ich getan habe, war, Ihnen ein Gebet nachzuschicken.«

Wie die Geschichte dieses Mannes, den ich nachher nur gelegentlich traf, zu Ende ging? Etwas war unvergeßlich: Ein totaler Alkoholiker wurde von seiner Sucht befreit und hatte danach kein Verlangen mehr.

Er wurde freundlich, zugänglich und half lebensfroh und begeistert den anderen. Die Menschen mochten ihn. Dann eines Nachts – er war 47 – starb er plötzlich. Soviel ich weiß, war er bis zu seinem Ableben glücklich.

Einige mögen sagen, es sei ein kurzes Leben gewesen. Dazu kann ich aber nur sagen, daß nicht die Jahre zählen, sondern die Lebensqualität. Zudem waren die Jahre nach seinem Erlebnis erfüllt, glücklich und erregend. Eines ist sicher: Ich werde ihn nie vergessen. Seine innere Leere wurde zweifellos gefüllt. Eine solche Erfahrung habe ich mit keinem anderen Menschen gemacht. Aber auch in weniger dramatischen Fällen führten Gefühle der Leere zu einem bemerkenswert erfüllten Leben.

Von diesem ungewöhnlichen Erlebnis habe ich hier nicht berichtet, um Ihnen weiszumachen, Ihre Leere müsse zwingend auf solch dramatische Art gefüllt werden. Unser Schöpfer, der alles, was Wissenschaftler je entdeckt haben, erschaffen hat, setzt solche »himmlischen« Methoden nicht sehr oft ein. Es scheint, Er erwarte von uns, daß wir jenes unerklärliche Ding namens Kopf verwenden, das Er jedem von uns eingegeben hat: die Kraft des Denkens.

Wenn man bedenkt, daß unser Ausweg aus Mißerfolg, Not und Ablehnung und das Erfüllen unseres leeren Menschseins mit Freude, Begeisterung und der eigentlichen Lebensverwunderung mit allen gewaltigen, damit verbundenen Veränderungen als Wunder bezeichnet werden könnte...

Dies bestätigt einer der vielen Briefe, die ich aufbewahre. Ich erhielt ihn von Vito A. Celender, der in Pittsburgh im Bereich der Schönheitsprodukte tätig ist.

> *Lieber Herr Dr. Peale*
> *Vor Jahren bereitete ich in einem Hotel in Johnstown, Pennsylvania, als Verkäufer für den nächsten Tag einen Anruf an einen Kunden vor. Ich war, gelinde gesagt, ängstlich; denn dies war mein erster Anruf.*
>
> *Es war in den mittleren siebziger Jahren, und ich kam eben aus der sogenannten Hippie-Zeit heraus, oder was immer sie war. Auf jeden Fall hatte ich ein Exemplar von* PLUS *bei mir, Ihrer Zeitschrift für positives Denken, die mir in die Hände gekommen war. Sie lehrte mich und ließ mich glauben, daß, wenn Gott für mich ist, niemand gegen mich sein kann. Noch heute denke ich daran, wenn ich mich auf eine Produktpräsentation vorbereite oder meine Kinder lehren muß, im Hinblick auf einen besonderen Anlaß Vertrauen zu haben.*
>
> *Daher heißt das, was ich Ihnen zu sagen versuche: Danke! Dr. Peale, Sie haben meinem Leben eine gewaltige Wendung gegeben und, wie ich hoffe, ebenso dem Leben meiner Kinder. Diese Zeilen würde ich Ihnen am liebsten tausendmal schreiben.*
>
> *Nochmals vielen Dank.* *Vito*

Solche Briefe zu erhalten ist eine meiner größten Befriedigungen. Ich habe Tausende von solchen Briefen, und jeder einzelne gibt mir wirklich Ansporn. Und jeder zeugt von einem veränderten Leben: von einem in Verzweiflung geratenen Menschen, der die Freude wiedergefunden hat und seine Leere gegen ein reiches, erfülltes Leben ausgetauscht hat.

Einst war ich Gast an einem Rundfunkgespräch in San Francisco. Ich mag Talkshows deshalb nicht, weil man nie weiß, welche Fragen auf einen zukommen, und man ebensowenig weiß, welche Antwort man dann darauf gibt. An dieser Show tauchte ein Mann auf und fragte: »Dr. Peale, sind Sie das?«

»Ja, so ist es.«

»Sind Sie sicher, daß Sie's sind?«

»Soviel ich weiß, bin ich's.«

»Sie sprechen immer vom positiven Denken, nicht wahr?«

»Nicht immer.«

»Also«, fuhr er fort, »ich kaufe dieses Positiv-Denken-Zeug nicht! Ich habe ein Problem, mit dem Sie nicht zurechtkommen. Sie könnten ebenso einen Kopfstand machen, denn Sie können es nicht lösen.«

Ich erwiderte: »Wenn dem so ist ... Weshalb sprechen wir denn noch weiter darüber?«

»Weil ich eine Antwort bekommen will. Hier ist die Frage: Ich bin 52 Jahre alt und arbeitslos. Sie wissen selbst, daß ein Mann mit 52 keine Arbeit kriegt. Zudem bin ich nicht intelligent. Ich habe keine gute Berufserfahrung. Ich hatte keine Ausbildung, und niemand mag mich. Was sagen Sie mir jetzt zu all dem?«

Ich fragte zurück: »Wieso wissen Sie, daß Sie nicht intelligent sind?«

»Als ich ein kleines Kind war, sagte man mir, ich hätte

nichts im Kopf; die ganze Intelligenz der Familie sei an meinen Bruder gegangen.«

»Wer hat Ihnen das gesagt?«

»Mein Bruder.«

»Aber so, wie Sie reden, scheint es mir, daß Sie intelligent sind.«

Dann fuhr ich weiter: »Sie wollen mir doch nicht weismachen, ein 52jähriger bekomme keine Arbeit! Letzte Woche habe ich einen Mann angestellt, der 59 Jahre alt ist. Das Problem liegt darin, daß Sie unterdrückt sind. Wenn Sie sich hochrappeln, bin ich sicher, daß Sie eine Arbeit kriegen.« Dann ging ich zu einem anderen Punkt über. »Sie sagten, keiner möge Sie. Wer denn?«

»Niemand mag mich.«

»Da liegen Sie aber völlig schief, denn ich mag Sie. Mögen Sie sich selbst?«

»Darüber hab' ich nie nachgedacht.«

»Wenn Sie so weit kommen, daß Sie sich selbst mögen, werden Sie feststellen, daß Sie das Zeug haben, um einen Job zu finden und großartige Arbeit zu leisten.« Ich fügte hinzu: »Sie müssen Ihren Nachbarn so wie sich selbst lieben. Aber Sie können Ihren Nachbarn erst dann lieben, wenn Sie sich selbst lieben.«

Schließlich fragte er: »Werden Sie für mich beten?«

»Aha, das läßt sich hören! Natürlich bete ich für Sie, und Sie werden für sich beten.«

Darauf fragte er: »Ist das positives Denken?«

»Nein, das ist Ihr Glaube an sich selbst und der Glaube an einen guten Gott; bestimmt aber ist es nicht *negatives* Denken.«

Etwas sechs Wochen später erhielt ich von diesem Mann die Mitteilung, daß er Arbeit gefunden hatte. Er sagte: »Es ist kein Suberjob, aber, glauben Sie mir, mit der Zeit werde ich mich durchschlagen und dann einen gewaltigen Job daraus machen!«

So muß man denken und sprechen! Nehmen Sie, was Sie bekommen können, und machen Sie das Beste daraus. Arbeiten Sie daran, bis es zu etwas Großartigem geworden ist. Negativ denkende, elendigliche, geschlagene, unglückliche und entmutigte Menschen gibt es überall. Man braucht nicht so eingestellt zu sein – weder sich selbst noch dem Heimatland, noch der Zeit gegenüber, in der man lebt. Sagen Sie also zu sich und zu Ihrem Mann bzw. zu Ihrer Frau: »Weißt du was, Schatz? Von jetzt an bin ich aufgestellt.« Eine Zeitlang verunsichern Sie Ihren Partner natürlich, aber er wird sich an den neuen Zustand gewöhnen. *Aufgestellt* heißt das Losungswort.

Sobald Sie sich aufgerichtet haben, begeistern Sie sich für das Leben. Wenn Sie nicht begeistert sind, so können Sie es werden. Wie? Die Antwort lautet: Handeln Sie so, als wären Sie begeistert. Das ist einer der wichtigsten psychologischen Grundsätze, die je aufgestellt wurden. Wenn Sie also angsterfüllt sind, aber voller Mut sein möchten, müssen Sie handeln, wie wenn Sie Mut hätten, und Sie werden zur richtigen Zeit mutig sein.

Interessanterweise gibt es viele Menschen, die ein leeres Leben führen und sich mit dem Gewöhnlichen zufriedengeben. Leider merken sie erst in den späteren Lebensjahren – manchmal gar zu spät –, was sie verpassen.

Ich kenne einen solchen Mann. Als er noch jung war, spürte er nicht, wie leer sein Leben war, bis er dann auf einem Schiff durch eine glückliche Fügung jemandem begegnete. Dieser Mann heißt Peter Grace. Als höchster Manager der W. R. Grace & Co., einer weltweit tätigen Gesellschaft, ist er Geschäftsmann, Philantrop; er hat drei amerikanischen Präsidenten in beratender Funktion geholfen, kürzlich als Vorsitzender des präsidialen Prüfungsausschusses der Kostenkontrolle, der auch unter dem Namen *Grace Commission* bekannt ist.

Wie Peter Grace erzählt, war er als junger Mann keineswegs daran interessiert, im Geschäftsleben anderen zu helfen. Denn nachdem er an der Universität Yale promoviert hatte, freute er sich auf viele spaßige Jahre im Sport. Er setzte sich voll und ganz ein, um Hockey-Torhüter zu werden, um Coach einer Preise gewinnenden Polomannschaft und zu einem Spitzengolfspieler zu werden.

Sein scharfsinniger Vater forderte ihn indessen auf, in Peru eine Aufgabe in einem der südamerikanischen Tätigkeitsbereiche der Unternehmung zu übernehmen. Peter betete zu Gott und bat um Hilfe. Die Antwort, die er bekam, war: »Geh!« Das wollte er nicht gehört haben, aber an einem kalten Novembertag im Jahre 1938 war er dann doch an Deck eines Ozeandampfers, der den Hafen von New York in Richtung Südamerika verließ.

»Ich fühlte mich richtiggehend erbärmlich«, erzählte er. »Mir war's, als wäre ich so tief unten wie die Eisschollen im schäumenden Wasser um die Pierpfosten herum.« Er ließ nicht nur ein Leben voller Spaß und Sport zurück – in letzter Minute erfuhr er auch, daß einer seiner besten Freunde, der ihn hätte begleiten sollen, nicht mitfahren konnte.

Als die Schiffssirene zum Abschied aufheulte und das Schiff in den grauen Atlantik hinausstach, legte sich eine Hand auf Peters Schulter. »Ich drehte mich um und sah das lächelnde Gesicht eines Priesters. Gewelltes weißes Haar umrahmte ein liebliches Gesicht, dessen Wangen vom Meerwind leicht gerötet waren.

›Sind Sie nicht Peter Grace?‹ fragte der Priester mit weicher, freundlicher Stimme.«

Peter bejahte zögernd. Der Priester stellte sich als Pater O'Hara vor; er war seinerzeit Präsident der Universität von Notre-Dame gewesen. Schon bald waren die beiden im Gespräch. Der Priester, der Peters Verstimmung verspürt hatte, fragte, ob er während der Reise bei ihm zu Tisch sein dürfe.

»Die erste Mahlzeit war für mich der Beginn einer neuen Reise«, sagt Peter Grace. »Nie zuvor hatte ich jemanden wie Pater John O'Hara getroffen.«

Der Vater des Priesters war amerikanischer Konsulatsbeamter gewesen, und Pater O'Hara war in Südamerika aufgewachsen, kannte die dortige Sprache und berichtete von der wechselvollen Geschichte jedes Hafens, den das Schiff anlief.

»Aber meine Gedanken schienen ihn am meisten zu interessieren«, sagte Peter. »Noch lange nach dem Nachtisch sprachen wir miteinander. Ich gestand ihm meine Entrüstung darüber, daß ich einen herrlichen Lebensstil wegen einer wahrscheinlich eintönigen Verantwortlichkeit aufgeben mußte.«

Der Priester erzählte auch einiges von sich. Er sagte, wie schwer es oftmals ist, neue Aufgaben zu übernehmen, und fügte hinzu: »Gott weiß, was für uns das Beste ist, mein Sohn – viel mehr, als wir es wissen.«

Ohne daß es Peter so recht eigentlich merkte, zeigte ihm der Priester ein umfassenderes Blickfeld, und Peter sah das Leben allmählich auf neue Art. »Ich kam hierher und sah das Schiff als eine Welt für sich«, sagte er. »Zunächst waren die Mitglieder der Mannschaft lediglich belanglose Figuren im Hintergrund; aber dann begann ich sie in einem klareren Licht zu sehen. Jeder hatte eine Aufgabe zu erfüllen, und ich vermochte ihren Beitrag zum Funktionieren unserer kleinen Welt zu schätzen.«

Peter erkannte, daß ohne solche Frauen und Männer wie

das Bedienungspersonal, die Maschinenraumputzer, die Navigatoren und der Zahlmeister, die tagein, tagaus ihre besondere Verantwortlichkeit sorgfältig wahrnahmen, das Schiff niemals seinen Bestimmungsort erreichen würde. Und er dachte immer mehr darüber nach, welchen Beitrag zu dieser Welt er denn bisher geleistet habe.

»Eine Geschichte aus der Bibel kam mir in den Sinn«, sagt er, »das Gleichnis von den drei Männern, die von ihrem Meister Talente erhielten. Die ersten beiden vermehrten die ihren und wurden belohnt, aber der dritte vergrub das seinige und wurde bestraft. Anfänglich dachte ich, der dritte Mann habe befürchtet, das, was ihm anvertraut wurde, zu verlieren, aber dann brachten mich die Gespräche mit Pater O'Hara auf eine neue Betrachtungsweise. Der dritte Mann hatte keine Angst; er wollte einfach die Verantwortung nicht übernehmen.«

»Ich merkte, daß dies der Grund war. Es wurde Zeit, daß ich die Verantwortung für mich selbst übernahm. Das war es, was mir Pater O'Hara gegeben hat; er half mir, meine Aufgabe in einer Welt zu erkennen, in der die Menschen zwangsläufig voneinander abhängen. Jetzt wußte ich, daß, was immer ich bei meiner neuen Aufgabe in Peru antreffen würde und welchen Beitrag ich schließlich zu unserer Welt leisten könnte, all das mehr zu einem erfüllten Leben führt als der Spaß und die Sportspiele, die ich in New York zurückgelassen hatte.«

Jawohl, Peter hatte gelernt, wie er sein leeres Leben – auch wenn es ihm damals recht vergnüglich erschienen war – in ein reicherfülltes Leben im Dienste der Mitmenschen verwandeln konnte. Als Leiter der W. R. Grace & Co. ist Peter mit einigen harten Situationen konfrontiert worden, und er ist der erste, der Ihnen sagt, daß es schwierig sein kann, sich selbst auf höhere Werte auszurichten. Aber alles, das es wert ist, erreicht zu weden, ist hart und mit Willen, Ziel und Zweck, Fehlhandlungen, Mißerfolgen, Aufraffen und – trotz aller Rückschläge – mit dem unerbittlichen Vorwärtsgehen verbunden. Peter Grace könnte Ihnen aber auch sagen, daß Freunde und Zufriedenheit ein wohlverdienter Lohn dafür sind.

Viele Menschen, die sich selbst als »ausgelaugt und leer« bezeichneten, haben mich besucht. Manchmal kommen sie, um zu rechten und ihre Meinung zu verfechten, viel häufiger aber, um Hilfe zu suchen.

Einige von ihnen sind geradezu feindselig gewesen. An einen Fall erinnere ich mich ganz besonders. Als ich mich nach einer Versammlung von den Teilnehmern mit Handschlag verabschiedete, weigerte sich ein junger Mann, meine Hand, die ich ihm entgegenstreckte, zu nehmen.

»Wann kann ich mit Ihnen unter vier Augen sprechen?« fragte er. »Doch wahrscheinlich sind Sie völlig ausgebucht«, sagte er spöttisch lächelnd.

Er war das, was ich als Notfall bezeichne.

»Wie wär's, wenn wir gleich jetzt sprächen?« gab ich zurück. Ich ließ die Leute, die darauf warteten, mir auf Wiedersehen zu sagen, beiseite, nahm seinen Arm und führte ihn in mein Büro. Er sagte, sein Name sei Jim. Ich bot ihm einen Stuhl an, doch er ging wütend vor meinem Pult auf und ab und zog in den lautesten Tönen über die Kirche her.

»Ich kam wie Sie von außerhalb New Yorks«, rief er aus, »und was hab' ich mir angehört? All das Gewäsch, das ihr Pfaffen rauslaßt. Ich sag' Ihnen was: Ich habe die Nase voll! Es ist derselbe alte Mist wie seit eh und je, und Sie sind noch schlimmer als die Kerle außerhalb New Yorks, weil sie von diesem Positiv-Denken-Humbug schnattern.«

»Leben Sie hier in der Stadt?« fragte ich ruhig.

»Ja, ich arbeite in der City.«

»Was machen Sie beruflich?«

Er schaute mich schräg an. »Ha, ich hab' einen guten Job.« Er lachte sarkastisch. »Wieso fragen Sie? Wollen Sie eine Spende? Ich hab' für die Kirche nichts übrig. Hat mir nie geholfen.«

Während unseres Gesprächs versuchten andere Menschen, zu mir ins Büro zu kommen. Ich sah, wie meine Sekretärin aufgelöst hin- und herlief. Mir schien es aber am besten zu sein, diesen jungen Mann reden zu lassen. Schließlich merkte er es. »Hallo«, sagte er, »warum widmen Sie mir soviel Zeit?«

»Nun«, erwiderte ich, »vielleicht sind Sie sich dessen nicht bewußt, aber die Einrichtung, Kirche genannt, ist auch ein Spital für Durcheinandergeratene und Verdrehte, und Sie scheinen mir einer der interessantesten Vertreter jener geistig und seelisch Betroffenen zu sein, denen ich in letzter Zeit begegnet bin. Ich will Ihnen jede Menge Zeit geben, damit Sie alles ausspucken können; so erfahre ich als geistiger und seelischer Arzt viel eher, wie ich Sie in Ihrer Sorge behandeln kann, die – wie ich befürchte – aufs Endstadium zugehen könnte.«

»Also bin ich für Sie eine Leiche«, sagte er finster.

Ich gab mir Mühe, nicht zu lächeln. »Sie machen sogar mit Ihren Worten ein Durcheinander. Eine Leiche kann nicht sprechen. Der ganze Haß stirbt mit einer Leiche. O nein, lieber Freund, Sie sind keine Leiche. Sie sind ein lebender Patient, dessen ich mich annehmen möchte. Doch Sie scheinen mich nicht zu mögen, und wenn Sie einen Arzt kommen lassen, so müssen Sie ihn mögen, falls er für Sie etwas Heilsames tun soll.«

»O. k. Wenn Sie schon so klug sind: Welche Krankheit habe ich?«

Das war der Durchbruch, auf den ich gehofft hatte.

»Frisch von der Leber weg gesagt, würde ich diagnostizieren: Mangel an Verwendung eines scharfsinnigen Kopfes.«

Dies brachte ihn für eine Weile zum Schweigen. Dann schlug er einen anderen Kurs ein und gab zurück: »Was soll das ganze Zeug mit der Sünde?«

»Mein Freund, wir alle sind Sünder, doch zu unserem derzeitigen Thema paßt viel eher die Tatsache, daß die einzige Sünde, die ich bei Ihnen sehe, darin besteht, daß Sie mit Ihrer Intelligenz wie ein Blödian handeln. Meiner Meinung nach sind Haß, Nachtragendsein und Feindseligkeit einige der größten Sünden. Und so wie ich Sie aufgrund Ihrer Einstellung beurteile, müssen Sie gewaltige Schuldgefühle haben.«

Er hörte auf, hin- und herzugehen und schaute mich an.

»Ich achte, ja bewundere sogar Ihren Scharfsinn«, fuhr ich fort. »Wenn Sie aber hierher in eine Kirche gekommen sind, die Sie, wie Sie mir weismachen wollen, zu verabscheuen suchen, und von mir erwarten, daß ich für Sie etwas tue, so lassen Sie's bleiben. Ich bin nicht der, den Sie brauchen.«

Er starrte mich mit offenem Mund an. »Sie als hochkarätiger Pfarrer mit all Ihrem Wissen sagen mir, Sie könnten mir nicht helfen? Wer kann's sonst?«

»Nun ja, ich weiß zwar, daß es einfach klingt und Sie dazu neigen, meine Empfehlung abzulehnen, aber ich kann Sie jemandem überweisen, der Sie wieder auf den Weg zurückbringt«, sagte ich ruhig. »Er wird Sie von all den Wirrnissen befreien und dieses Gefühl der Leere durch ein Gefühl wahren Friedens und echter Zufriedenheit ersetzen. Dieser Arzt ist aber sehr teuer.«

»Oh, machen Sie sich deswegen mal keine Sorgen«, unterbrach er mich.

Ich schwieg einen Augenblick lang und sagte dann: »Er

will *alles,* was in Ihnen steckt. Er will Sie, und zwar Sie selbst, als Pfand.«

Der Mann schaute mich verdutzt an, wandte sich ab und ging zum Fenster, wo er eine Weile stehenblieb. Dann sagte er still: »Sie meinen Jesus.«

»Kluger Mensch«, sagte ich ruhig.

Er drehte sich vom Fenster weg, ging zum Sessel auf der anderen Seite meines Pultes und ließ sich hineinfallen. Eine Zeitlang schien er an etwas weit Zurückliegendes zu denken; dann wandte er sich mir zu.

»Dr. Peale, ich kannte Jesus, bevor ich hierherkam. Ich habe an Ihn geglaubt, als ich noch jung war. Aber irgendwie habe ich im Verlaufe der Zeit, während der Ausbildung am College und des Strebens in der Geschäftswelt, die Beziehung zu Ihm verloren.«

Jim bemerkte es nicht, doch in ebendiesem Moment löste er sich aus dem Teufelskreis seiner auslaugenden Leere. In unseren Gesprächen während der folgenden Wochen brachte er seine Einstellung und seine Gefühle wieder in Ordnung. Er hörte auf, gegen das zu kämpfen, von dem er wußte und spürte, daß es die Wahrheit ist. Er fand sich allmählich selbst wieder. Er lernte, was *Glauben* bedeutet: zu jenem Menschen werden, zu dem wir bestimmt sind. Er glaubte wieder an das Leben, an sich, an die Gegenwart, an die Zukunft und an die Beziehungen zu den Mitmenschen.

Jim gelangte rundherum zu einer geistigen und seelischen Lebenskraft, wie ich sie nur selten bei Menschen angetroffen habe, mit denen ich zu tun hatte; er wandte sich so einem mit Freude erfüllten Leben zu.

Und das hat er noch heute, nach zwölf Jahren. Kürzlich war ich in einer Stadt im Westen Amerikas. Da kam ein stämmiger, kräftiger Mann auf mich zu und umarmte mich so fest, daß ich beinahe den Atem verlor.

Es war Jim. »Teilen Sie immer noch dieses Gewäsch aus, Herr Pfarrer?« fragte er mit einem breiten Grinsen, wobei er zu einem freundschaftlichen Schlag ausholte, dem ich geschickt auswich.

Ja, die Ausgelaugten werden zu Erfüllten. Die Leeren füllen sich. Jene Abermillionen von »Baby-Boomern« und andere, die auf der Suche nach etwas sind, an das sie glauben können, werden für ihr Verlangen belohnt. In den vergangenen Jahren haben aufgeschlossene Wissenschaftler und Forscher Studien über Haltungen, Empfindungen und Glauben angestellt. Ihre umwerfenden Schlußfolgerungen beweisen erneut, daß weise Männer wie Jesaja, Jeremia und Moses sowie Matthäus, Markus, Lukas und Johannes – sowie Jesus – recht haben: damals und heute.

Bekämpfen Sie nicht die *Wahrheit,* sondern entdecken Sie vielmehr unsagbare Freude.

KAPITEL 9

Die Angst verlieren und den Glauben stärken

Lassen Sie mich von einer Zeit berichten, in der die Vereinigten Staaten von Angst erfüllt waren. Während der großen Wirtschaftskrise der dreißiger Jahre war ich Pfarrer der Kirche an der Fifth Avenue in New York. Ich irre mich wohl nicht, wenn ich sage, daß diese große Stadt noch nie eine so traurige Zeit erlebt hat. Die Menschen gingen durch die Straßen und suchten vergeblich eine Arbeit. Es war eine anerkannte Tatsache, daß keiner über dreißig eine Arbeit bekam. Leute, die einst wohlhabend waren, standen an den Suppenschenken an, die an den Straßen errichtet worden waren, die vormals als die besten der Stadt galten. Läden schlossen, Fabriken wurden stillgelegt.

Jeder, der das Glück hatte, eine Anstellung zu haben, erlitt mehrmals Lohnkürzungen. Die negativ Denkenden, die wie üblich in widerwärtigen Zeiten auftauchten, verkündeten, daß das Land am Ende sei. Ich nahm an einem Mittagessen des Rotary-Klubs teil, an dem der Redner, der damals als einer der führenden Finanzpolitiker galt, erklärte: »Nie wieder werden wir in den Vereinigten Staaten Wohlfahrt haben.« Seither ist meine Achtung Prognostikern gegenüber mit Skepsis belegt.

Eine Wolke der Düsternis und der Angst hing über der gesamten Stadt. Da ich meine Reden immer an die Menschen und ihre Bedürfnisse richte, kamen immer mehr Menschen, um unsere positive Aussage zu hören: Unsere Nation *wird* leben, Gott *ist* immer noch mit uns, und bessere Tage *werden* kommen. Die Menschen kamen in solcher Zahl für eine persönliche Beratung zu uns, daß wir kaum wußten, wie und wann wir sie alle empfangen sollten.

Ich war überhaupt nicht darauf vorbereitet, Menschen zu beraten, die sich in einer verzweifelten Lage befanden – um so weniger, als ich schon fast seit zehn Jahren die Theologie-Fakultät verlassen hatte, wo damals in Psychologie keine Vorlesungen angeboten wurden. Doch zwei Dinge sind mir gelungen: Ich kümmerte mich darum, und ich hörte zu. Aber ich brauchte nach wie vor Hilfe. Daher ging ich zum Generalsekretär der *New York County Medical Society* und fragte ihn, ob er mir einen Psychiater nennen könne, der ebenfalls ein geistig empfindsamer Mensch ist. Schon bald machte er mich mit einem der größten Menschen bekannt, die ich je angetroffen hatte: mit dem verstorbenen Dr. Smiley Blanton, einem der damals bekanntesten und geachtetsten Psychiater. Er war ein sehr intelligenter Mann, dessen Augen hinter der Hornbrille leuchteten.

Ich erzählte ihm von meiner mißlichen Lage, unermeßlichen menschlichen Problemen gegenüberzustehen und eine nur mangelhafte Erfahrung zu haben. Ich fragte ihn, ob er mir unter die Arme greifen könne. Seine Antwort war überraschend: Er fragte mich, ob ich an die Kraft des Gebetes glaube, und sagte, er habe lange Zeit gebetet, um eines Tages einem Pfarrer zu begegnen, mit dem er »gewissermaßen eine Verbindung der Lehre der Psychologie mit der Lehre der seelsorgerischen Heilkunde aufbauen könnte«.

Wir wurden deswegen beide kritisiert: er von anderen Psychiatern und ich von vielen Pfarrern, denn damals bestand zwischen der Geistlichkeit und der Psychiatrie gegenseitig tiefes Mißtrauen. Auf jeden Fall errichteten wir zusammen die *Religions- und Gesundheitsinstitute,* die zu den am meisten geachteten Heilanstalten des 20. Jahrhunderts wurden. Heute heißen sie *Blanton-Peale-Institut.*

Dr. Blanton tat sich bei den Beratungen von Menschen mit mir zusammen; eines Tages sagte er: »Was wir in diesen Menschen sehen, hat nichts mit Not und Pein zu tun; sie sind im Geist krank, und das zeigt sich in einer ganzen Reihe von physischen Symptomen.«

»Worum handelt es sich denn bei dieser Plage, Herr Doktor?« fragte ich.

»Um Angst, einfach um die immer wieder auftauchende Angst.« Er fügte hinzu: »Angst ist die größte Plage unserer Zeit.«

Ich war überrascht und fragte, ob Angst die Menschen wirklich physisch krank machen könnte. »Und ob, und zwar in geradezu epidemischem Ausmaß.« Ich erinnere mich an etwas, das der Arzt sagte: »Angst ist die subtilste und zerstörerischste aller menschlichen Krankheiten.« Diese Redensart, die damals für mich neu war, entmutigte mich angesichts der zahllosen Probleme, die durch die weitverbreitete vernunftswidrige Angst entstanden waren. Beinahe verzweifelt fragte ich daher: »Was können wir dagegen machen?«

Dr. Blanton schaute mich gelassen an. Ich wußte, daß er ein hochgebildeter Wissenschaftler war, der früher in Wien mit Freud zusammengearbeitet hatte. Später stand er mit dem College of Physicians and Surgeons in London in Verbindung und war darauf an der Fakultät der Universität von Wisconsin.

»Mein lieber Freund«, sagte er, »auf dieser Welt gibt es zwei gewaltige Kräfte; die eine davon ist die Angst. Mit Ausnahme der andern ist sie die mächtigste. Die andere ist der Glaube. Der Glaube ist die stärkste aller Kräfte. Er allein ist stärker als die Angst. Und der Glaube, der tiefverwurzelt ist, kann die Angst aufheben. Der Glaube bewirkt Wunder.« Dr.

Blanton wurde in den Bergen von Tennessee geboren und erzogen. Seine Ausbildung erhielt er an der Universität von Vanderbilt und war nach seinen eigenen Worten »nach wie vor ein berglerischer Methodist, im Glauben aufgezogen und verankert«.

»Gib ihnen den Glauben, Norman, gib ihnen einfach den Glauben. Lehre sie zu glauben. Das ist die einzige Medizin, welche die Krankheit Angst heilen kann. Aber sie kann es; zweifle niemals daran.«

»Glauben an was, Smiley?«

»›Glauben an was?‹ fragst du mich, du als Pfarrer? Ausgerechnet du fragst mich, woran man glauben soll? Du solltest deinen Sprachgebrauch in ›Glauben an *wen*‹ ändern. Denn die Antwort heißt natürlich: an unseren Gott glauben. Warte einen Augenblick; ich will dir etwas vorlesen.« Er nahm eine Bibel von meinem Pult und fand darin rasch eine Stelle – so rasch, daß ich spürte, daß er sie bestens kannte. «Ich lese aus dem beliebtesten Psalm, dem 23sten: ›Und ob ich schon wanderte im finstern Tal, fürchte ich kein Unglück; denn du bist bei mir, dein Stecken und Stab trösten mich.‹«

»Und nimm eine Portion von dem mit«, sagte Dr. Blanton, indem er die Seiten zum Psalm 34, Vers 5, umblätterte. »Hör auf das: ›Da ich den Herrn suchte, antwortete er mir und errettete mich aus aller meiner Furcht.‹ Hast du das mitbekommen? Nicht aus ›meiner Furcht‹, sondern aus ›aller meiner Furcht‹. Das ist's, was wir sein müssen: Gläubige. Und wir müssen aus diesen angstgeplagten Menschen Gläubige machen. Sobald sie glauben, sind sie wieder im Lot – geistig und auch körperlich.«

Dies machte mir Eindruck, denn mir gegenüber war ein Absolvent mit Auszeichnungen von führenden medizinischen Fakultäten, einer, der die höchste Stufe im Spezialgebiet der Psychiatrie erlangt hatte, sich seinen Glauben seit seiner Kindheit bewahrt hatte und ihn in seiner wirtschaftlichen Tätigkeit einsetzte. Meine Bewunderung seiner Einstellung gegenüber kannte keine Grenzen, als er sagte: »Wir lernen, wenn uns die Wahrheit vor Augen gehalten wird. Dies ist eine der weisesten und tiefsten Erkenntnisse, die ich vor langer Zeit in einer hinterwäldlerischen Sonntagsschule vernommen habe. Nämlich das: ›Nun aber bleibt Glaube, Hoffnung, Liebe, diese drei; aber die Liebe ist die größte unter ihnen.‹« (1. Korinther, 13, 13) »Wenn wir einem Patienten dieses Rezept verschreiben, so zeigen wir ihm den Weg zu Gesundheit und Glück.«

Diese Erkenntnis war für Dr. Blanton offensichtlich das Höchste, denn eines Tages rief er mich an und sagte, er würde einen Patienten an mich überweisen: »Dieser Mann ist sehr religiös, im alten Stil; im Innersten bin ich, wie du weißt, von derselben Sorte. Aber er hegt Psychiatern gegenüber ein unterschwelliges Mißtrauen, als seien sie eine Menschenklasse, die es zu vermeiden gilt. Doch als ich ihm sagte, daß ich mit dir, einem Pfarrer, zusammenarbeite, war er sichtlich beeindruckt. Ich bin überzeugt, daß er dein Rezept gegen die Angst annimmt, zumal die Angst sein Problem ist und ihn zu ruinieren droht. Gib ihm deshalb Glauben.«

Als er mir den Namen des Patienten gab, war ich platt. Es war einer der größten Industriellen der damaligen Zeit. Nennen wir ihn Mr. Jones.

Als Mr. Jones zu mir kam, trat seine Managerfähigkeit auf Anhieb zutage: Er beschrieb sein Problem messerscharf. Im Geschäftsleben hatte er stets die Fähigkeit gehabt, ein Problem durchzudenken und die entsprechende Entscheidung zu treffen. Wie es seine Erfolge zeigten, war die Trefferquote seiner Entscheidung weit über dem Durchschnitt. Deshalb war er auch an die Spitze einer großen und erfolgreichen Unternehmung gekommen. Doch in letzter Zeit schien es, als hätte er seine Fähigkeit, Entscheidungen zu fällen, verloren. Und als er schließlich einen Entscheid traf, war er von der Angst geplagt, er könnte falsch sein.

Er sagte: »Ich weiß, daß meine Teilhaber meine Schwierigkeiten verspüren und für mich einstehen, aber mit diesem Zustand kann es nicht weitergehen. Zudem habe ich deswegen gesundheitliche Probleme. Ich brauche Hilfe.«

Auf meine Frage, ob Angst schon früher für ihn ein Problem gewesen sei, antwortete er, in seiner Jugendzeit habe er zuwenig Selbstvertrauen gehabt. Aber er hatte es überwunden – oder meinte es wenigstens. Doch seit man ihm diese große Verantwortung übertragen hatte, kehrte die Angst in noch erschreckenderem Maße als je zuvor zurück.

Ich hörte ihm voller Mitleid zu, denn genauso war es auch mir ergangen – was ich ihm auch sagte. »Aber, wie haben denn Sie Ihre Ängste überwunden?« fragte er.

»Ich stellte mir vor, wie die Angst aus mir weicht und wie dann der Glaube eintritt, bis ich spürte, daß er fest Fuß gefaßt hatte.«

»Sie meinen also wie ein Mechanismus?« fragte er.

»Ja. Darauf ließ ich Hoffnung und Liebe Fuß fassen. Sie kennen doch die drei Worte?«

»Sicher. Glaube, Hoffnung und Liebe.«

Ich verschrieb ihm ein »Rezept«: Wenn eine Entscheidung zu treffen ist, muß sie durchdacht sein; dann ist Gott um seinen Beistand zu bitten und daran zu *glauben,* daß man diesen Beistand hat. Er mußte unverzüglich auf der Grundlage dieses Denkens und dieser Führung handeln, die Entscheidungen treffen, sie Gott anempfehlen und dann das Ganze vergessen.

»Kennen Sie Mr. Kraft von der Käsefirma?« fragte ich.

»Ja, er ist ein hervorragender Geschäftsmann und ein liebenswürdiger Mensch.«

»Also, er hat mir erzählt, daß er in den Anfängen seines Unternehmens mit einem Fuhrwerk eigenhändig Käse ausgeliefert habe. Er hatte ein Pferd, das Paddy hieß. Wenn er jeweils so dahintrabte, sprach er laut von seinen Problemen, und Paddy wackelte zur Antwort mit seinen Ohren. Wenn er zum Beispiel bis Donnerstag nacht eine Entscheidung treffen mußte, so überdachte er sie und besprach sie mit Gott. Und das, was in seinem Kopf fest und unbeirrt haften blieb, war für ihn Gottes Antwort.

Mr. Kraft sagte mir: ›Entscheidungen, zu denen man mit dieser Methode gelangt, erweisen sich zu einem sehr hohen Prozentsatz als richtig.‹«

Mr. Jones sagte dazu: »Das leuchtet mir ein. Genau diese Technik will ich anwenden.« Nachdem er auf diese Weise mehrere Wochen gearbeitet hatte, berichtete er von Fortschritten. Seine Ängste verloren sich, so daß er wieder klar denken konnte. Im gleichen Maße besserte sich seine Gesundheit. »Die Angst hat mich beinahe kaputtgemacht, doch als ich begann, mich auf den Glauben zu verlassen, gewann der Glaube über die Angst die Oberhand.«

Wenn Angstgefühle Sie beim nächsten Mal zu übermannen drohen, so fragen Sie sich, was das Schlimmste ist, das Ihnen zustoßen könnte. Dann fragen Sie sich, ob es Ihnen je zugestoßen ist und welche Möglichkeiten sich daraus ergeben könnten. Ist die Möglichkeit, daß das Schlimmste nicht geschieht, nicht viel wahrscheinlicher als die winzige kleine Gefahr, daß es geschieht?

Während des Vietnamkrieges bat mich Präsident Nixon hinzufliegen und zu den Truppen an der Front zu sprechen, um die Soldaten auf den Schlachtfeldern zu ermutigen und die Verwundeten in den Spitälern zu besuchen.

Zunächst scheute ich vor diesem Auftrag zurück. »Herr Präsident«, sagte ich, »darf ich Sie daran erinnern, daß ich über dreißig bin. Zudem: Gibt es nicht einen sogenannten Generationenkonflikt?«

Seine Antwort war typisch für ihn. »Dort, wohin Sie gehen, besteht kein Generationenkonflikt zwischen wirklichen Männern.«

»Aber was wollen Sie, daß ich Ihren Truppen an der Front sage?« fragte ich.

»Sagen Sie ihnen das, was Sie immer in der Kirche predigen; sprechen Sie einfach auf diese Weise zu ihnen. Und was die Verwundeten angeht, so setzen Sie sich neben die Betten, und beten Sie mit ihnen.«

Es war wirklich ergreifend. Und somit ging ich hin.

In Vietnam war für mich ein Programm vorbereitet worden. Mein militärischer Rang war der eines Brigadegenerals; daneben verfügte ich über einen Obersten als Unterstützung, über einen Hubschrauber für die Verlegung und zwei Flugzeuge, die uns während der Flüge Schutz gewährten.

In vielen Gebieten sprach ich zu den Truppen. Doch der Zeitpunkt, der in meinem Gedächtnis haften bleiben wird, ist der, als wir für die 7. Marineeinheit, die zuvorderst an der Front war, einen Gedenkgottesdienst abhalten sollten. Mit dem Hubschrauber flogen wir zum Hügel 55. Er war von Artilleriefeuern weggefegt worden, so daß es rundum überhaupt keine Vegetation mehr gab. Der Hügel war mit Sandsäcken und anderen Schutzvorrichtungen umzäunt. Die Soldaten schliefen in Zelten, da sie im Einsatz waren.

Ich wurde von General Simpson, einem grauhaarigen US-Marineoffizier, empfangen. Ich mochte ihn von allem Anfang an, denn er war durch und durch ein Mann. Er wirkte bärbeißig, doch in ihm war das liebenswürdigste Wesen.

Er ging mit mir in einen kleinen Unterstand, wo die Feldgeistlichen waren. Welche Menschen! Nur selten habe ich solche gesehen, die ihnen gleichkamen.

Ich fragte einen römisch-katholischen Pfarrer, was seine Aufgabe sei.

»Zweimal in der Woche gehe ich zwanzig Meilen in den Dschungel zu einer entlegenen Stelle, um einem halben Dutzend Männern das heilige Sakrament zu geben.«

»Ist das nicht eine gefährliche Sache?«

»Doch«, antwortete er, »aber es ist nun einmal so.«

»Sind Sie freiwillig hierhergekommen, um das zu tun?«

»Natürlich.«

»Warum denn?« fragte ich.

Seine Antwort sagte alles. »Als Pfarrer widme ich mein Leben Jesus, unserem Herrn, und Seinen Kindern, wo und wann immer sie in großer Not sind.«

Dann führte mich der General durch etwa 800 Soldaten zu einem kleinen, improvisierten Altar. Über dem Altar drehte sich im leisen Wind die amerikanische Fahne und die südvietnamesische Flagge. Von weitem her konnte ich die B-52-Bomber sehen, die in den Dschungel Bomben fallen ließen; es war der Weg, auf dem eingedrungen wurde. Die einzelnen Hügel, die in Sichtweite waren, hießen Arizona Territory, Dodge City, Charley's Ridge und waren mit weiteren Amerikanismen benannt.

Letztendlich sah ich acht mit Bajonetten bestückte, eingegrabene Gewehre. Auf dem Kolben jeden Gewehrs lag ein Helm, der für acht Kameraden Symbol war, die in der Schlacht von Pipestone Canyon gefallen waren. Aus der Ferne konnten wir Pipestone Canyon erkennen.

Die Männer saßen am Boden und schauten mich an. Ich sagte zum General: »Ich weiß nicht, wie ich es anstellen soll. Mit diesen jungen Männern bin ich nicht auf derselben Linie. Ich bin Zivilist und zudem ein älterer Herr.«

»Ich auch, Dr. Peale. Aber das sind meine Männer.« Er schien mir so etwas wie ihr Vater zu sein. Auf meine Frage antwortete er: »Wovon Sie zu Ihnen sprechen, fragen Sie mich? Schauen Sie, sprechen Sie von Gott und der Unsterblichkeit zu ihnen. Reden Sie auch zu mir davon, denn einige dieser Jungs könnten in den nächsten Tagen tot sein. Es könnte der letzte Tag sein, an dem sie von Gottes Wort hören.«

Dies war für mich die Gelegenheit, zu jungen Amerikanern über die größte Wahrheit der Welt zu sprechen: Unser Erlöser verspricht uns das ewige Leben. Während ich sprach, wurde ich mir bewußt, mit welcher Inbrunst die Soldaten jedem einzelnen Wort folgten und wie sie sich an jede Silbe klammerten, als wäre sie Inbegriff des Lebens. Ich versuchte, meine Botschaft zum Wort des Lebens zu machen. Obschon ein steifer Wind die Fahnen knattern ließ, war über uns allen Stille.

Dann stand ein großartiger schwarzer Unteroffizier auf und sang, wie ich es weder vor- noch nachher gehört habe, das Lied »Wie groß Du bist«. Darauf sangen die Soldaten die Hymne der Marine. Der Zapfenstreich wurde gespielt und der Segen erteilt.

General Simpson begleitete mich zum Helikopter, während jeder Mann dieser gewaltigen Truppe in Achtungstellung dastand. Ich bestieg den Helikopter. Als ich zurückblickte, sah ich, daß das ganze Regiment salutierte, einschließlich des Generals. Ich fragte mich: »Wem salutieren sie denn? Sicher nicht mir, denn ich bin nur ein Pfarrer in Zivil.«

Dann wurde mir klar, daß sie der tiefsten Wahrheit salutierten, die je ihre Gedanken und ihr Leben erfaßt hatte: die Liebe Gottes und die Hoffnung auf Unsterblichkeit.

Als ich unter der Tür des Hubschraubers stand, verspürte ich den überwältigenden Wunsch, sie alle eingehend anzuschauen. Ich wollte diese Szene für alle Zeiten in mein Bewußtsein aufnehmen, um sie nie zu vergessen. Sie standen immer noch salutierend da, von den kreisförmigen Hügeln umgeben.

Nun, ich bin kein salutierender Mensch und schon gar kein militärischer. Also tat ich das, was jeder alte Amerikaner macht: Ich winkte ihnen zu. Da geschah plötzlich etwas Erstaunliches: Vom General an abwärts brachen sie mit Salutieren ab, wurden zu richtigen amerikanischen Jungen und winkten einem Pfarrer zu, der von Amerika, ihrem Heimatland, gekommen war, um über Gott und die Ewigkeit mit ihnen zu sprechen.

Als ich mich setzte und die Sicherheitsgurte einklickte, schaute ich die Männer im Helikopter an. Sie machten das, was auch ich machte: Wir wischten uns die Tränen aus dem Gesicht, denn für ein paar Augenblicke waren wir im Bann der Unsterblichkeit gewesen.

Einer der anregendsten Menschen, die ich gekannt habe, war William H. Danforth, der Gründer der *Ralston Purina Company*. Er hatte ein kleines Buch mit dem Titel *Ich fordere dich heraus* geschrieben, das auf mich wie auch auf Tausende von anderen Menschen einen guten, wirksamen Einfluß hatte. Als kleiner Junge war Mr. Danforth kränklich. Aber er hatte das Glück, während eines Jahres einen Lehrer zu haben, der ein positiv denkender Mensch war. Er brachte seinen Schülern den vortrefflichen alten amerikanischen Grundsatz bei, wonach man alles sein kann, was man will, sofern man hart arbeitet, um sein Ziel zu erreichen, einen starken Charakter hat und den Glauben an Gott und an sich selbst. Der Lehrer war zum jungen Danforth besonders hingezogen, weil er die Möglichkeiten, die im kleinen, kränklichen Jungen schlummerten, erahnte.

»William, ich fordere dich auf, der gesündeste Junge dieser Schule zu sein. Du kannst es. Ich fordere dich auf, das zu sein, was du sein kannst.« Diese Herausforderung erweckte in diesem schwächlichen Jungen den Willen zu kämpfen. Er begann, alle Gesundheitsregeln zu befolgen, indem er für den Körper gute Aufbaunahrung zu sich nahm. Er rauchte nicht, trank nicht und nahm nur das zu sich, was seine Körperkraft stärkte. Mit der Folge, daß er letztlich alle Klassenkameraden überlebte.

Eines Tages – er war 86 Jahre alt – lud er mich in ein nahe gelegenes Hotel zum Essen ein. Als wir uns nach dem Essen verabschiedeten, fragte ich ihn, was er mache, um sich in so glänzender Form zu halten. Wir standen in der reichlich belebten Hotelhalle. »Ich zeige es Ihnen«, sagte er. »Legen Sie Ihren Mantel ab.« Und in dieser Hotelhalle machte er zum Vergnügen der umstehenden Menschenmenge mir seine Krafttrainingsübungen vor, einschließlich eines Bodentrainings; ich neben ihm, mit den Beinen strampelnd und Liegestützen machend. Die Menschen um uns herum klatschten, denn die Bewohner jener Stadt mochten ihn.

»Und sprechen Sie weiterhin vom positiven Denken, denn um einen gesunden Körper zu haben, müssen Sie einen gesunden Geist haben«, sagte er zum Schluß. Er drückte mir die Hand so stark, daß ich es noch nach Minuten verspürte. Es ist eine erwiesene Tatsache, daß ein gesunder Geist zu einem gesunden Körper führt.

Oswald Chambers, der große schottische Philosoph, sagt es so: »Gesundheit ist das Gleichgewicht von körperlichem Leben und äußerer Natur, und sie erhält sich allein durch ausreichende innere Vitalität den äußeren Dingen gegenüber. Alles, was außerhalb meines körperlichen Daseins liegt, ist dazu bestimmt, mich dem Tode zuzuführen. Die Dinge, die mich in Schwung halten, während ich am Leben bin, lösen mich auf, wenn ich tot bin. Wenn ich genügend Kampfkraft habe, erzeuge ich das Gleichgewicht der Gesundheit. Dasselbe gilt auch für das mentale Leben. Wenn ich ein unentwegt mentales Leben führen will, muß ich kämpfen; auf diese Art ergibt sich das geistige Gleichgewicht, das man positives Glauben nennt.

Mit der Moral verhält es sich genau gleich. Alles, was nicht am Wesen der Tugend teilhat, ist der Feind meiner Tugend, und es hängt davon ab, über wieviel Moral ich verfüge, ob ich mich durchsetze und Tugend erzeuge. Sobald ich kämpfe, bin ich besonders der Moral verpflichtet. Kein Mensch ist tugendhaft, weil er anders nicht kann; Tugend ist zu erwerben.«

Lynn Andrews, Begründerin der *Medicin Woman,* sagt folgendes: »Die Lebenskraft entflieht Ihnen durch die Löcher, die Sie sich durch die süchtigen Neigungen in Ihrem Leben schaffen. Die schlimmsten sind die emotionalen Süchte wie zum Beispiel die Neigung zu Traurigkeit, Verwirrung und zur Einbildung, wir seien nicht gut genug.«

Der Arzt Carl Simonton, Mitbegründer von *Getting Well Again,* bestätigt dies: »Gesundheit ist der natürliche Zustand der Menschen. Wenn wir in Harmonie leben, fühlen wir uns besser, empfinden mehr Freude und fühlen uns gesünder. Der Heilungsprozeß ist für mich eine positive Rückwirkung, Krankheit dagegen eine negative.«

Alle diese Aussagen bekräftigen unsere These, wonach viele Krankheiten von einer ungesunden geistigen Einstellung herrühren. Eine richtige Einstellung hilft der Gesundheit und stellt die Gesundheit auf natürliche Weise wieder her. Hippokrates, der Mentor der Ärzte, der von 460 bis 375 v. Chr. gelebt hat, sagte: »Die natürliche Heilkraft, die jedem von uns innewohnt, ist die größte Kraft, die zur Besserung führt.«

Der Geist – einwandfrei kontrolliert – vermag fast alles. Sie können Ihren Weg durch all die Widerwärtigkeiten überdenken, Sie können Ihren Weg durch die Probleme überdenken. Es ist ein unwahrscheinlich mächtiges Mittel, das so wenige voll ausschöpfen. Wenn der Geist im Glauben denkt, vermag er Unwahrscheinliches zu bewirken.

Wie viele Sorgen Sie haben, wie hart das Leben auch immer sein mag – richten Sie Ihre Gedanken auf Hohes und Positives aus. Glauben Sie, glauben Sie fest und zutiefst, egal wie schwierig und unfaßbar Ihnen eine Situation erscheinen mag. Geben Sie sich niemals den düsteren Weissagungen von Samuel Butler hin, wonach das Leben »ein langer Prozeß des Müdewerdens« ist, oder denen vom Sigmund Freud, der schreibt: »Die wesentliche Aufgabe eines Menschen besteht darin, das Leben zu ertragen.« Glauben Sie daran, daß das Leben etwas ist, das man zu meistern hat, indem man es zum Höchsten bringen will. Denken Sie immer daran, daß in Ihnen mehr Kraft steckt, als Sie je gedacht und sich vorgestellt haben. Sicher ist, daß nichts Sie bedrücken kann, wenn Sie entschlossen sind, über den Dingen zu stehen und oben zu bleiben. Setzen Sie Ihre phantastische innere Kraft ein, denn Sie haben sie, und sie wartet darauf, eingesetzt zu werden. »Phantastisch« ist die einzig richtige Beschreibung dieser Kraft. Halten Sie sich immer an den Gedanken, daß Sie es schaffen, wenn Sie denken, daß Sie es schaffen.

Wie etwa in der Geschichte, die ich in einer Zeitung gelesen habe. Ein Bauer stand vor seinem Stall und schaute sich einen kleinen Lastkraftwagen an, der schnell über sein Grundstück fuhr. Sein 14jähriger Sohn war am Steuer. Der Junge war zu jung, um eine Fahrbewilligung zu haben, aber er war autoverrückt und schien problemlos einen Wagen fahren zu können. Daher hatte er die Erlaubnis, mit einem Traktor auf der Farm herumzufahren, wobei er sich von den öffentlichen Straßen strikt fernhalten mußte.

Doch mit einem Mal sah der Vater zu seinem Entsetzen den Lastwagen in einen Graben fahren. Als er zu jener Stelle rannte, sah er, daß Wasser im Graben stand und der Junge, der unter dem Fahrzeug eingeklemmt war, mit dem Kopf zur Hälfte im Wasser lag. Der Bauer war von kleiner Gestalt. Gemäß Zeitungsberichten war er 1,70 m groß und 70 kg schwer. Aber ohne auch nur einen Augenblick zu zögern, sprang er in den Graben, schob seine Hand unter den Wagen und hob ihn so hoch, daß ein anderer Bauer, der herbeigeeilt war, den bewußtlosen Jungen herausziehen konnte.

Der Dorfarzt kam unverzüglich, untersuchte den Jungen, behandelte die Quetschungen und erklärte, er habe im übrigen keine Verletzungen.

Unterdessen begann sich der Vater zu wundern. Er hatte den Wagen hochgehoben, ohne sich auch nur einen Augenblick lang zu überlegen, ob er es schaffen würde. Aus reiner Neugier versuchte er es erneut. Er schaffte es nicht. Der Arzt sagte, es sei ein Wunder gewesen.

Er erklärte, in einem Notfall reagiere der Körper so, daß er enorm viel Adrenalin ausstoße, was ihm zusätzliche Kraft verleihe. Das war die einzige Erklärung, die er hatte.

Wenn also derart viel Adrenalin freigemacht werden kann, so muß es natürlicherweise in den Drüsen vorhanden sein. Nichts kann aktiviert werden, das nicht vorhanden ist. Ein Mensch hat normalerweise eine beachtliche Menge verborgener körperlicher Kraft in Reserve.

Erfahrungen dieser Art belegen aber eine noch wichtigere Tatsache: Irgend etwas bewog den Farmer, körperlich diese ungewöhnliche Kraft hervorzubringen. Doch es war mehr als bloß eine körperliche Reaktion. Seelische und geistige Kräfte waren mit im Spiel. Als er sah, daß sein Sohn womöglich sterben würde, steuerte ihn seine innere Reaktion nur auf einen einzigen Gedanken hin: den Wagen über seinem

Sohn hochzuheben. Eine solche Notlage löst all die erstaunlichen, im Menschen schlummernden Kräfte aus, die man geistiges Adrenalin nennen könnte; und wenn eine Situation vermehrt körperliche Kraft erfordert, so bringt es der seelische Zustand zuwege. Gläubige Menschen legen besondere Kraftreserven frei.

Beverly Kelly, einer meiner Freunde, war Werbeleiter bei *Ringling Bros.* und *Barnum & Bailey Circus.*

Wenn der Zirkus im *Madison Square Garden* jeweils Premiere hatte, lud mich Beverly jedes Jahr zur Vorstellung ein. Einmal fragte ich ihn: »Sag mal, magst du diese Arbeit?« Seine Antwort war erstklassig: »Sie ist unendlich viel besser als arbeiten.«

Indem er auf die Nummer der »Teufelsversucher« hinwies, die »mit größter Leichtigkeit« auf den hohen Querbalken herumschwangen, sagte er: »Das erinnert mich an etwas, das du in einer Rede oder in einem Buch verwenden könntest«, und er erzählte mir die folgende Zirkusgeschichte, die eine Erfolsregel wiedergibt.

Ein junger Mann war von den Trapeznummern fasziniert und wollte auch ein »fliegender Mensch« werden. Er durchlief die ganze Ausbildung und erhielt alle Anweisungen. Dann kam der Tag, an dem er vor vollem Haus selbst antreten sollte. Er blickte zu den hohen Querbalken und sah sich dabei auf die Manege hinunterfliegen. Angst erfaßte ihn, und er schrie seinem Trainer zu: »Ich kann das nicht. Einfach nicht!«

Sein Trainer wußte, daß der junge Mann es konnte. Er wurde einfach von einem Angstanfall befallen. Deshalb sagte er ihm ganz ruhig: »Du kannst es, mein Freund, und ich sag' dir gleich, wie: Wirf dich mit deinem Herzen über die Stange, und dein Körper folgt dir.«

Diese Geschichte, die mir Beverly Kelly erzählte, hat mir oft geholfen, wenn ich vor einer riesigen Menschenmenge eine Rede halten mußte. Sie hat auch anderen Menschen angesichts einer kritischen Situation geholfen. »Wirf dich mit deinem Herzen über die Stange, und dein Körper folgt dir.«

In jedem Menschen steckt unwahrscheinlich viel Kraft. Es ist eine göttliche Kraft, als wäre sie einem Kind Gottes bestimmt; und Kinder Gottes sind wir schließlich alle. Diese Kraft heilt, erhält uns gesund – körperlich, geistig und seelisch.

Zum Schluß dieses Kapitels will ich einige kluge Worte aus einem großartigen Buch meines Freundes Dr. Bernie S. Siegel zitieren, das unter dem Titel *Friede, Liebe und Heilung* erschienen ist.

Bernie schreibt: »Zu dieser inneren Erkenntnis gelangte ich durch Meditation. Doch wie immer Sie dorthin gelangen: Sie werden wissen, wenn Sie jenen ruhigen, stillen Ort inmitten von sich selbst erreicht haben, wo Geist und Körper vereint sind. Es ist, als käme man nach Hause... Und das Zuhause ist der Ort, wo das Heilen beginnt: in Ihrem wahren, einmaligen und echten Selbstsein.«

Alles, was zu erreichen sich lohnt, ist hart und verlangt Willen, Zweck, Ziel, Hindernisse, Rückschläge, Sich-Aufraffen und trotz aller Mißerfolge hartnäckiges Vorwärtsschreiten. Doch das Ziel, dieses spielverderberische Gefühl der Leere zu bezwingen und es durch das Erfülltsein von Freude und Befriedigung zu ersetzen, ist all die Schwierigkeiten wert, die überwunden werden müssen.

Um diese Wandlung zu vollziehen, sollten Sie sich eine Tatsache einprägen, die in vier Worte gefaßt ist. Wiederholen Sie sie mehrmals am Tag, bis Sie daran glauben:

ALLES KANN BESSER SEIN.
ALLES KANN BESSER SEIN.

Bis der wundervolle Tag kommt, an dem Sie ausrufen:

»ALLES IST BESSER!«

Wenn Sie in Gedanken Hohes anstreben und Gott um Seine Hilfe bitten, ist dieser Tag nie fern.

KAPITEL 10

Die heilende Kraft des Geistes

Neuere medizinische Forschungsergebnisse sind kürzlich angekündigt worden, wonach man einem Menschen helfen kann, gesünder und glücklicher zu werden, sobald er seine Einstellung ändert. Denn die Wissenschaftler haben den Einfluß des Geistes auf den Körper entdeckt. Viele von ihnen sagen heute, daß man eine gute Gesundheit nicht nur durch körperliche Betätigung erlangt, sondern wahrscheinlich ebensosehr durch geistiges Training.

Natürlich sind die Grundsätze, auf denen diese Erkenntnisse beruhen, steinalt. Pfarrer, Priester und Rabbis haben sie während Jahrhunderten gelehrt. Die medizinische Forschung hat nach langwierigen Untersuchungen diesen Grundsätzen einfach den Stempel der Billigung aufgedrückt und gesagt, sie seien wirkungsvoll und praktisch durchführbar.

Schon früher in einem Buch habe ich mich auf diese neue Wissenschaft, Psychoimmunologie genannt, bezogen. Sie war Gegenstand eines Artikels, der am 20. April 1989 in der *New York Times* erschienen ist.

> *Psychologen und Immunologen erbringen den erstaunlichen neuen Beweis, daß das Verändern des geistigen Zustands eines Patienten dessen Immunsystem beeinflussen kann.*
>
> *Diese Erkenntnisse sind die Frucht einer Verbindung*

von Psychologie und Immunologie, zweier Gebiete, die in der Vergangenheit buchstäblich nichts miteinander zu tun gehabt haben. Die sich daraus ergebende Disziplin, die Psychoimmunologie, sucht den Mechanismus aufzudecken, der das Gefühlsleben eines Menschen mit dem Auf und Ab des Immunsystems und der körperlichen Veranlagung, gegen Bakterien, Viren und Krebs anzukämpfen, verbindet.

Ich zitiere hier erneut den großen Mediziner Bernie S. Siegel aus seinem Buch *Friede, Liebe und Heilen*. Er hat folgendes geschrieben: »Je mehr wir über den Geist und den Körper als Einheit lernen, desto schwieriger wird es, die beiden getrennt zu betrachten. Was in unserem Kopf ist, ist oft gleichermaßen oder ›anatomisch‹ in unserem Körper. Alles, was zu Hoffnung berechtigt, hat die Kraft zu heilen.«

Vor einigen Jahren wurde mir aufgrund der Konsultation bei Louis Bishop, meinem Arzt, ein Mann überwiesen. Dr. Bishop kannte die obenerwähnten Grundsätze. Der Mann schleppte sich in mein Büro, ließ sich in einen Stuhl fallen und sagte auf affektierte Weise schlapp: »Komisch, unter dem Strich und mit all dem Krimskrams habe ich mich nicht wohl gefühlt. Sie und ich haben zufällig denselben Arzt. Er hat mich wie üblich durchsucht und dann gesagt: ›Sie gehen wohl besser zu Dr. Peale.‹«

Der Mann lehnte sich zurück und sagte mit spöttischem Blick: »Also, wenn's erlaubt ist, weshalb schickt ein anerkannter medizinischer Fachmann wie Dr. Bishop einen seiner Patienten zu einem Bücherschreiberling, der erst noch Pfarrer ist? Das krieg' ich nicht klar, wenn Sie mich fragen. Aber bitte, hier bin ich.«

»Das ist wirklich seltsam«, entgegnete ich, »zumal Louis Bishop absolut befähigt ist, Sie zu behandeln.« Nach einer

Weile fügte ich hinzu: »Vielleicht wollte er, daß Sie etwas erfahren, das Sie womöglich nicht hören wollten.«

Er setzte sich im Stuhl auf und schaute ein bißchen verwirrt drein. Wir blickten uns eine Weile lang in die Augen. Dann sagte ich: »Sagen Sie mir, wen Sie hassen und warum.«

Er wurde rot im Gesicht, saß zum erstenmal gerade da und knurrte. »Das geht Sie einen feuchten Dreck an, und überhaupt, was hat das damit zu tun?«

»Es *geht* mich etwas an«, entgegnete ich. »Deshalb hat der Arzt Sie nämlich zu mir geschickt. Ich kenne die Methoden von Louis. Offenbar ist er der Meinung, daß das Übel, das Ihre Kraftlosigkeit und Ihre physische Trägheit verursacht, in Ihrem Kopf ist.«

Er wollte mich unterbrechen, aber ich hielt meine Hand auf und fuhr fort. »Übrigens, wenn Sie zu Dr. Bishop zur Konsultation gehen, nimmt er Sie ins Sprechzimmer und bittet Sie, sich auszuziehen. Ich befasse mich mit dem Untersuchen der Seelen; daher müssen Sie Ihre Gedanken freilegen, wenn wir Sie gesund machen wollen.«

Ich sah ihm an, daß ihn meine Logik etwas verwirrte. Ich schloß mit den Worten: »Wenn wir Sie geistig und körperlich geheilt haben, werden Sie einer der gesündesten Menschen in dieser Stadt sein.«

Als ihm schließlich bewußt wurde, worauf ich hinauswollte, gab er nach und – von der gesundheitlichen Wirksamkeit von Körper und Seele überzeugt – sprach sich seinen Haß, den er einem früheren Freund gegenüber empfand, von der Seele. Sein Gesicht verdüsterte sich, und aus ihm quoll eine Unmenge Groll heraus, den zu beseitigen fast eine ganze Stunde beanspruchte. Als er sich ausgeredet hatte, wandte er sich weiteren Haßgefühlen zu; ich schloß daraus, daß er unwahrscheinlich viel Energie auf seine zahlreichen Mißstimmungen verwandt hatte.

Als er sich schließlich die Seele aus dem Leibe geredet hatte, fragte ich ihn: »Ist das alles?« Unverzüglich erinnerte er sich an einen weiteren Menschen, den er rachsüchtig als H... sohn bezeichnete. Dies kostete weitere zehn Minuten Zeit. Doch zuletzt atmete er tief durch und war entspannter, als er zu mir ins Büro gekommen war. Er sagte mir, daß es sich damit habe.

»Ich bin völlig befreit«, sagte er. Dann machte er etwas, das seltsam erscheinen mag. Er stand in voller Größe auf, streckte die Arme über den Kopf, soweit er es vermochte, und rief: »Wissen Sie was? Ich fühle mich gut!« Er zögerte und sagte dann: »Ich fühle mich *wirklich* gut.«

Ich sagte zu ihm, daß sein gutes Gefühl natürlich sei, da er eine Menge krank machende Empfindungen abgetragen habe – Empfindungen, die er während langer Zeit genährt habe. Er ging als wirklich anderer Mensch weg, aber erst, als ich ihm sagte, sein Fall sei noch nicht abgeschlossen.

»Mindestens eine Konsultation ist noch erforderlich«, sagte ich. »Bei der gebe ich Ihnen ein geistiges Rezept, um Ihnen zu helfen, gute Gesundheit zu erlangen.« Er hatte nichts dagegen, und ich bat meinen Assistenten, binnen dreier Tage einen weiteren Termin auszumachen. Ich wollte nicht, daß mein Patient rückfällig würde.

Als er zur nächsten Besprechung und Verordnung zu mir kam, sagte er, daß er sich so gut gefühlt habe »wie schon lange nicht mehr«. »Schön«, sagte ich, »jetzt nehmen wir die zweite Stufe Ihrer Behandlung in Angriff. Sie besteht aus fünf Teilen«

1. *Vergeben Sie jedem Menschen, den Sie zuvor gehaßt haben. Sprechen Sie seinen Namen laut aus. Sagen Sie: »Ich vergebe... in jeder Beziehung.« Vergeben ist das Heilmittel gegen Haß.*

»Das ist ein harter Brocken«, sagte er dazu.

»Aber der harte Brocken gehört zum Heilungsprozeß«, gab ich zurück. Darauf nannte er im einzelnen Menschen und bekräftigte ihnen gegenüber seine Versöhnlichkeit.

2. *Beten Sie laut für jeden Menschen, den Sie zuvor gehaßt haben, und sagen Sie im Gebet: »Gib mir, was ich benötige, um... (jeden Menschen mit Namen nennen) zu lieben.«*

Er brachte Einwände vor und sagte, er habe noch nie vor anderen gebetet. »Ich bin nicht der andere«, erwiderte ich und sagte ihm die folgenden Worte vor: »Himmlischer Vater, ich bete für... Ich meine es ehrlich; ich bin kein Scheinheiliger. Ich bitte Dich auch darum, mir zu helfen... liebzuhaben.« Er sprach diese Worte nach, wenn auch widerwillig, und sagte darauf: »Ich komme mir wie ein lausiger Heuchler vor.«

»Sie beginnen sich zu verändern«, gab ich zu verstehen.

3. *Überlegen Sie sich jetzt und entscheiden Sie, ob Sie jemals einem Menschen Unrecht getan haben. Überlegen Sie sich, inwiefern Sie das wiedergutmachen könnten. Setzen Sie alles daran, den Zwist zu beseitigen. Wenn der andere Mensch Ihr ehrliches Bemühen zurückweist, lieben Sie ihn bedingungslos, und lassen Sie das Ganze bleiben. Und wenn Sie Ihr Gebet sprechen, legen Sie diese Beziehung in Gottes Hände. Er wird sich darum kümmern.*

»Sie glauben doch an Gott, oder?« fragte ich.

»Natürlich glaube ich an Gott. Ich bin Presbyterianer, aber vielleicht ein abwesender«, gab er zu.

»Sie tun wohl besser daran, die aus dem Inneren stammende Hilfe zu finden, die Gott den alltäglichen Problemen bringt«, schlug ich vor.

4. *Bitten Sie Gott, Ihnen Ihre schlechte Verfassung zu vergeben. Und bitten Sie ihn, Sie zu verbessern.*

5. *Und zum Schluß: Erheben Sie sich zu Gott. Wenn Sie noch weitere Schwächen haben, bitten Sie Ihn, Sie davon zu befreien – genauso wie Sie vom Haß erlöst worden sind.*

Ich verabschiedete mich und sagte: »Sie brauchen mich nicht mehr, es sei denn, Sie würden Seiner Gnade abtrünnig.«

»Was soll das bedeuten?« fragte er.

»Sprechen Sie mit Ihrem presbyterianischen Pfarrer darüber«, antwortete ich.

Er hieß mich die fünf Punkte niederschreiben, damit er sie auf sich hatte. Schon jetzt erkannte ich in seinen Augen einen neuen Glanz. Als er aufstand, sagte er eifrig: »Wie kann ich Ihnen dafür jemals danken?«

»Machen Sie's nicht«, erwiderte ich, »danken Sie Gott. Er hat's gemacht.«

Nach einigen Wochen, als ich in Dr. Bishops Praxis zur halbjährlichen Routinekontrolle war, sagte er: »Erinnerst du dich an den Mann, den ich zu dir geschickt habe? Was immer du für ihn getan hast – es hat geholfen. Er ist gesund, hat eine gute Einstellung und geht seinen Weg.«

Ich berichte von diesem Fall, weil er auf anschauliche Weise die Beziehung zwischen geistiger und körperlicher Gesundheit darlegt. Andere Menschen, die ich auf gleiche Art beriet, haben sich gesundheitlich nicht gleicherweise besser gefühlt. Der Grund war, daß es ihnen am Glauben fehlte und sie nicht den innigen Wunsch verspürten, sich zu bessern. Das Verlangen, besser zu werden, ist überaus wichtig; es ist Voraussetzung, um wirklichen Glauben zu erlangen. In dieser Aussage steckt viel Wahrheit: »So ihr Glauben habt, wie ein Senfkorn, so wird euch nichts unmöglich sein« (Matthäus 17, 20). Es geht nicht so sehr darum, wieviel man glaubt, sondern darum, was man glaubt. Der Mann, den Dr. Bishop zu mir schickte, hatte die Fähigkeit zu glauben.

Dieser positive Glaube beziehungsweise die Erwartung, daß die Dinge besser verlaufen, wurde durch eine medizinische Untersuchung von Dr. Willard A. Krehl, dem emeritierten Professor der Thomas Jefferson University in Philadelphia erhärtet. Er sagte: »Die Erwartung eines Menschen hat am Einnehmen irgendeiner Medizin – sogar Vitaminen und Aspirin – wesentlichen Anteil. Gute Ärzte wissen das. Das ist der Grund, weshalb sie ihren Patienten nicht nur Rezepte verschreiben, sondern ihnen auch zureden ›Das wird Ihnen helfen‹.«

Krehl erinnert sich daran, daß er einst einen Arzt antraf, der Aspirin in »sechs« verschiedenen Farben hatte, um den Placebo-Effekt zum Zuge kommen zu lassen. Wenn ein Patient sagte, die blaue Tablette helfe ihm nichts, gab er ihm eine rote – oder eine andersfarbige –, was in der Regel half. Keiner kann den Placebo-Effekt unterschätzen. Wenn Sie daran glauben, daß es Ihnen hilft, so ist die Aussicht, gesund zu werden, größer.

Dr. Krehl, der auch in Biochemie promoviert hat, sagt zudem folgendes: »Diese Erwartung erstreckt sich auch auf das Gebiet der Krebsforschung, wo schlechte Nachrichten immer bedrückend sind. Ihre unmittelbare Einstellung ist negativ. Sie haben Angst, sterben zu müssen. Aber Ihre gefühlsmäßige Einstellung macht in Ihrer Lebensart einen großen Unterschied. Medizin muß mit großer geistiger Unterstützung verabreicht werden«, sagt Dr. Krehl ausdrücklich. »Der Patient muß einen Glauben entwickeln, nicht nur an den Arzt und an die Medizin, sondern – was wichtiger ist – an sich und sich sagen: ›Hopp, ich schaff' das schon.‹ Dies trifft insbesondere auf den Krebs zu«, fügt er hinzu. »Ich bin überzeugt, daß strenge Einhaltung besonderer Nahrungsvorschriften verbunden mit dem Glauben nichts schadet und mit Sicherheit hilfreich ist. Eine natürliche Zelle ist stärker als eine Krebszelle. Wenn man sie in ihrem natürlichen Umfeld verstärkt, verleiht man ihr mehr Aussicht, die Krebszelle zu überwinden. Sie können sich Ihren Weg in die Krankheit hineindenken«, so seine Schlußfolgerung, »Sie können sich aber auch aus Ihrer Krankheit herausdenken.«

Ein Artikel, der am 12. März 1990 unter dem Titel »Kann der Geist Krankheit heilen?« im *Time*-Magazin erschienen ist, befaßt sich mit der Rolle, die Gefühle in der Präventivmedizin und der Krankheitsbehandlung spielen; er weist auf »die neueste wissenschaftliche Entdeckung neuer Möglichkeiten, den Einfluß des Geistes auf die körperliche Gesundheit« hin. Unter anderem wird in diesem Artikel Dr. N. Herbert Spector erwähnt, ein Neurophysiologe, der an den nationalen Gesundheitsinstituten arbeitet. Er sagt, wenn die Forscher den richtigen klinischen Nutzen im Hinblick auf Geist-Körper-Therapien ziehen, daß das Ergebnis »eine Revolution in der medizinischen Praxis« sei.

Der Artikel betont im weiteren die in kürzlich durchgeführten Untersuchungen erzielten Ergebnisse der Psychotherapie und der Entspannungstechnik, die sich mit Brustkrebserkrankten, übermäßig Gestreßten und sogar mit jenen ergaben, die an einer gewöhnlichen Erkältung leiden.

Aus dem Artikel wird allerdings deutlich, daß nicht alle, die sich im Medizinalbereich betätigen, sich für diese Vorgehensweise einsetzen, weil sie befürchten, einige Patienten könnten die gewohnte medizinische Behandlung ablehnen. »Ärzte begeben sich auf eine Gratwanderung, indem sie einerseits mehr versprechen, als wir wissen, und andererseits die Hoffnung eines Menschen zunichte machen«, sagt Sandra Levy, die Psychologin am Pittsburgh Cancer Institute ist. »Wir wissen, daß geistige Gesundheit hilft, [aber] mehr können wir nicht tun.«

In seinem neuen Buch belegt Norman Cousins zahllose Fortschritte, die im Bereich der Forschung von Geist und Körper jüngst gemacht wurden. Zur Darlegung der Beziehung zwischen geistiger Einstellung und der Diagnose eines gesundheitlichen Problems schreibt er folgendes:

> *Ein Kollege an der medizinischen Fakultät erzählte mir von einer Frau, die sich einer Routineuntersuchung unterzogen hatte und erfuhr, daß eine ihrer Nieren völlig funktionsunfähig war. Ihr Schock bewirkte sogleich Taubheit. Mit Hilfe einer längeren begleitenden Therapie, die mehrere Monate dauerte, erlangte sie ihr Gehör wieder. Was meinem Kollegen Kummer machte, war, daß diese Erkrankung gar nicht hätte sein müssen. Die übliche Art, in der die Diagnose gestellt wurde, verursachte ein gesundheitliches Problem, das kaum weniger schwerwiegend war als die ursprüngliche Krankheit.*
>
> *Die meisten Patienten, die ich aufsuche, sind Krebs-*

kranke, doch sind eigentlich alle schwerwiegenden Krankheiten bei ihnen zu finden. Was bei all diesen Fällen auffällt, ist, daß die Krankheit zusammen mit der Diagnose schlimmer wurde.

Warum hatten denn diese Patienten einen ernsthaften Rückfall bei der Diagnose erlitten? Weshalb erging es ihnen aufgrund des unguten Bescheids schlechter? Liegt es wohl daran, daß ihr Körper, vom Augenblick an, da sie mit ihren Symptomen behaftet sind, in entscheidend geringerem Maße fähig ist, eine Herausforderung anzunehmen?

Angesichts dieser Tatsache habe ich wenn immer möglich versucht, neudiagnostizierte Patienten mit Menschen zusammenzubringen, welche dieselbe Krankheit durchgemacht haben. Der offensichtlich erbrachte Beweis, daß Genesung möglich ist, wirkt wie ein Heilmittel und fördert wirklich die Aussicht auf wirkungsvolle medizinische Behandlung.

Ich habe mir vorgenommen, in diesem Kapitel darzulegen, wie man sich von Haß befreit; denn er zählt zu den zersetzendsten geistigen Störungen. Es erstaunt daher nicht, daß die größten Ärzte, die gelebt und geheilt haben, die Menschen lehrten, einander zu lieben. Liebe ist die beste und gesundheitsförderndste Medizin und als solche natürlich eine Auswirkung der eigenen Einstellung.

Ein Landarzt, der in der *American Medical Association* (der amerikanischen Ärzteverbindung) eine Kapazität war, sprach mit mir über die Auswirkungen des Hasses auf den Körper. Er sagte mir, daß dies unbedingt als bösartige Krankheit bezeichnet werden müsse. Einer seiner Patienten, ein filziger, verbitterter alter Kauz, war derart von Haß erfüllt, daß er bleich wurde und übelriechenden Atem hatte.

Als er starb, wollte der Arzt auf den Totenschein als Ursache »Mißmutigkeit« schreiben. »Aber diese Bürokraten im Ratshaus hätten gedacht, es sei ein gelinder Ausdruck. Aber er ist wirklich an Mißmutigkeit gestorben.«

Der Arzt, der sein Handwerk zweifellos beherrschte, hatte recht; denn ich habe Menschen angetroffen, mit denen es körperlich immer mehr bergab ging, bis sie sich zum Vergeben und zur Liebe bekannten. In diesem Augenblick hörte ihr Zerfall auf; sie lebten bis in hohe Alter glücklich.

Ich habe hier einen interessanten Fall. Von einer jungen Frau erhielt ich einen Brief, in dem sie verbittert schrieb, daß sie das Geld deswegen hasse, weil es Menschen wie ihr, die nicht genug davon hatten, Übles antue. (Sie wurde bei ihrer Automobilfirma entlassen.) Sie haßte Geld auch deshalb, weil es – wie sie behauptete – nur den Menschen zukommt, die ohnehin schon zuviel davon haben. Sie sagte, Amerika sei zu einer dollaranbetenden Gesellschaft geworden, und machte das Geld dafür verantwortlich. Sie zitierte sogar die Bibel falsch. »Geld ist Wurzel allen Übels«, schrieb sie, jedes einzelne Wort unterstreichend. (In Wirklichkeit sagt die Bibel: »Denn Geiz ist eine Wurzel allen Übels« [1. Timotheus, 6, 10] – was etwas völlig anderes besagt.)

»Hören Sie damit auf, sich als hoffnungsloses Opfer einer imaginären Scheußlichkeit namens Geld zu betrachten«, schrieb ich ihr zurück. »Wenn Sie Geld derart unerbittlich auf sich selbst beziehen und es so sehr verabscheuen, kommen Sie mit Bestimmtheit nie dazu, weil Sie in Ihrem Unterbewußtsein darauf ausgerichtet sind, es abzuweisen und zu verwerfen.«

Ich forderte sie auf, sich als ausgeglichenen und intelligenten Menschen zu sehen, der befähigt ist, seine Gefühle in den Griff zu bekommen. »Beruhigen Sie sich«, schrieb ich ihr. »Seien Sie objektiv. Hören Sie mit dem Haßgetue auf. Stellen

Sie sich als einen Menschen vor, der entschlossen ist, sich all diese bedrängenden und verwirrenden Gefühle aus dem Kopf zu schlagen. Bei Ihnen klappt nichts, wenn Sie tatenlos dastehen.«

Verärgerung ist eines jener Gefühle, die Geldprobleme bewirken. Ein weiteres ist die Angst. Vor kurzem war ich an einem Sorgentelefon tätig. Eine Frau, die anrief, sagte zu mir: »Ich möchte, daß Sie mir sagen, was ich gegen Betreibungsbeamte machen soll; ich hab' die Nase voll von den Kerlen.«

Ich sagte ihr: »Ich kenne mehrere Betreibungsbeamte, und alle haben mir gesagt, wie sehr *sie* nervös seien, wenn sie jemanden wegen unbezahlter Rechnungen heimsuchen müssen. Sie sagten mir, daß sie angespannt und sprachlos würden und es ihnen heiß und kalt über den Rücken laufe.«

Die Frau sagte: »Das ist doch nicht zu glauben.«

»Doch, so ist es«, sagte ich ihr. »Ein Betreibungsbeamter ist auch nur ein Mensch, und er macht keine Anstalten, Sie zu belästigen, Ihnen gegenüber gemein zu sein oder Sie ins Gefängnis zu bringen. Er ist lediglich eine Amtsperson, die Geld eintreiben muß, damit Menschen wie Ihnen weiterhin Ware verkauft werden kann. Sein wichtigstes Ziel besteht darin, Sie dazu zu bringen, einen Abzahlungsplan auszuarbeiten.

Ich mache Ihnen deshalb einen Vorschlag. Wenn der Betreibungsbeamte wieder bei Ihnen anklopft, ändern Sie Ihre Vorstellung davon, wie das Gespräch verlaufen könnte. Statt sich verlegen, aufgebracht und ausfällig aufzuführen und ihn als feindselig und bedrohend zu empfinden, stellen Sie sich ein Zusammentreffen zwischen einem netten Menschen vor, der seiner Arbeit nachgehen muß, und einem ebenso netten Menschen, der zufälligerweise einige offene Rechnungen hat. Empfinden Sie sich beide als Menschen, die versuchen, auf freundschaftliche Art eine Lösung zu finden. Und gleich noch eine Anregung: Bevor Sie die Türe öffnen, sprechen Sie kurz ein Gebet für den armen Kerl, denn er ist wahrscheinlich etwa gleich nervös wie Sie.«

»Nun denn«, sagte sie, »ich habe nie daran gedacht, für einen Betreibungsbeamten zu beten. Aber ich versuch's.«

Die Vorstellungskraft ist eine der vielen Möglichkeiten, die Menschen bei finanziellen Schwierigkeiten helfen können. Meine Frau Ruth und ich haben ein paar einfache und wirkungsvolle Vorschläge ausgearbeitet.

Der erste Vorschlag lautet: *Machen Sie sich keine Sorgen.* Wenn Sie spüren, daß Angst überhandnimmt, vergegenwärtigen Sie sich die innere Ruhe. Ein einfaches Gebet widerspiegelt ein Bild Ihrer Probleme und bringt es auf den Quell aller Weisheit zurück; das ist unwahrscheinlich bestärkend und ermutigend. Lesen Sie dann den 23. Psalm, und wenn Sie zu den herrlichen Worten gelangen: »Und ob ich schon wanderte im finstern Tal, fürchte ich kein Unglück; denn du bist bei mir« (4. Vers), so lassen Sie sich diese Zeilen mindestens zwanzigmal durch den Kopf gehen. Wiederholen Sie sie während des ganzen Tages, wenn Sie spüren, daß Ihre Angst zurückkehrt. Schreiben Sie sie auf ein Blatt Papier nieder, und kleben Sie es an den Spiegel Ihres Badezimmers, wo Sie es jeden Morgen als erstes sehen. Erfüllen Sie sich mit diesem Gedanken.

Und dann, wenn Sie Ihre Gefühle unter Kontrolle haben, *organisieren Sie sich.* Das ist Ruths liebster Ratschlag, denn sie ist durch und durch organisiert. Listen Sie alle Ihre Schulden auf – alles, was Sie schulden. Machen Sie eine Liste aller zwingend nötigen Ausgaben. Zählen Sie alle Einkommensquellen auf, und überlegen Sie sich, womit Sie mit Sicherheit rechnen können. Es ist verblüffend, wie viele Menschen überhaupt nicht wissen, was sie wem schulden und wie hoch ihre Ausgaben für das Wichtigste sind. Stellen Sie sich vor, daß Sie mit Ihrem Einkommen durchkommen. Prägen Sie sich diese Vorstellung ein.

Ein letzter Vorschlag: *Denken.* Wenn Sie sich hinsetzen und wirklich nachdenken, kommen Sie auf Ideen und Einsichten, die alles verändern.

Seit eh und je mag ich, was mir William Saroyan damals erzählte, als er sich als junger Schriftsteller abkämpfte – entmutigt und dem Zusammenbruch nahe. Er beschloß, einen reichen Onkel, der in einer nahe gelegenen Stadt wohnte, um ein Darlehen anzugehen. Mit seinem letzten, spärlichen Geld sandte er seinem Onkel ein Telegramm. Darauf erhielt er ein Telegramm, das aus zwei Worten bestand: *Denk nach.*

Als er den Schock wegen dieser scheinbar hämischen und abweisenden Antwort überwunden hatte, dachte Saroyan über die Mitteilung nach. Allmählich begann er zu begreifen, was sein Onkel sagen wollte: Du brauchst kein Darlehen. Geh in dich! In deinem Kopf findest du mit einer neuen Idee eine Lösung.

Mit dieser Herausforderung setzte sich Saroyan hin, dachte sich die Handlung einer Kurzgeschichte aus, die er schrieb und verkaufte und dadurch auf dem besten Weg zu einer glänzenden Karriere als Bühnen- und Romanschriftsteller war.

Ich möchte an einen weiteren Vorfall erinnern, der zeigt, wie Haßgefühle, die durch eine positive Einstellung ersetzt wurden, zu Gesundheit und Wohlbefinden führten. Ein Freund von mir, den ich Phil nennen will, war Vizepräsident einer namhaften Herstellerfirma in einer Stadt im mittleren Westen Amerikas. Er hatte blitzschnell Karriere gemacht, und mit der Verantwortung, die man ihm übertrug, wurde er zum führenden Kopf der Firma, ohne daß er den Titel eines Vorsitzenden der Geschäftsleitung hatte. Der Präsident der Unternehmung, aufgrund dessen der Mann befördert wurde, stand kurz vor der Pensionierung; alle dachten, unser Freund würde sein Nachfolger.

Doch als der Präsident altershalber pensioniert wurde, brachte der Verwaltungsrat einen gutqualifizierten, firmenexternen Manager ein, ernannte ihn zum Präsidenten und Vorsitzenden der Geschäftsleitung. Phil war völlig am Boden und wütend auf »die dreckige Bande von Betrügern«, um nicht noch weniger vorteilhafte Benennungen anzuführen. Phil entwickelte Haßgefühle, bis sie sich auf seine Arbeit und seinen Schlaf auswirkten; ein körperlicher Zerfall setzte offensichtlich ein. Das erregte bei seinen Freunden, von denen er viele hatte, Besorgnis. Er ging wie ein Irrer, der sich abgrundtief betrogen fühlte, über die Straßen. Er ging nicht mehr zu seinem Klub, wo er ein beliebtes Mitglied gewesen war, aber derart unfreundlich wurde, daß ihn selbst alte Freunde mieden. Aus reiner Gewohnheit und Loyalitätsgefühl heraus erschien Phil zur Arbeit und ging seiner Aufgabe völlig mechanisch nach; es fehlte ihm an Einsatz und Begeisterung.

Dann wollte es der Zufall, daß ich in Philadelphia eine Verpflichtung hatte. Ich nahm den Zug und ging in den Speisewagen, um zu später Stunde noch eine Mahlzeit einzunehmen. An einem Tisch saß mein Freund Phil. Ich nahm ihm gegenüber Platz und bestellte mein Essen. Er trank tassenweise Kaffee und rauchte eine Zigarette nach der anderen, indem er die folgende am Stummel der letzten anzündete. »Gut, daß du Antialkoholiker bist«, sagte ich, »wenn du in diesem Maße Whisky trinken würdest, lägst du unter dem Tisch.«

Mir fiel auf, daß seine Hände zitterten, so daß er ab und zu

Kaffee verschüttete. Sein Gesundheitszustand war offensichtlich erbärmlich. Ich wußte, daß er ein gläubiger Mensch war, und sagte deshalb: »Phil, ich habe gehört, wie es dir ergangen ist; es tut mir leid. Vielleicht hat uns Gott in diesem Zug zusammengebracht, denn Er möchte, daß es dir wieder gutgeht.« Darauf erzählte er mir die ganze unglückselige Geschichte nochmals, wobei er Ausdrücke wie »Betrüger«, »Scheinheilige«, »Feinde« und »Schufte« gebrauchte.

»Hör mal zu, mein Lieber. Ich kenne die ganze Geschichte. In Philadelphia muß ich aussteigen; wenden wir uns also der Sache zu. Du kannst so nicht weitermachen, sonst machst du dich kaputt. Wohin fährst du jetzt?«

»Nach Hause«, antwortete er. »Ich habe diesen Zug genommen, um nachzudenken.«

»O. k., denken wir jetzt also nach«, sagte ich und fügte hinzu: »Phil, deine Hände zittern wie Espenlaub. Du trinkst eine Tasse Kaffee nach der andern. Du rauchst in einem fort. Mit dir geht's so zu Ende. Alle Anzeichen dafür sind vorhanden. Sag mir, wie du dich fühlst, und wende dich in vollem Vertrauen an mich.«

»Scheußlich fühle ich mich, einfach scheußlich.« Dann setzte er – wie ich merkte – zu unendlich langen Ausführungen darüber an, wie schlecht es ihm gehe. »Hör auf damit«, sagte ich. »Wir wollen lieber davon sprechen, wie du deine Gesundheit wiedererlangen und dich besser fühlen kannst.« Er schaute mich flehentlich an.

»Phil, du bist mir ein lieber Freund, und ich will dich jetzt wieder in Ordnung bringen«, fuhr ich fort. »Haß und Groll zerstören dich. Auch wenn man dich unfair behandelt hat, so ist das nicht die Schuld des neuen Präsidenten. Er hat nichts damit zu tun.«

Phil drückte seine Zigarette aus und zuckte mit den Schultern. »Wahrscheinlich hast du recht, Norman. Ich spüre ja selbst, daß ich mir schade. Aber ich komme einfach nicht aus dieser Stimmung heraus.«

»Nun, ich bin nicht Arzt«, sagte ich darauf, »aber ich bin der Beziehung zwischen Geist und Körper nachgegangen und bin sicher, daß, wenn du die Situation akzeptierst, es dir wieder besser geht. Ich bin auch überzeugt, daß dies für deine künftige Karriere im Beruf gut ist.«

»Die Situation hinnehmen?« fragte er, ungläubig dreinschauend.

»Ja«, erwiderte ich. Ich riet ihm, zum neuen Präsidenten ins Büro zu gehen und ihn offen und ehrlich zu fragen, was er für ihn tun könne, und alle Aufgaben, die ihm übertragen würden, mit all seiner Loyalität, seiner Erfahrung und seinem Einsatz zu erledigen. Phil hörte sich diese Anregung ruhig an und sagte darauf: »Du hast wohl recht. Aber es wird keine einfache Sache sein.«

»Na und?« gab ich zurück. »Du bist Manns genug, um etwas Hartes, gleichzeitig aber Feinfühliges zu leisten.«

Darauf fuhren wir in den Bahnhof von Philadelphia ein. Er streckte mir die Hand entgegen. »Danke, Norman. Ich will's versuchen.«

Eine Woche später rief mich Phil an, um mir zu sagen, was sich ereignet hatte. Er war zum neuen Präsidenten gegangen. »Es fiel mir nicht leicht, Norman«, sagte er mir, »aber weißt du, was er zu mir sagte? ›Ich brauche Sie, Phil. Sie kennen dieses Geschäft wie kein anderer. Vielen Dank.‹« Ich freute mich, in Phils Stimme den alten Lebensfunken zu verspüren. Die Folge dieser Geschichte war die, daß Phil und der neue Präsident wirklich gut zusammenarbeiteten und im Verlauf der Zeit Freunde wurden. Der Präsident machte seine Arbeit gut – so gut, daß man ihm binnen fünf Jahren in einer anderen Unternehmung einen noch besseren Posten anbot und seine Stelle dadurch frei wurde. Und wer wurde dann zum Aufsichtsratsvorsitzenden gewählt? Sie haben's erraten: Phil. Er hat seiner Firma bis zu seiner gesetzlich vorgeschriebenen Pensionierung bestens gedient.

Eines Tages, als ich in seiner Stadt und er immer noch berufstätig war, lud er mich zum Essen ein. »Ich schulde dir sehr viel, Norman«, sagte er mir, »aber im Grunde genommen bist du gar nicht so hell im Kopf. Alles, was du mir geraten hast, steht in der Bibel, und damals hätte ich es beinahe vergessen.« Wir lachten beide. Später gingen wir die Straße hoch. Ich sah Phil nach, wie er auf sein Büro zulief – ein starker Mann, in Körper und Geist gesund.

Unsere Generation täte gut daran, für ihr Wohlbefinden der Wechselwirkung von Körper und Geist nachzuleben. Die dazu nötigen Übungen sind unvergleichlich. Auch ich mache sie. Unterziehen Sie sich einer medizinischen Behandlung, wenn es erforderlich ist; nehmen Sie aber immer die Medizin des geistigen Wohlbefindens dazu.

Viele Menschen meinen, das sei etwas Neues. Aber haben denn weise Männer und Frauen nicht schon vor langer Zeit die Kraft des Geistes über den Körper erkannt?

Nie vergesse ich jenen Arzt, der unsere Familie vor Jahren versorgte. Es muß schon lange Zeit her sein, denn ich entsinne mich, daß er im Einspänner zu den Kranken fuhr. Er wurde hergebeten, weil ich mich über Magenschmerzen beklagte, die zweifellos von meiner jugendlichen Gewohnheit, unreife Äpfel zu essen, herrührten. Er schaute sich meine Zunge an, klopfte auf meine Brust und verschrieb darauf feierlich ein Rezept, indem er mir eine Tablette mit der Anweisung gab, sie als erstes einzunehmen.

Bevor er wegging, fuhr er mir durch das Haar und sagte: »Magenschmerzen, mein kleiner Junge, sind nicht so schlecht wie geistige Schmerzen im Kopf. Behalt einen klaren Kopf!«

Dies ist vor rund achtzig Jahren geschehen, doch die Erinnerung daran ist mir seit eh und je geblieben. Ich wuchs in einer Pfarrers- und Arztfamilie auf und weiß daher, daß reichlich viele Mediziner wissen, daß die Einstellung und Denkart eines Patienten sehr viel mit seinem Wohlergehen zu tun haben. Daher geht das Geist-Körper-Prinzip weit in die menschliche Erfahrung zurück.

Ein weiterer Vorfall ist bei mir ganz besonders im Gedächtnis haften geblieben. Ich erwähne ihn an dieser Stelle, weil Sie, wenn Sie denselben Gedanken aufgreifen, sich nach meiner Überzeugung besser und gesünder fühlen. Als ich vor vielen Jahren beim *Detroit Journal* arbeitete, ging ich zu Grove Patterson ins Büro und fragte ihn gewohnheitsmäßig: »Wie geht es Ihnen, Mr. Patterson?« – »Blendend. Ich fühle mich herrlich«, antwortete er lebhaft und fügte hinzu: »Wenn ich mich anders fühlte, würde ich es Ihnen nicht sagen. Ich denke ans Gesundsein und spreche darüber; Sie tun gut daran, dasselbe zu machen, denn was Sie von Ihrem Körper denken, hat eine Menge damit zu tun, wie Sie sich fühlen.« Er hob seinen tintenbekleckten Zeigefinger hoch, um das, was er gesagt hatte, zu unterstreichen. (An seinem Zeigefinger schien immer Tinte zu sein.)

Diese Begebenheit in den alten Zeitungsbüros an der Jefferson Avenue trug sich sage und schreibe vor siebzig Jahren zu, aber sie hat sich mir unauslöschlich eingeprägt. Grove Patterson war zeit seines Lebens ein starker, gesunder, von bewunderswerter Energie erfüllter Mann gewesen. Er zählte auch zu den intelligentesten Menschen, die ich kannte.

Ein drittes Ereignis, das mich davon überzeugte, daß man sich einer besseren Gesundheit erfreut, wenn man positiv eingestellt ist, eine bejahende Denkart hat und die geistigen Feinde wie Haß, Angst und alles Negative unter Kontrolle hält, geschah an einem unvergeßlichen Tag in Chicago. Es trug sich im alten *Sherman House,* einem großen Hotel, zu, das bei Clark and Randolph stand. Frank Bering und sein Bruder Gus waren die Hoteldirektoren. Beide waren in der kleinen Stadt Lynchburg in Ohio zusammen mit meiner Mutter und meinem Vater aufgewachsen. Sie träumten beide Lynchburg nach und hatten mir weder mein Zimmer noch meine Mahlzeiten im *Sherman House* verrechnet. So stieg ich während meiner zahlreichen Reisen nach Chicago, wenn ich an Tagungen sprechen mußte, natürlich immer dort ab. Chicago war zu jener Zeit unbestritten *der* Ort, wo nationale Tagungen abgehalten wurden.

Gus, der damals Mitbesitzer war, leitete das Hotel selbst noch im Alter von 87 Jahren; er war bei bester Gesundheit, tatkräftig und im Vollbesitz seiner geistigen Kräfte. Als ich eines Tages in Chicago an einer Tagung der *National Standard Parts Association* eine Rede halten mußte, schaute ich Gus voller Bewunderung an, als er umherlief und Anweisungen erteilte. Ich hielt ihn auf und fragte: »Wie alt bist du, Gus?«

»Was ist los? Ist dein Zimmer nicht in Ordnung, oder ist die Bedienung schlecht?«

»Aber nicht doch; alles ist wie immer perfekt.«

»Was hat das denn mit meinem Alter zu tun?«

»Ich weiß ohnehin, wie alt du bist; denn du bist zusammen mit meiner Mutter zur Schule gegangen«, erwiderte ich.

»Warum dann die alten Geschichten aufwärmen?« knurrte er. Worauf er mich in den Brustkasten puffte; es war ein nahrhafter Schlag, aber eben seine Art, jemandem Zuneigung zu schenken. »Mein lieber Freund, laß dir einen Rat geben: Lebe dein Leben, vergiß dein Alter, und denk immer an die Gesundheit.« Mit diesen Worten teilte er mir nochmals einen Puff aus und ging gebieterisch von dannen. Ein Mann, der daneben saß, hatte das Gespräch mitgehört und fragte mich: »Wie alt ist dieser Mann?«

»87«, gab ich zur Antwort, »und leitet nach wie vor dieses Hotel.« – »Das ist doch nicht möglich!«

»Natürlich. Es ist so.«

»Unglaublich«, murmelte er, »es ist völlig unglaublich.«

Aber wie Sie sehen, können unglaubliche Dinge jedem Menschen widerfahren, der auf sich achtet und seinem Körper zur Gesundheit führende, lebenfördernde und pulsierende Gedanken zuführt. Die Grundregel besteht ohne Zweifel darin, recht zu denken und sich in Ordnung zu fühlen.

Ich bin davon überzeugt, daß ein positiv denkender Mensch durch die Kraft des Geistes seinen Gesundheitszustand und seine Lebenserwartung weit über das von Lebensversicherungsgesellschaften errechnete Durchschnittsalter bestimmen kann. Dies ist meine Überzeugung, weil ich bejahende Gesundheitsprinzipien bis zu meinem 93. Lebensjahr gelehrt habe.

Ein Beispiel: Ich behaupte jeweils etwas, wenn es um meinen Blutdruck geht. Die beiden letzten Male maß ihn ein Arzt: 130 auf 70. Die Bestätigung, der ich mit Erfolg nachlebte, stammte von Dr. J. Sage, der von Dr. Niehans, dem bestbekannten Schweizer Arzt, beeinflußt war. Ihr Wortlaut, den man sich mehrmals mit lauter Stimme hinsagen sollte, ist der: »Meine Körperzellen, die stets auf kluge Weise gesteuert werden, machen jetzt meine Arterien, Venen und das Gewebe so weich und flexibel wie in meiner Jugend. Mein Herz ist stark und gesund, und mein Blutdruck ist normal.«

Mit dieser Bestätigung erlebe ich den Körper bewußt von Kopf bis Fuß als normal funktionierend. Zusätzlich zu dieser mentalen Bestätigung und Vorstellung mäßige ich mich beim Essen, halte mich regelmäßig in Bewegung – vor allem mit Wandern – und halte alle nachtragenden Gefühle konsequent von mir fern.

Wenn ich dies tue und von solchem Vorgehen schreibe, wird mir bewußt, daß ich womöglich Kritik einheimse. Doch ich wurde in einer streng wissenschaftlichen Tradition aufgezogen und brauchte lange Zeit, um zu den erwähnten Erkenntnissen zu gelangen. Alles, was ich sagen kann, ist, daß sich diese geistigen Übungen bewährt haben; deshalb gebe ich sie weiter.

Mein Freund, der verstorbene Dr. Maxwell Maltz, sagte: »Die bedeutendste psychologische Entdeckung dieses Jahrhunderts ist die Entdeckung des Eigenbildes.« Wenn wir uns im Einklang mit den Gesetzen der Gesundheit sehen, so hindern wir diese Gesetze weniger daran, in unserem Körper auf perfekte Art zu wirken.

Der erste Schritt zu einem langen Leben und zur Gesundheit besteht darin, im Geist aktiv und gesund zu bleiben. Dies erreicht man, indem man zu einem starken Glauben kommt, an sich selbst, an die Zukunft und an die liebevolle Fürsorge Gottes glaubt. Dazu bedarf es positiver Gedanken, die jeglichen Pessimismus verjagen. Der Arzt William Clarence Lieb sagte mir: »Die Erfahrung hat mich gelehrt, Pessimismus als Hauptsymptom vorzeitiger Verknöcherung zu erkennen. Sie tritt normalerweise mit den ersten kleinen Anzeichen körperlichen Zerfalls ein.«

Der beste Weg zur Gesundheit besteht daher ohne Zweifel in einer guten medizinischen Betreuung, im Vermeiden von Streß, in körperlicher Bewegung, vernünftigem Essen, regelmäßigen ärztlichen Routinekontrollen und ganz bestimmt in Liebe den Mitmenschen gegenüber und in der Überzeugung, gesund zu sein.

Die Zunahme von psychologischen und psychiatrischen Behandlungen und der religiös-psychiatrischen Heilungszentren, wie etwa des *Blanton Peale Institute* in New York, belegen die Auswirkung, welche die geistige Haltung auf die Gesundheit hat.

Richten Sie Ihr Leben so ein, daß Sie jederzeit und unter allen Umständen in der Lage sind, Ruhe und Ihren Seelenfrieden zu bewahren. Nehmen Sie sich die Worte des weisen Marcus Aurelius zu Herzen: »Ich behaupte, daß innere Ruhe nichts anderes als richtige Ordnung im Geiste ist. Gib dir somit immer wieder diese Zuflucht und werde neu.«

- **Erinnern Sie sich an die heilende Kraft der Liebe und des Vergebens.**

- **Stellen Sie den guten Willen über Haß und Groll.**

- **Ein gesunder Geist und gesundheitliche Vorsorge müssen Hand in Hand gehen.**

KAPITEL 11

Ihre wiederkehrende Kraft

Viele erfolgreiche Menschen, die ich kennengelernt habe, hatten eines gemeinsam: Sie alle besaßen, was es brauchte, um Rückschläge zu überwinden. Was war das? Man könnte es »wiederkehrende Kraft« nennen.

Unser Land wurde von Menschen geschaffen, die glaubten, daß sich die Lage verbessert. Selbst in widerwärtigen Zeiten – etwa bei Krieg oder in Wirtschaftskrisen – war es für die Amerikaner typisch, daß sie dank ihrer natürlichen positiven Einstellung nie daran zweifelten, daß schon bald wieder bessere Tage kommen. Daher kamen auch die besseren Zeiten. Doch sie kamen, weil Amerikaner auf diese Weise dachten, indem sie daran glaubten, sich einsetzten, arbeiteten und nie aufgaben.

Jeder Mensch muß lernen, nach Besserem Ausschau zu halten, wenn er sich Besseres erhofft. Das Bessere *kommt,* wenn man es sich erhofft! Unbeirrtes Erhoffen hat wie ein Magnet gewaltige Anziehungskraft. Das bedeutet, daß man den Dingen, die aussichtslos zu sein scheinen, positiv begegnen muß. Betrachten Sie beispielsweise die Erfahrung, die Tommy Herr als zweiter Baseballspieler der *Minnesota Twins* machte. Er erzählte uns Redakteuren beim *Guidepost*-Magazin, wie sehr er während langer Zeit unter einem Tief in seiner Karriere gelitten hatte, als er für die *St. Louis Cardinals* spielte.

Es fing am 22. April 1988 im St.-Louis-Busch-Stadion an,

als jemand Tommy auf die Schulter klopfte und sagte: »Whitey will mit dir reden.«

»Whitey« ist Whitey Herzog, der legendäre Manager der *Cardinals*. Tommy, der für Whitey und die *Cardinals* weltweit in drei Serien gespielt hatte, ging zum Klubbüro und fragte sich, was sein Manager wohl von ihm wollte.

»Sobald ich unter der Tür stand, wußte ich, daß etwas Wichtiges im Tun war«, sagte er; denn Dal Maxvill, der Präsident, stand hinter Whitey, der an seinem Pult saß.

Whitey bat Tom, sich zu setzen. »Ich schaute Whitey und dann Dal fragend an«, fügte Tommy hinzu. »Ich spürte, wie sich mir der Magen umdrehte. O nein, dachte ich, nicht ich!«

»Tommy«, setzte Whitey mit müder, gedämpfter Stimme ein, »du bist bei mir während fast acht Spielzeiten ein blendender Spieler gewesen. Du hast den *Cardinals* alles gegeben, was wir von dir verlangten. Aber ...«

Bei diesem »Aber« stockte Tommy das Herz.

»Aber«, fuhr Whitey fort, indem er tief Atem holte, »wir haben dich zu den *Minnesota Twins* im Austausch mit Tom Brunansky versetzt.«

Eine Weile schien Tommy die Zeit stillzustehen. »Ich versuchte immer wieder das Wort ›versetzen‹ zu verstehen. Ich wußte genau, was es bedeutet: austauschen, auswechseln, loswerden. Ich wollte aber, daß es etwas anderes bedeutet. Ich wollte klarmachen, daß man mich um meine Meinung zu einer derart verrückten Idee fragten und mir nicht einfach sagen sollte, es sei eine abgemachte Sache.«

Der Klubpräsident versuchte zu erklären, weshalb der Transfer sowohl für die Spieler als auch für die Mannschaft gut sei und wie sehr die *Cardinals* dringend einen kräftig schlagenden Basemann wie Brunansky auf der Rechten brauchten.

»Ich starrte auf ein Bild, das hinter ihm hing – das Foto von mir, auf dem ich von anderen Veteranen der fahnen- und weltmeisterschaftsgewinnenden *Cardinal*-Mannschaften umgeben war«, sagte Tommy. »Ich fragte mich, ob Whitey dieses Bild jetzt wohl runterholen würde.«

Der 32jährige Tommy Herr konnte es nicht fassen, daß er jetzt nicht mehr zu den *Cardinals* gehörte. Mit dieser Mannschaft hatte seine Karriere begonnen. Er wollte sie auch in St. Louis beenden. »Als Baseballspieler war ich im besten Mannesalter«, sagte er.

Dal Maxvill hob die Sitzung auf, indem er sagte: »Ich glaube, daß Sie die Haltung der Klubleitung verstehen. Die *Twins* möchten, daß Sie sich rechtzeitig für das Spiel gegen die *Cleveland Indians* in Minneapolis von morgen melden. Alles Gute, Tom.«

»Ich hatte nur noch einen Wunsch: dieses Büro verlassen. ›Leckt meine Wunden‹«, sagte Tommy. »Whitey schaute mich baß erstaunt an. Welche Gefühle verbarg er wohl? Ich wußte, daß es auch für ihn nicht einfach war. Fast wie in Zeitlupe streckte er mir seine Hand entgegen.

Das Schlimmste daran war«, sagte Tommy, »Kim, meiner Frau, und meinen Kindern zu sagen, daß ich versetzt würde.« »Wir gehen nach Minnesota«, eröffnete er seiner Frau.

»Wenn es so ist«, sagte sie darauf, indem sie den Atem anhielt, »so ist es Gottes Wille, Tommy.«

»Ich weiß, daß ich an Gottes Fügung teilhabe«, sagte Tommy, »aber ich habe eine volle Breitseite abbekommen. In meinem ganzen Leben habe ich im Sport Erfolge gefeiert. Ich bin es nicht gewohnt, daß man mir sagt, ich solle die Koffer packen. Ich bin nach wie vor ein Mensch, nach dem jeder verlangt...«

Die ersten paar Spiele, die Tommy bei den *Twins* spielte, waren eine Katastrophe. Er war völlig verzweifelt. Schließlich gelang ihm ein Durchbruch. Vier sogar. Eine gewaltige Last schien von seinen Schultern zu fallen, und er fühlte sich in der zweiten Liga bei den Heimspielen der *Twins* allmählich wesentlich besser. Immer mehr liebte er die Sportplätze der *Twins*, deren Fans waren für ihn unglaublich stark, und seine Begeisterung stellte sich wieder voll ein.

»Es tut mir immer noch ein wenig weh, wenn ich an die Versetzung denke«, sagte Tommy. »Aber es ist nicht gut, wenn man dauernd an einen Rückschlag denkt. Ich mußte ihn überwinden und als Veteran, der ich nun mal bin, auf das Glück im Baseball hinarbeiten. Bei diesem Spiel scheint einem die Sonne nicht sonderlich lang. Im übrigen entließen die *Twins* einen guten Spieler, weil sie mich haben wollten. Darüber hatte ich mir zuwenig Gedanken gemacht.

Heute sehe ich ein, daß die Versetzung nicht persönlich gemeint war«, sagte er abschließend. »Baseball ist ein Geschäft – so wie jeder Sport – und die Entscheidung der *Cardinals* war eine rein geschäftliche Entscheidung: ein gleichwertiger Austausch eines guten Spielers gegen einen anderen, der ebenso gut ist.«

Ja, Tommy Herr schaffte es, wieder auf seine frühere und später noch eine bessere Spielstärke zu kommen.

Der Schöpfer hat uns diese herrliche Kraft eingegeben. Sie ist etwas Großartiges: Man sollte immer daran denken, daß man sie besitzt, wenn alles zusammenzubrechen droht. Wie immer Sie sie nennen – ob »wiederkehrende Kraft« oder »aufbäumende Kraft« –, sie liegt in Ihnen, auch in den schlechtesten Zeiten. Deshalb kommen die Dinge immer besser. Sie besitzen die Kraft, alles zum Guten zu wenden. Vergessen Sie das nie.

Wenn wir versuchen, uns auf Dinge einzustellen, die schiefgelaufen sind, müssen wir uns bewußt sein, daß das meiste, das schiefläuft, aus unserem Inneren kommt. Wenn wir behaupten, ein anderer Mensch sei die Ursache unseres Problems, sagen wir im Grunde genommen nur, daß wir unsere Verantwortung nicht übernehmen.

Wir selbst sind fast immer die Ursache des Unheils. Das bezieht sich natürlich nicht auf die Sorgen und das Elend, die außerhalb jeglicher menschlicher Kontrolle begründet sind. Wenn ich aber selber Probleme habe, überlege ich mir immer, wie es mit mir steht. Dann frage ich mich: »Was habe ich getan, damit dies geschehen konnte?« Eine offene und ehrliche Erkenntnis bringt oftmals die Wahrheit zutage.

Wenn ich einen weiteren Vergleich mit dem Sport anstellen darf: Ich erinnere mich an einen Ballwerfer einer erstrangigen Baseballmannschaft, der mir sagte, was er machte, sobald er in einem Tief war. (Das gilt für jeden Menschen – egal, was er macht; jeder kann in ein Tief geraten.) Wie auch immer, dieser Ballwerfer stellte sich klug an. Wenn er Phasen hatte, in denen er, wie er sagte, »gut« war, ließ er sich auf Video aufnehmen. In der Verlangsamung konnte er jede seiner Bewegungen verfolgen: wo er seinen Fuß hingesetzt hatte, wie er den Ball hielt und ihn wegwarf.

Wenn er seine schlechte Phase hatte, ließ er mehr Aufnahmen drehen, so daß er genau sehen konnte, was er falsch gemacht hatte. Damit hatte er die beiden Aufnahmen, die er gleichzeitig in der Verlangsamung laufen ließ, und er studierte aufmerksam die Unterschiede. Dabei fiel ihm auf, daß er beim schlechten Spielen jedesmal seinen linken Fuß etwa zehn Zentimeter weiter auf den Fänger setzte, als er es bei gutem Spiel tat.

Aufgrund dieser Tatsache denken Sie jetzt wohl, daß auf einfache Weise Abhilfe geschaffen werden könnte: Er müßte ja nur zehn Zentimeter zurückgehen, und damit wäre sein Fehler behoben. Doch der Ballwerfer war schlauer. Er fragte sich nämlich, weshalb er mit seinem Fuß zehn Zentimeter weiter vorn gestanden hatte. Er mußte sich eingestehen, daß es nur den Grund hatte, daß er übermäßig ängstlich war. Er fürchtete sich – mit der Folge, daß er übermarchte, seinen Fuß damit zu weit nach vorne setzte und dadurch seine übliche Wurfstellung beeinträchtigte. Um dem abzuhelfen, befleißigte er sich, innerlich ruhig zu werden, in sich zu gehen und den ursprünglichen Einklang mit sich selbst wiederzufinden. Als gläubiger Mensch betete er und dankte Gott dafür, daß er mit Ihm in Harmonie sein durfte. Er setzte seinen Fuß auf dem Schlagfeld wieder an den richtigen Ort, und der Ball flog sauber weg. Das Tief war vorbei.

Wäre es nicht herrlich, wenn wir alle in unseren guten und schlechten Zeiten von uns Filmaufnahmen machen und sie vergleichen könnten? Immerhin, was Sie machen *könnten,* ist, von sich einen Film Ihres Inneren zu machen. Wenn Sie auf der Höhe Ihres Lebens sind und alles problemlos verläuft, überlegen Sie sich, was Sie gut machen, und bewahren es in Ihrem Bewußtsein, bis es auf natürliche Weise Teil von Ihnen wird. Wenn die Dinge schieflaufen, so fragen Sie sich ganz ehrlich, was mit Ihnen nicht stimmt, und korrigieren Sie es dann.

Liebe Leserin, lieber Leser, wenn Sie dieses Kapitel mit dem Titel »Ihre wiederkehrende Kraft« lesen, mögen Ihnen Zweifel aufkommen, vor allem wenn es Ihnen schlechtgeht, wirklich schlecht ergangen ist. »Wie komme ich wieder zur alten Form?« fragen Sie vielleicht. »Unmöglich, wieder von vorne zu beginnen.« So klingt es, wenn das negative Denken überhandnimmt. Und dies ist genau der Augenblick, wo Sie sich aufraffen und Ihr Leben in den Griff bekommen müssen. Sagen Sie sich: *Ich beginne gleich jetzt wieder!* Denken Sie sich, daß es wieder aufwärtsgeht, stellen Sie sich das Aufwärtsgehen vor, und gehen Sie aufwärts. Ich gehe meinen

Weg zurück und will alles, was ich in der Vergangenheit gemacht habe, übertreffen – so wahr mir Gott helfe. Ihr neues Leben wird außergewöhnlich und noch viel mehr als das sein, was Sie sich vorstellen.

Die folgende Geschichte von Phyllis Diller (wie sie von John McCollister in der *Saturday Evening Post* von April 1989 berichtet wurde) erzählt, wie sich diese Frau auf unwahrscheinliche Weise wieder aufgefangen hat.

Vor 36 Jahren war es der in Amerika bestbekannten Komikerin überhaupt nicht ums Lachen zumute. Phyllis Diller, eine Hausfrau in mittleren Jahren, die in Alameda, Kalifornien, lebte, hatte ihren Tiefpunkt erreicht.

»Es war schrecklich«, sagte sie aus der Erinnerung heraus. »Mein Mann wurde entlassen. Wir schuldeten schon längst fällige Hypothekarzahlungen. Wir wußten, daß wir von einem Tag auf den andern unser Haus verlieren konnten. Der Lebensmittelhändler gab uns weder Nahrungsmittel noch Kredit. Das Elektrizitätswerk kündigte an, uns den Storm abzustellen.«

Die Bedrückung wuchs bis zur Unerträglichkeit. Phyllis mußte einfach irgendwo hingehen, um die Lage zu überdenken. Sie ging allein durch ihr Wohnquartier, kam an einer offenen Kirche vorbei und trat instinktiv ein.

»Leere Kirchen sind für mich ein Zufluchtsort«, sagte sie. »Wenn immer ich nachdenken will, gehe ich auch heute noch in eine leere Kirche. Die Wölbungen, vor allem in einer großen Kathedrale, geben einem Kraft. Eine leere Kirche ist der *Ort, wo ich mich auf mich besinnen kann.«*

Als sie dort in ihrer Einsamkeit nachdachte, wurde ihr bewußt, daß sie von negativ denkenden Menschen und mißlichen Umständen beherrscht wurde. Sie schwor sich, daß ihr dies nie wieder zustoßen würde.

»Es war, als hätte mir Gott selbst zu dieser Erkenntnis verholfen«, berichtete sie. »Logischerweise hat sich mein Leben nicht auf Anhieb verändert. Doch diese neuerworbene Überzeugung brachte mich auf den richtigen Weg. Ich besaß bereits gelesene Bücher zum Thema der Eigenmotivation, aber dies umzusetzen ist eine andere Sache. Mein erster Schritt bestand darin, zu erkennen, daß ich mich nicht in Selbstmitleid und negativen Gedanken über die schwere Zeit, die ich gegenwärtig durchmachte, ergehen durfte.«

»Ich habe wieder Vertrauen gewonnen«, sagte sie. »Ich machte mich auf und erhielt bei einem Lokalradio Arbeit. Natürlich war ich ab und an in Sorge, aber ich sah meinen Ängsten unverblümt ins Gesicht und ließ mich von ihnen nie überwinden.«

Sie lernte das Wort »aufgeben« zu hassen.

Genau zwei Jahre nachdem sie am Tiefpunkt angelangt war, gab sie ihre Arbeit bei der Rundfunkanstalt auf, um eine Karriere als Komikerin aufzugreifen. Während ihrer zweiwöchigen Kündigungszeit versprach ihr der Leiter, ihre Stelle offenzulassen, falls sie es nicht schaffen würde. Ohne zu zögern, sagte Phyllis zu ihm: »Ich komme nicht *mehr zurück.«*

Sie war nervös, aufgeregt und, was ihr Publikum anging, unsicher. Doch sie besann sich auf ihren Mutterwitz, ging auf die Bühne und gab ihr Bestes. Sie bestand die Probe und unterschrieb den Vertrag für zwei weitere Wochen.

Ihr Auftritt war mit Witzen gespickt, die sich auf das bezogen, was sie bestens kannte: Hausfrau sein. Die Mäzene krümmten sich vor Lachen. Viele kamen, um noch mehr von ihr zu hören. Der Eigentümer des Lokals war derart zufrieden, daß er ihren Vertrag verlängerte. Phyllis Diller blieb während fast zweier Jahre dort.

Phillis Diller war auf dem besten Weg, auf nationaler Ebene Erfolg zu haben. »Na und?« mögen Sie jetzt sagen. »Ich bin nicht Phyllis Diller.« Meine Antwort ist die: Phyllis hat sich nicht vorgestellt, was in ihr steckte, aber sie hat begonnen, positiv zu denken. Sie glaubte immer mehr an sich selbst und stieß auf Fähigkeiten, die in ihr schlummerten und darauf warteten, geweckt zu werden. Sie können gar nicht erahnen, wie viele unwahrscheinliche Möglichkeiten in Ihnen stecken. Setzen Sie sie ein. Deshalb führen wir die fünf schöpferischen Prinzipien auf: denken, lernen, versuchen, arbeiten und glauben. Seien Sie zudem von Freude erfüllt. Diese Grundsätze wirken Wunder für diejenigen, die an Gott, an sich selbst und an die Zukunft glauben.

Sie werden wahrscheinlich keine nationale Berühmtheit, wenn Sie sich wieder auffangen, aber alles geht besser, viel besser, und es ist ja unser Ziel, zu einem besseren und freudvollen Leben zu kommen.

Hier eine weitere Begebenheit, die einen Neuanfang belegt – eine von vielen, die ich erzählen könnte. Dianne Hales hat sie in einem Artikel mit dem Titel »Wiederbeginn« in der Mai-Ausgabe 1988 von *McCall's* wiedergegeben. Sie berichtete darin von der verwitweten Carol, die unter vielen Schicksalsschlägen litt und versuchte, sich mit Energie, Arbeiten, Glauben und positiven Gedanken wieder auf die Beine zu bringen.

An einem eiskalten Tag im Februar 1981 kam ein Traktor mit Anhänger auf einer Hauptstraße ins Rutschen, rammte einen Wagen, dessen Fahrer sogleich getötet wurde. Bei diesem entsetzlichen Unfall verlor Carol ihren Mann, aber auch ihren Glauben an die Sicherheit in der Welt und ihre Zukunftspläne. Im Alter von 42 Jahren mußte sie von neuem beginnen.

»Ich hatte drei schulpflichtige Kinder. Während elf Jahren hatte ich nicht gearbeitet. Ich hatte keine Ahnung, wie man zu Geld kommt und mit Geld umgeht. Nachts lag ich im Bett und kämpfte gegen die panische Angst an, die mich ergriffen hatte. Aber jeden Morgen stand ich auf und sagte mir, daß ich Schritt für Schritt weitergehen müsse.« Sie nahm die erstbeste Stelle als Verkäuferin in einem Kleidergeschäft an. An den Wochenenden und Abenden lernte sie, um sich auf das Diplom einer Immobilienhändlerin vorzubereiten. »Wir waren nicht mittellos, aber ich mußte meine Familie durchbringen und hatte keine Zeit, wieder ans College zurückzugehen und die Ausbildung abzuschließen.«

Sobald sie die Maklerlizenz erworben hatte, arbeitete sie mit verbissener Energie und Entschlossenheit. Sie wurde zum »Makler-Star des Jahres« in ihrer Gegend, da sie mehr Häuser verkaufte als alle anderen Immobilienhändler in ihrer Umgebung. »Die Angst war für mich die größte Motivation«, sagt sie. Binnen fünf Jahren gehörte sie zu den erfolgreichsten Maklern im Staat. Indem sie ihr Geschäft aufbaute, baute sie gleichzeitig für sich und ihre Kinder ein neues Leben auf und entdeckte dabei eigene Fähigkeiten, von denen sie zuvor keine Ahnung gehabt hatte. »Es war das Härteste, was ich je gemacht habe«, berichtet sie. »Aber heute bin ich wegen dem, was ich durchgemacht habe, ein stärkerer und einsichtigerer Mensch.«

Wir alle kennen Menschen, die ähnliche Verluste und Rückschläge erlitten haben. Einige von ihnen – wie eben etwa Carol – raffen sich auf, um einen neuen Lebenssinn zu finden. Andere, deren Schicksalsschläge kaum härter waren, können sich nie wieder auf die Beine helfen. Sie versinken in Selbstmitleid, trinken, leben in der Vergangenheit und fallen in Depressionen. Weshalb blühen die einen Menschen nach einem Rückschlag wieder auf, wogegen die andern kaum mehr überleben? Fachleute in der Entwicklungspsychologie haben bei Menschen, die nach einer Krise wieder zum Erfolg kamen, die folgende Eigenschaft ausgemacht: »Das Entscheidende ist die Achtung vor sich selbst«, sagt Dr. David Chiriboga, Fachmann in Entwicklungspsychologie an der University of Texas Medical School in Galveston. »Wenn sie in Ordnung ist, kann man jedem Sturm trotzen.«

Seien Sie Maximalist. Wenn Sie etwas in Angriff nehmen wollen, das Ihnen unmöglich erscheint, so ist wahrscheinlich eine geringe Selbstachtung das größte Hindernis. Wenn Sie sich als minderwertig betrachten, sind Sie ein Minimalist. Seien Sie nie ein Minimalist! Seien Sie immer ein Maximalist! Jeder Mensch hat mehr Kraft, als er denkt.

Entwickeln Sie eine bis zum Grund reichende positive Einstellung. Ich habe es oft mit entmutigten Menschen zu tun, die sagen: »Ich bin am Boden; es gibt keine Hoffnung mehr.« Einem solchen Menschen gab ich einst zurück: »Herzlichen Glückwunsch. Da Sie am Boden angelangt sind, können Sie nicht mehr tiefer sinken: Es kann nur aufwärtsgehen. Denken Sie also *aufwärts.*« Er machte es, und nach einiger Zeit kam er auf Gedanken, die ihm halfen, wieder weit über dem Boden zu stehen. Er sagte mir: »Heute bin ich glücklich zu wissen, daß der Boden dort unten ist, um mich künftig vor einem weiteren Niedergang zu schützen.« Er hatte den Boden in der Tat in etwas Wertvolles verwandelt!

Ich erinnere mich, daß während der vielen Jahre, in denen ich als Pfarrer in New York tätig war, im Sprengel viele Kirchgänger waren, die von außerhalb der Stadt kamen: Einkäufer, Verkäufer, Buchhalter, Manager und Geschäftsleitungsvorsitzende – Frauen und Männer von überall her. Von Zeit zu Zeit erkannte ich in der Menge einen Menschen, dessen Gesicht mir deshalb auffiel, weil es von Leid und Elend gezeichnet war.

Es war ein Mann, der nach meiner Schätzung zwischen 40 und 45 Jahre alt sein mochte. Sein Gesicht verfolgte mich, denn es war ganz offensichtlich das Antlitz eines sehr unglücklichen Menschen. Doch der Mann kam nie zu mir, um mir die Hand zu geben, wie es Woche für Woche viele Kirchgänger taten.

Der Zufall wollte es, daß ich ihn auf dem Gehsteig traf. In unseren kurzen Gesprächen sagte er zu mir: »Ich möchte einmal mit Ihnen sprechen, wenn Sie für mich Zeit haben.« Wir machten einen Termin ab; er kam und setzte sich, wobei er nervös die Hände rang. Schließlich sagte er: »Ich muß es loswerden. Ich schaff's einfach nicht mehr. Ist dieses Gespräch absolut vertraulich?«

»Absolut. Sie reden sich das, worum es sich handelt, am besten von der Seele«, antwortete ich.

Darauf erzählte er mir, daß er Finanzleiter einer Herstellerfirma in einem abgelegenen Ort der Vereinigten Staaten sei. Er hatte über seine Verhältnisse gelebt. Er machte seiner Frau, die er innig liebte, keine Vorwürfe, hatte aber den Verdacht, daß sie und seine beiden Kinder ihn als Vater betrachteten, der ihnen alles gibt, was sie nur wollten. Daher häuften sich seine Schulden.

»Dr. Peale, ich bin in meinem Leben immer ehrlich gewesen, aber ich benötigte mehr Geld und, Gott verzeihe mir, habe es aus der Firma rausgepumpt.«

»Wieviel haben Sie denn ›rausgepumpt‹?« fragte ich ihn.

Er wurde rot; es wurde eindeutig schwierig, mit ihm über seine Unehrlichkeit zu reden. Aber schließlich sagte er: »Etwas über 200 000 Dollar. Ich kenne den Betrag bis auf den letzten Cent.« Und dann fügte er hinzu: »Mein Vorgesetzter, der Aufsichtsratspräsident, war wie ein Vater zu mir, der netteste, fürsorglichste Mensch der Welt. Er hat mir seit meinem Arbeitsbeginn sämtliche Möglichkeiten eröffnet, und ich«, sagte er zögernd, »ich dreckiger, klauender, unnützer Schwindler...«

»Können Sie den Betrag, den Sie unterschlagen haben, wieder ›reinpumpen‹?«

Traurig schüttelte er den Kopf. »Ich habe daran gedacht, aber ich bin in der Klemme. Ich müßte mein Haus verkaufen, und meine Frau und meine Kinder würden den Grund erfahren.«

»In diesem Fall«, sagte ich, »bleibt nur eins: Haben Sie die nötige Kraft, um jetzt völlig ehrlich zu sein? Wenn ja, hilft Ihnen Ihre Kraft, wieder so zu sein, wie Sie früher waren meiner Ansicht nach, um die Situation zu meistern. Doch das, was ich Ihnen rate, erfordert von Ihnen das letzte Quentchen Mannhaftigkeit, die in Ihnen steckt. Und daß Sie die Kraft dazu haben, zeigt sich daran, wie sehr Sie leiden.«

»Mit Gottes Hilfe werde ich alles tun, was Sie mir raten«, sagte er beinahe flüsternd.

»Schön. Dies ist mein Rat: Gehen Sie zu Ihrem Vorgesetzten, und erzählen Sie ihm, was sie getan haben, und versprechen Sie ihm, daß Sie alles bis auf den letzten Cent zurückzahlen, und reichen Sie die Kündigung ein. Wenn er so ist, wie Sie ihn mir beschrieben haben, so meine ich, daß er das unternimmt, was für die Firma am besten ist. Dabei wird er aber auch an Sie denken. Allerdings könnte er wohl hart durchgreifen.«

Er fuhr zurück und sagte dem Präsidenten alles. Später berichtete er mir vom Gespräch. »Mein Vorgesetzter lehnte sich einfach zurück und hörte sich die miserable Geschichte an. Als ich zu Ende erzählt hatte, schwieg er lange. Dann stand er auf und schaute zum Fenster hinaus. Nachher kam er auf mich zu, blickte mich an und sagte mit seiner weichen Stimme: ›Sie armer Kerl. Es tut mir so leid für Sie, Bill. Für einen guten Menschen ist es hart zu wissen, daß er ein Dieb ist. Sie müssen ja die Hölle durchmachen. Logisch, daß Sie das Geld unserem Unternehmen zurückzahlen. Ich enthebe Sie Ihrer Funktion als Finanzchef. Ich glaube, daß Sie ein guter Verkäufer sind. Sie werden weniger verdienen; Ihr Einkommen kann sich aber durch die Provisionen erhöhen. Sie müssen Ihren Lebensstandard verringern. Doch Mäßigkeit könnte für Sie und Ihre Familie gut sein. Und all das, Bill, bleibt zwischen Ihnen und mir.‹«

»Und was haben Sie darauf gesagt?« fragte ich.

»Ich sagte ihm, daß er der beste Mensch auf Erden ist und ich mir alle Mühe geben werde, ein guter Verkäufer zu werden. Mehr konnte ich nicht sagen; die Worte blieben mir allzusehr im Halse stecken.«

Die Geschichte ging so aus, daß Bill alles zurückzahlte und im Verkauf Erfolg hatte. Er hatte die Kraft, wieder hochzukommen, und er schöpfte sie voll aus.

Glauben Sie daran: Sie schaffen es, Sie schaffen es, Sie schaffen es. Beziehen Sie das Wort »schaffen« auf sich, und sagen Sie jeden Tag laut: »Ich schaff's, ich schaff's, ich schaff's.« Der Erfolg schlummert in Ihnen. Lassen Sie ihn herauskommen. Lassen Sie ihn Wirklichkeit werden. Denken Sie daran, beten Sie dafür, glauben Sie daran. Phyllis Schneider erhärtet die Kraft positiven Denkens in einem Artikel mit dem Titel »Karriereausstrahlung«, der im Mai 1988 in der Zeitschrift *Working Woman* erschienen ist in den folgenden Zeilen.

> *Die wahren Gewinner im Beruf und im Leben – die Frauen und Männer, die sich auf einmalige Karrierechancen ausrichten – haben etwas ganz Besonderes an sich. Menschen mit außergewöhnlichen Berufserfolgen betrachten die Welt auf eine Art und Weise, die dem Topmanagement den Eindruck gibt, daß sie in fast jedem Beruf bestens bestehen und jeden, mit dem sie zusammenarbeiten, mit Begeisterung und einnehmender Wesensart erfüllen. Ihr Erfolg hat sowohl mit der entsprechenden Einstellung als auch mit harter Arbeit und Begabung zu tun. Sie sind Optimisten. Dieser Optimismus ist unvorstellbar mächtig, und man kann ihn hegen und pflegen.*
>
> *Obschon sich Norman Vincent Peale während mehr als 35 Jahren zum Wegbereiter des positiven Denkens gemacht hat, haben sich erst kürzlich namhafte Forscher darangemacht zu untersuchen, auf welche Weise sich der Optimismus nicht bloß auf die Gesundheit und auf ein langes Leben auswirkt, sondern ebensosehr auf den Berufserfolg.*
>
> *Zahlreiche Studien belegen, daß das, was Peale intuitiv erahnte, richtig ist: Der Optimist hat den weniger begeisterten Kollegen gegenüber unweigerlich einen Vorteil.*

Setzen Sie also Ihre Denkkraft ein, mit der Sie wieder nach oben kommen. Solch positives Denken bewirkt die Kraft, die Sie aufgrund Ihrer natürlichen Veranlagung besitzen.

– Glauben Sie, daß alles in Ihnen steckt. Zweifeln Sie nie daran.

– Ihre Kraft, wieder nach oben zu kommen, ist immer vorhanden; sie ist für Sie bereit, wenn immer Sie sie benötigen.

– Glauben Sie, glauben Sie unbeirrt.

KAPITEL 12

Das alte, stets neue Geheimnis des Erfolgs

1931 war ein Begeisterung erweckendes Buch erschienen. Verfasser war Vash Young, einer der erfolgreichsten Versicherungsagenten der damaligen Zeit. Sein Buch *A Fortune to Share* war weitherum bekannt und wurde damals überall gelesen. Ich las es vor geraumer Zeit mindestens einmal im Jahr. Dann legte ich es in eines der obersten Regale meiner Bibliothek, wo es bis 1989 stand. Eines Tages, als ich nach einem Buch suchte, sah ich *A Fortune to Share* (»Ein Teil des Vermögens«) wieder, nahm es herunter, schlug die erste Seite auf und begann zu lesen. Es packte mich und fesselte mich durch seine einfache, vernünftige Erfolgsphilosophie, die heute noch so wahr und zutreffend ist wie in den dreißiger und vierziger Jahren.

Eindrücklich ist die Geschichte eines Mannes, der gescheitert war, dann aber den gesunden Menschenverstand wiedererlangte und zu einem brauchbaren Rezept fand, wodurch er zu ungeahntem Erfolg kam. Die im Buch dargelegten Gedanken hatten sich wohl tief in meinem Unbewußten eingeprägt, denn Youngs Werk war in gewissem Sinne der Vorläufer meines Buches, das 21 Jahre später erschien: *Die Kraft positiven Denkens.*

Da es die meisten von Ihnen womöglich nicht gelesen haben, will ich ein bißchen auf dieses Buch zurückgreifen, das während der vergangenen 50 Jahre dazu beitrug, viele Mißerfolge zu Erfolgen zu machen. Die folgenden Grundsätze können auch für Sie dasselbe bewirken. Ich schrieb damals: »Ich bin einer der glücklichen Menschen, die großes Vermögen erwarben, das ich nach zig Jahren der Armut und leichtsinnigen Lebens erwarb.«

Das große Vermögen, zu dem Vash Young kam, beruhte auf einer neuen Erfolgsidee. Er beschreibt sie so:

Ich begann, mich auf andere einzustellen. Welch einfacher Gedanke! Aber ich sagte mir, daß genug in mir steckt, um mich durchzuschlagen – egal wie viele Rosinen andere aus dem Kuchen picken. Diese Art Reichtum wird von Bankkonkursen, Börsenstürzen und schlechten Geschäftsgängen nicht tangiert.

Der Mann, der mir bei diesem Gedanken zu Reichtum verhalf, war mir in jeder Beziehung ähnlich. Er hat mich eindeutig geprägt. Ich hatte einen nutzlosen Kampf aufgegeben und »starb«. Die Autopsie ergab, daß mein früheres Ich infolge von Selbstsucht, Pessimismus, Angst, Sorge, Unentschlossenheit, vergeblicher Reue, Befürchtungen um das Geschäft, Reizbarkeit, Neid, Gelüsten, negativem Denken und anderen Hindernissen »verstorben« war.

Mein neues Ich übertrug dieses Erbe mit seiner neuen, positiven Idee ins Geschäftsleben; es brachte mich weit über die kühnsten Träume hinaus zum Erfolg. Ich begann, mich hintanzustellen, und entdeckte schon bald, daß ich, je mehr ich gab, desto mehr erhielt. Männer und Frauen in großen Firmen kamen in immer größerer Zahl mit Aufträgen zu mir. Es geschieht häufig, daß ein Mensch, der dem Geld nachrennt, es schwierig hat, dazu zu kommen. Strebt er aber ein anderes, besseres Ziel an, fließt ihm das Geld zu, als wollte es nachsehen, um wen es sich denn da handelt.

Vash Young war Inserateverkäufer und leistete nichts Nennenswertes. Dann wurde er Versicherungsberater und hatte in einer Branche, in der die härteste Konkurrenz herrscht, wieder von vorne anzufangen. Es hatte den Anschein, als lägen sieben magere Jahre vor ihm. Einer meiner Bekannten, der vernommen hatte, daß ich auf regelmäßige Lohnzahlungen verzichtete und auf unsicherer Provisionsbasis mit weniger als hundert Dollar arbeitete und dabei für Frau und Tochter aufkommen mußte, war ausgesprochen beunruhigt. »Vash, du kommst in eine teuflische Klemme!« sagte er.

Nach außen hin war ich's. Aber im Innern war ich in himmlischer Umgebung, denn ich hatte das negative Denken zu einem tödlichen Kampf aufgefordert und die ersten Scharmützel gewonnen. Es gibt im Leben keine wohltuendere Empfindung, als wenn man sich mit Erfolg selbst meistert. Es tut einem gut, gegen einen starken Wind anzustehen und seine Kraft auszuhalten, aber es tut einem tausendmal besser, wenn man auf ein Ziel einer Leistung aus dem Inneren heraus lossteuert und dabei mit jedem Schritt alle Feinde, die in einem sitzen, austreibt ...

Anfänglich wollten mich Zweifel beschleichen, doch jedesmal, wenn ein negativer Gedanke auftauchte, wies ich ihn geistig und auch körperlich ab, stellte mich ihm, vertrieb ihn aus meinem Bewußtsein und besann mich auf etwas Lohnendes. Diese Gewohnheit kann sich jeder Mensch aneignen. Am Anfang setzen sich die schädlichen Gedanken der Angst, des Negativen und ähnlichem zur Wehr, aber sie sind nicht stark genug, um zu gewinnen. Schalten Sie sie aus. Denken Sie an etwas Positives.

Das tat Vash Young und konnte den Sieg davontragen.

Nehmen wir an, Sie besäßen eine Fabrik. Würden Sie nur Güter herstellen, die Sie oder sonst jemand nicht haben will, nicht braucht und für die es keine Verwendung gibt? Würden Sie Ihre Fabrik absichtlich so führen, daß Sie als Besitzer dabei unwiderruflich zu Schaden kommen? Wohl kaum. Stellen Sie sich also vor, daß Sie in der Tat eine Fabrik besitzen: eine Gedankenfabrik. Sie besteht in Ihrem Inneren, und Sie sind sowohl ihr Besitzer als auch der Oberaufseher. Nichts geschieht in dieser Fabrik ohne Ihre Zustimmung. Nichts kommt ohne Ihre Erlaubnis hinein – weder Rohmaterial noch vorfabrizierte Güter. Nichts geht raus – mit Ausnahme der Produkte, die Sie selbst bestimmen.

»Eine Gedankenfabrik! Das ist es, was Sie in sich haben«, sagte Vash Young. Schauen Sie sich Ihre Produkte an. Angst, Sorge, Ungeduld, Ärger, Zweifel. Sind Sie stolz auf sie? Kein bißchen! Ihre Fabrik vermag die Rohstoffe aus Erfahrung, mit Glauben, Liebe, Mut und Mitgefühl vermengt, zu verarbeiten und kann dadurch zu einer funktionstüchtigen Anlage werden. Ihre Gedankenfabrik sollte positive, Selbstvertrauen bewirkende Produkte erzeugen.

Ein anderer Industriepionier, der wußte, wie er seine Gedankenfabrik – aber auch Schiffswerften und weitere Produktionsbetriebe – leiten mußte, war Henry J. Kaiser. Hier sind seine fünf Erfolgsregeln:

Erstens: *Lernen Sie sich selbst kennen, und entscheiden Sie, was Sie aus Ihrem Leben machen wollen. Schreiben Sie dann Ihre Ziele und das Vorgehen, mit dem Sie sie erreichen wollen, nieder.*

Zweitens:	*Benützen Sie die gewaltigen Kräfte, die Sie durch den Glauben an Gott, die verborgenen Energien in Ihrem Innern und Ihrem Unbewußten freisetzen können.*
Drittens:	*Lieben Sie die Menschen, und helfen Sie ihnen.*
Viertens:	*Entwickeln Sie positive Charaktereigenschaften und Persönlichkeit.*
Fünftens:	*Arbeiten Sie! Setzen Sie Ihren Lebensplan in entschlossenes Handeln um. Streben Sie mit allem, was in Ihnen steckt, nach dem, was Sie erreichen wollen!*

An diese Regeln erinnerte ich mich, als ein Pfarrer auf mich zukam, nachdem ich an einer Tagung von Geschäftsleuten in Pittsburgh eine Ansprache gehalten hatte. Er nahm Bezug auf meine Rede und sagte dann: »Dr. Peale, ich habe unterschwellig das Gefühl, daß Sie meinen Sohn wieder auf den rechten Weg bringen könnten; das wäre für mich ein Wunder.« Ich gab ihm zu bedenken, daß ich kein Wunderheiler sei und bloß mit durch die Zeit hinweg erprobten Gedanken arbeite, die – wenn man sie beherzigt – einen Menschen aus der Niederlage zum Erfolg hinauf bringen können.

»Das ist aber eine ganze Menge«, erwiderte er. »Mein Sohn ist ein reizender, kluger Bursche; aber alles, was er macht, mißlingt ihm. Jede Stelle, die er bekommt, endet im Mißerfolg. Mein Sohn ist mittlerweile 29 Jahre alt. Dabei war er im College ein mit Auszeichnungen versehener Student. Vielleicht hat er damals sein Bestes verpufft. Ich habe gesehen, wie gute Studenten nach der Promotion nichts geleistet haben. Er ist gewillt, mit jedem Menschen, den ich ihm empfehle, zusammenzutreffen. Er war unterdessen schon bei den besten Psychiatern.«

»Wenn's so ist«, sagte ich darauf, »dann möchte ich ihn treffen; aber ich bin ein einfacher Mensch mit einfachen, wohl aber tauglichen Ideen. Ist Ihr Sohn innerlich groß genug, um einfach zu sein, oder hegt er nur seinen Komplex?«

»Ich weiß es nicht, doch vielleicht können Sie an ihn herankommen. Ich werde darum beten, daß es Ihnen gelingt.«

»Gut. Beten Sie weiterhin. Ich nehme mich seiner an.«

Als sein Sohn zu mir ins Büro kam, erwies er sich als höflicher und recht freundlicher Mensch. Seine Statur war wohl beeindruckend, aber binnen kurzem wirkte er zerknirscht. »Mein Vater hat Sie gebeten, mit mir zu sprechen, nicht wahr? Er ist einer der führenden Leute in unserer Stadt. Er möchte, daß ich wie er werde, aber, offen gesagt, mir fehlt die Fähigkeit dazu.«

»Aber im College...«, warf ich ein.

»Dort hatte ich Dusel«, sagte er sogleich. »Ich habe einfach wiedergegeben, was die Professoren hören wollten. Ich war überhaupt nicht schöpferisch tätig. Sie können sich jetzt wohl vorstellen, daß ich zu nichts tauge.« Das war alles, was er während der ersten fünf Minuten unserer Unterredung sagte.

»Geringe Selbstachtung«, sagte ich dazu.

»Richtig, die Psychiater haben mir das auch gesagt und dafür 150 Dollar verrechnet.«

»Hören Sie«, sagte ich ihm, »ich will Sie nicht behelligen; aber immerhin sind wir jetzt seit fünf Minuten beisammen, und in dieser Zeit haben Sie die folgenden negativen Gedanken geäußert:

1. *Ich habe nicht die Fähigkeit meines Vaters.*
2. *Meine Auszeichnungen im College waren Zufallserfolge.*
3. *Ich bin nicht schöpferisch tätig.*

4. *Ich tauge zu nichts.*
5. *Ich ergebe mich meiner geringen Selbstachtung.*

Jetzt stelle ich Ihnen eine Frage: Wie können Sie als gebildeter Mann erwarten, mit diesem Ihnen zuwiderlaufenden Eigenbild, das Ihnen schadet, im Beruf erfolgreich zu sein? Ich vermute viel eher, daß Sie in Konkurrenz mit Ihrem Vater standen und sich dabei aufgegeben haben. Sind Sie schon jemals auf den Gedanken gekommen, daß Sie Ihre einzige Konkurrenz sind? Haben Sie schon jemals daran gedacht, wirklich sich selbst zu sein? Weshalb besinnen Sie sich nicht auf Ihre eigentlichen Werte, nämlich:

1. *Gutes Aussehen*
2. *Höflich*
3. *Freundlich*
4. *Umgänglich*
5. *Klug genug, um etwas anderes als Ihr Vater zu machen.«*

Dann erzählte ich ihm von den Erfolgsregeln von Henry J. Kaiser. »Damit sind wir am Ende unseres Gesprächs«, sagte ich abschließend. »Es tut mir leid, aber ich muß das Flugzeug erwischen, das mich nach New York zurückbringt. Aber ich möchte Sie bald wiedersehen.«

Ich gab ihm für 14 Tage später in meinem Büro in New York einen Termin. »Vor diesem Gespräch«, sagte ich, »möchte ich aber, daß Sie einen Menschen finden, der völlig am Boden ist, und versuchen, ihm zu helfen. Gehen Sie so auf ihn zu, wie ich es mit Ihnen gemacht habe. Zudem möchte ich, daß Sie sich überlegen, welches Hauptziel Sie im Leben erreichen wollen, und mir davon berichten, wenn wir uns das nächste Mal sehen.«

Beim zweiten Gespräch sagte er zu mir: »Ich traf Alvin an, einen ehemaligen Klassenkameraden, den ich seit dem College nicht mehr gesehen hatte. Er sagte mir, daß er total fertig sei. Sein Vater ist Professor und wollte, daß Alvin gleichfalls Professor würde; aber Alvin schaffte im College lediglich eine Durchschnittsnote, worauf sein Vater ihm sagte, damit würde er nie die für eine Professur nötigen Grade erreichen. Alvin war jedoch auf Musik versessen, und ich glaubte, er würde in diesen Bereich einsteigen. Daher riet ich ihm, sich aufzuraffen und das zu machen, worauf er Lust hatte. Ich habe ihn soweit gebracht, daß er sich auf seine Fähigkeiten besann, um seine negative Einstellung abzuwenden – so, wie Sie es mit mir gemacht haben«, fügte er begeistert hinzu.

»Und was möchten denn *Sie* machen?« fragte ich.

»Na ja, ich habe einen Freund, der im Personalberatungsgeschäft arbeitet. Er vermittelt an Unternehmungen Manager in der Lohnklasse von 100 000 bis 300 000 Dollar, und zwar mit bestem Erfolg. Er möchte, daß ich zu ihm komme und sein Geschäft kennenlerne. Später könnte ich vielleicht eine eigene Personalberatung aufziehen.« Als er dies berichtete, klang es rundum begeistert, doch dann verließ ihn offensichtlich der Mut, als er sagte: »Mein Vater wäre damit nicht einverstanden.«

»Wie lautete eben der Ratschlag, den Sie Ihrem Klassenkameraden gaben, damit er sich aufrafft?«

»Ich weiß; ich habe daran gedacht«, sagte er nachdenklich und schaute zu Boden. Plötzlich richtete er sich auf, blickte mir in die Augen und sagte: »Wissen Sie was? Ich glaub', ich mach's! Meinen Sie wirklich, daß ich das Zeug dazu habe? Stellen Sie sich vor, wie ich Topmanagern Stellen vermittle!« Der neue Klang seiner Stimme gab mir den Eindruck, daß er es kaum erwarten konnte, mit der Arbeit zu beginnen.

Ich riet ihm folgendes: »Stellen Sie sich jetzt als einen der besten Personalberater für Topmanager des Landes vor. Sie schaffen es!«

An seiner Reaktion erkannte ich, daß die Lösung für diesen jungen Mann gefunden war. Er ist tatsächlich das geworden, was er sich vorgestellt hatte.

Einige Jahre später sprach ich an einem Geschäftsessen im *Duquesne Club* in Pittsburgh; sein Vater kam auf mich zu. »Erinnern Sie sich an mich?« fragte er. Dann sagte er: »Was unseren Sohn angeht, haben wir zweifellos den Nagel auf den Kopf getroffen. Er ist der Beste im Geschäft. Jedes Unternehmen dieser Stadt stellt grundsätzlich nur über ihn einen Topmanager an.«

Ich sagte dazu: »Das erstaunt mich nicht.«

Später an diesem Tag rief ich den jungen Mann in seiner beeindruckenden Büroflucht an, um ihn zu sehen. Er saß hinter einem riesigen Pult und sagte: »Wissen Sie, woher all diese Ideen, die Sie mir gaben, herkommen? Ich habe herausgefunden, wo Sie sie herhaben.« Er griff in die mittlere Pultschublade und holte eine Bibel hervor. »Sie haben sie aus diesem Buch«, sagte er.

»Kluger Bursche«, sagte ich.

»Diese Ideen funktionieren unbedingt«, bestätigte er und legte die Bibel in die Schublade zurück. »Sie ist für mich immer griffbereit«, erklärte er.

Der sichere Weg zum Erfolg bedarf natürlich auch noch anderer Grundsätze: denken, arbeiten, überlegen. Wer nachdenkt, wie er seine Aufgabe besser erfüllen kann, wird auf jeden Fall bessere und wichtigere Arbeiten erhalten. Wie zum Beispiel der verstorbene bekannte Bankier Gates W. McGarrah, ein Freund von mir. Er hatte eine Spitzenposition in der *Morgan*-Bank an der Wallstreet. Dann war er Leiter der Internationalen Bank mit Sitz in Basel gewesen.

Eines Tages fragte ich ihn, wie er es denn angepackt habe, um schließlich zu einem der wichtigsten Bankfachleute der Welt zu werden. »Das ist einfach«, erwiderte er. »Ich stammte von einer einfachen, aber gläubigen Familie auf dem Lande ab. Ich mußte die Schule vorzeitig verlassen und arbeiten gehen. Also ging ich zur Bank des Dorfes, in dem wir lebten, und bewarb mich um eine Stelle; denn ich wollte Bankier werden.

Der Bankdirektor schaute mich fragend an: ›Bist du bereit zu arbeiten?‹ – ›Ja, Sir, das bin ich.‹ – ›Schön, die einzige Arbeit, die wir haben, besteht darin, am Morgen aufzumachen, die Böden zu kehren, Staub zu saugen und‹, fügte er hinzu, ›die Spucknäpfe zu leeren. Die meisten Kunden kauen Tabak. Dazu kommt das Reinigen der Aborte und das Leeren der Abfallbehälter. Der letzte Junge, den wir hatten, taugte nichts. Wie steht's mit dir?‹ – ›Sir, Sie haben die Aufgabe beschrieben. Sie können sich darauf verlassen, daß ich sie gut erfülle‹, bekräftigte ich zuversichtlich.«

Die Bank öffnete morgens um neun Uhr, aber jeder Angestellte berichtete, er habe um halb neun mit der Arbeit begonnen. Die Rollgitter wurden um sechs hochgezogen. McGarrah plante um diese Zeit jeweils seine Reinigungstour und schwor sich dabei: »Ich werde der beste Putzer im ganzen Staat New York.«

Was ihn bei der Arbeit am meisten störte, waren die messingenen Spucknäpfe. Da er sie bloß auswischte, blieben sie stets verschmiert. Er besprach dies deswegen mit seiner Mutter. Sie empfahl ihm, Messingpolitur zu verwenden, doch dies wäre für die Bank eine ungewöhnliche Auslage gewesen. Aus den zehn Dollar, die er samstags von der Bank erhielt, beschaffte er Messingpolitur. Die Spucknäpfe glänzten. Der Bankdirektor sagte: »Gates, mein lieber Junge, noch nie hatten wir derart schöne Spucknäpfe.«

Nach Arbeitsschluß ging Gates zu den anderen Angestellten und fragte sie über das Bankgeschäft aus. Er machte seine Arbeit besser als jeder zuvor. Aber er ließ es nicht bei seiner Putzarbeit bewenden. Er studierte die Bankgeschäfte und dachte über sie nach. Er arbeitete hart und gut, wobei er dabei immer nachdachte und lernte. Eines Tages rief ihn der Bankdirektor zu sich. »Gates, mein lieber Junge. Kannst du einen Jungen so einarbeiten, daß er deine Arbeit so gut wie du verrichtet? Ich habe etwas Besseres für dich.«

»Ich werde dafür besorgt sein, Sir«, sagte Gates. Und damit war er auf dem Weg zur Wallstreet und einer außergewöhnlichen Karriere.

Der unfehlbare Weg zum Erfolg ist so einfach; er erfordert allerdings Charakterfestigkeit, Mut, Durchhaltevermögen und die Bereitschaft, geringere Arbeiten zu verrichten, um dann auf die besseren vorbereitet zu sein.

Zum Schluß seiner Erzählung wiederholte Gates McGarrah es noch einmal: »Ich bin stolz, der beste Putzer aller Banken im Staate New York gewesen zu sein.« Er war felsenfest davon überzeugt, daß die Tatsache, daß er jede Arbeit gut machte, nachdachte, lernte und arbeitete, zu seinem überragenden Erfolg beigetragen hatte.

In Europa begegnete ich einst in einem Hotel einem freundlichen, gutmütigen deutschen Jungen namens Hans, der in seinem Leben schon ein paar kluge Entscheidungen getroffen hatte. Er war Servicemitarbeiter im Hotelrestaurant. Hans war von gewinnender und zuvorkommender Art. Er ging auf jeden Wunsch der Gäste ein und war darauf bedacht, hilfreich zu sein – nicht nur den Gästen, sondern ebenso seinen Kollegen gegenüber. Er liebte es, Verantwortung zu tragen.

Aus unseren Gesprächen entnahm ich, daß Hans auf ein

ganz besonderes Ziel hinarbeitete: Er wollte später einmal in Europa ein großes Hotel leiten. Er hatte beschlossen, der beste Servicemitarbeiter zu sein, weil er wußte, daß dies der erste Schritt auf dem Weg zu seinem Ziel war.

Um es zu erreichen – auch dies war ihm bewußt –, mußte er nach London für die entsprechende Ausbildung gehen. »London ist noch weit entfernt, besonders da ich kein Geld habe«, sagte er mir.

»Sie sind auf dem richtigen Weg«, erwiderte ich. »Sie haben den Beruf gewählt, den Sie ausüben wollen, und Sie machten den ersten Schritt auf der Leiter, indem Sie in Ihrer gegenwärtigen Arbeit alles geben, was in Ihnen steckt.« Ich gab Hans den folgenden Rat: »Halten Sie sich Ihr Ziel vor Augen. Stellen Sie sich vor, Sie würden eines der vornehmsten Hotels Europas leiten. Stellen Sie sich vor, welch phantastischen Beruf Sie haben werden!«

Ich gab ihm ein Exemplar des Buches *Die Kraft positiven Denkens.* »Sie sind bereits ein positiv denkender Mensch«, sagte ich ihm. »Dennoch möchte ich, daß Sie dieses Buch lesen und lernen, wie weise es ist, wenn man sein Leben Gott anvertraut.«

Viele Jahre später, als Ruth und ich in einem eleganten Londoner Nobelrestaurant dinierten, sagte uns der Oberkellner etwas, was meine Erinnerung an Hans blitzartig wachrief. Ich hörte genauer hin und lächelte. »Dr. Peale«, sagte er, »ich bin Hans und übe mich nach wie vor im positiven Denken.«

Es war mir eine Freude zu erfahren, daß er es bis nach London geschafft hatte und auf dem Weg zu seinem Ziel war. Nur, weil er Entschlossenheit bewies!

Ich hatte einen Freund, der in den Ford-Automobilwerken in Dearborn, Michigan, arbeitete, als Henry Ford noch aktiv war. Er erzählte mir von einem Montagearbeiter, der ebenfalls denken konnte. Statt sich über die Eintönigkeit der Arbeit an der Montagerampe zu beklagen, sah er darin etwas Schöpferisches und gestaltete von sich aus seinen Arbeitsablauf anders, und zwar wirtschaftlicher.

Eines Tages, als er in Gedanken versunken arbeitete, sah er, daß Henry Ford neben ihm stand und seine Arbeitsweise verfolgte. Henry Ford kritisierte ihn nicht wegen des abgeänderten Arbeitsablaufes, sondern fragte einfach: »Warum?«

Auch Ford ließ sich bei näherer Überprüfung vom Arbeitsablauf gefangennehmen. Schließlich sagte er: »Sie haben eine bessere Produktionstechnik aufgezeigt. Sie sind ein überlegter und schöpferischer Mann.« Kein Wunder, daß mein Freund bei Ford befördert worden ist. Wer arbeitet, denkt und gibt, kommt immer vorwärts. Das ist der sichere Weg zum Erfolg.

Im Januar 1990 war ich in Seoul in Korea bei meinem Freund In Gyung Go eingeladen, um seine Sprachschule zu besuchen. Dort gab es 7000 junge Frauen und Männer, die acht Sprachen studierten.

»Warum gibt es so viele Sprachstudenten?« fragte ich beeindruckt. Go antwortete: »Weil die jungen Menschen in Seoul sich bewußt sind, daß sie ihr Leben in einer internationalen Welt verbringen werden. Offen gesagt: Sie wollen vorwärtskommen und Erfolg haben. Sie sind überzeugt, daß ein Weg, um dies zu erreichen, darin besteht, Sprachen zu beherrschen.«

Die Stimmung in dieser Sprachschule schien mir lebhaft und anregend zu sein, und ich schloß daraus, daß der Grund darin lag, daß jeder besser werden wollte und jeder ein Ziel vor Augen hatte.

Mit Joseph Dunkle, einem guten Freund von mir, verbrachte ich ein paar Tage in Tokio. Er ist Amerikaner und leistete während des Zweiten Weltkriegs in Japan Militärdienst. Er gewann Japan lieb, heiratete Yuki, eine charmante Japanerin, und blieb dort.

Joseph hat das erfolgreiche Brötchengeschäft »Tante Stellas Brötchen« aufgezogen. Er sorgt dafür, daß die Japaner zu den von ihnen bevorzugten knusprigen Brötchen kommen; sein Geschäft hat sich entwickelt und besteht heute aus ungefähr sechzig Läden. Joseph ist der erste Amerikaner, der im Aufsichtsrat von zwei japanischen Firmen ist. Er spricht fließend Japanisch.

Joseph ist ein denkender Mensch, der sich immer aufbauende Ideen für die Zukunft zurechtlegt und sie mit anderen bespricht. Während dieser Reise sprachen wir über den wirtschaftlichen Erfolg der Japaner. Dabei sagte Joseph: »Schön, man mag es Aggressivität oder Beharrlichkeit nennen, doch meine Erfahrung ist die, daß die Amerikaner ihren Reichtum früher dank Begeisterung und harter Arbeit erworben haben, sich heute aber im Reichtum suhlen. Die Japaner sind derzeit diejenigen, die den Reichtum schöpferisch einsetzen.« Welch kühne Analyse!

Grandma Moses wurde 1860 auf einer Farm in Greenwich, New York, geboren. Die folgenden 75 Jahre verbrachte sie bei einem genialen Maler, den sie in ihr Herz geschlossen hatte. Als sie 76 Jahre alt war, nahm sie einen Pinsel und übertraf jenes Genie. Als sie starb, hatte sie über tausend nostalgische Landszenen gemalt, von denen viele in einigen der bedeutendsten Museen ausgestellt sind.

All die Jahre hindurch war ihre Begabung vorhanden – schlummernd. Erst als sie anders zu denken begann, entdeckte sie ihr Talent und konnte sich beim Malen selbstverwirklichen.

Ändern Sie Ihre Gedanken. Öffnen Sie sich für neue Ideen. Sie werden feststellen, daß sich Ihr Leben zum Guten wendet.

- **Fragen Sie sich: »Wie kann ich Erfolg haben, wenn ich mit negativen Vorstellungen behaftet bin?«**
- **Listen Sie Ihre Fähigkeiten auf, wenn Sie sich ohne Hoffnung oder unbrauchbar fühlen.**
- **Gehen Sie mit Umsicht und Begeisterung jeder Arbeit nach – egal, wie »gering« sie ist.**
- **Streben Sie mit Zuversicht Ihr Ziel an, und stellen Sie sich vor, daß Sie es erreichen.**

KAPITEL 13

Ihr innerer Richter weiß es – vertrauen Sie ihm!

Es gibt eine Einrichtung, die in jedem von uns eingebaut ist, die mich fortwährend fasziniert. Wie ein automatisches Funkgerät übermittelt sie uns ständig Botschaften, die – wenn man sie aufnimmt und befolgt – unser Leben in ungeahntem Maß verbessern. Wenn wir diese Botschaften mißachten, riskieren wir Fehlschläge und womöglich einen Zusammenbruch.

Ihr innerer Richter ist ununterbrochen wirksam, immer wachsam und unablässig auf die Tatsachen konzentriert. Er hat die unheimliche Fähigkeit, unter den zahlreichen möglichen Wegen, die Ihnen offenstehen, den richtigen auszumachen. Er sagt Ihnen unmißverständlich – sowohl bewußt als auch unbewußt –, ob ein Gedanke oder eine Handlung richtig oder falsch ist. Er läßt sich nicht auf »Wenn« und »Aber« ein. Er diskutiert nie über eine Angelegenheit und erklärt eine Entscheidung nie vernunftmäßig. Seine Schlußfolgerungen sind nie doppelsinnig; entweder sind sie falsch oder richtig.

Ihr Richter mag Sie und setzt sich für Sie ein. Er will bloß, daß Sie zu Erfolg und Glück kommen. Er will Sie nicht bloßstellen, sondern Ihnen helfen, wenn Sie etwas Unrichtiges tun wollen oder wenn Sie nicht sehen, weshalb es unrichtig ist, und einen anderen dafür verantwortlich machen. Der einzige Maßstab, den Ihr Richter kennt, lautet so: Ist es richtig? Der Grund, weshalb seine Botschaften an Sie unabänderlich sind, besteht darin, daß er Sie vor jenem Mißerfolg und Elend bewahren will, die von falschem Denken und falschem Handeln herrühren. Ihr Richter ist kein Spielverderber. Er verhilft Ihnen zur Freude. Er ist *für* Sie, nicht *gegen* Sie. Er ist Ihr Freund. Und wenn Sie auf seinen wohlgemeinten Rat hören und seine weisen Empfehlungen immer befolgen, holen Sie aus dem Leben das Beste heraus und sind ein erfolgreicher und erst noch glücklicher Mensch.

Was geschieht, wenn Sie den vernünftigen Rat Ihres Richters nicht beachten? Dann entsteht in Ihnen das diffuse Gefühl der Unzufriedenheit. Es kann sich gar in abgrundtiefer, nicht mehr abzuwendender Abscheu vor sich selbst äußern, die man empfindet, wenn man etwas Falsches gemacht hat. Es kann aber auch in peinigende Gewissensbisse münden, wenn man sich einer Chance gegenübersieht. Glauben Sie aber nicht, daß Sie darüberstehen und dies einfach abtun könnten, indem Sie danach darüber nachgrübeln, daß Sie es hätten anders machen können.

Was ist das eigentlich, was ich als »inneren Richter« bezeichne? Ist es das Bewußtsein? Nein. Ich glaube, daß es etwas tiefer Liegendes ist, denn Bewußtsein ist etwas durch Glaubenslehre Erlangtes, wogegen der Richter sein Amt auch bei ungelehrten und ungläubigen Menschen ausübt. Einige mögen vorbringen, es handle sich dabei um die angestaute Erfahrung der Vorfahren, die sich wie der Instinkt eingegraben hätte. Ich glaube ebenfalls, daß es sich dabei nicht nur um einen Teil des menschlichen Wesens handelt, sondern ebensosehr um etwas, das Gott jedem von uns eingegeben hat, damit wir auf Seine Stimme hören. Geschenkt hat Er es uns allen.

Das Gespür dafür, was richtig und was falsch ist, haben alle Menschen; denn selbst die Unwissendsten haben in sich ein Stimmchen, das sich meldet, sobald sie sich einem Menschen gegenüber gemein, unehrlich oder grausam verhalten oder vor einer Chance zurückschrecken.

Das meiste, was ich vom inneren Richter weiß, verdanke ich meinem alten Freund und Kollegen Dr. Smiley Blanton. Er hat oft von diesem Richter gesprochen, und ich vertraute ihm als Sachverständigem in dieser Sache immer mehr.

Die Definition des Begriffs »Richter« liest sich in irgendeinem Nachschlagewerk etwa so: »Richter: die Instanz, die nicht annehmbare Gedanken, Regungen und Gefühle zurückweist und verhindert, daß sie zum Bewußtsein vorstoßen.« Das Wort »Richter« kommt vom Titel her, den zwei weise Magistraten im alten Rom trugen, die nicht nur strenge Zensur vollzogen, sondern auch das öffentliche Verhalten zum Vorteil der Allgemeinheit bestimmten.

Der berühmtere und ruhmreichere der beiden war der römische Staatsmann Cato (234 bis 149 v. Chr.). Er war bekannt wegen seines einfachen Lebensstils, seiner Ehrlichkeit, seines Mutes, seiner Loyalität der Familie und seinem Land gegenüber, seiner geschlechtlichen Moral und der Fähigkeit, Mühsal zu ertragen.

Wenn Sie das schlechte Gewissen plagt, das wegen unrechter Handlungen entstanden ist, und wenn Sie das unsägliche Verlangen haben, vor sich selbst zu bestehen, so befolgen Sie einen weiteren Grundsatz: *Tun Sie nur das, was Ihnen richtig erscheint, wenn Sie das wahre Glück erlangen wollen.*

Das ist eine der besten Vorgehensweisen, um persönliches Wohlergehen und Erfolg zu erlangen. Diejenigen Menschen, die meinen, dieses Prinzip sei überholt, oder glauben, sie könnten eine leichte, sich nach dem Winde richtende Moral ihr eigen nennen, werden unweigerlich eines Besseren belehrt. Wer sich einer bewährten moralischen Haltung verpflichtet, hat keinen Freipaß für Glückseligkeit und ungetrübtes Leben. Doch diese Haltung bietet weit mehr Gewähr für das umfassende Gefühl der Redlichkeit, als wenn wir aus purer Lust die Gesetze brechen.

Manchmal versuchen wir, wenn unser innerer Richter uns auffordert, etwas nicht zu tun, uns selbst zu betrügen: Die Auswirkungen sind immer schädlich. Nie werde ich die Geschichte von Iron Eyes Cody vergessen, dem Film- und Fernsehstar, den Sie vielleicht vom berühmten TV-Spot der *Keep-America-Beautiful*-Kampagne her kennen. Er spielte den Indianer in einem Kanu; eine Träne rann ihm über die Wange, als er unsere verschmutzten Gewässer sah.

Iron Eyes pflegte eine alte indianische Legende von einem jungen Burschen zu erzählen, der den Rat seines inneren Richters mißachtet hatte.

»Vor vielen Jahren zogen sich die jungen Indianer in die Einsamkeit zurück, um sich auf die Mannesehre vorzubereiten. Ein solcher junger Indianer wanderte in ein wunderschönes Tal, in dem grüne Bäume wuchsen und bunte Blumen blühten. Dort fastete er. Aber am dritten Tag, als er sich die umliegenden Berge besah, entdeckte er einen hohen, zackigen, mit glitzerndem Schnee bedeckten Berggipfel.

›An diesem Gipfel will ich mich erproben‹, sagte er sich. Er zog seine Büffelhautjacke an, warf sich seine Decke über die Schulter und machte sich auf, den Gipfel zu erklimmen.

Als er oben anlangte, stand er auf dem höchsten Punkt der Welt. Er konnte rundum alles sehen. Er war mit Stolz erfüllt. Plötzlich hörte er zu seinen Füßen ein Rascheln. Er schaute nach unten und sah eine Schlange. Ehe er noch eine Bewegung machen konnte, sagte die Schlange: ›Ich liege im Sterben. Hier oben ist es für mich zu kalt; ich erfriere. Hier gibt es keine Nahrung; ich bin am Verhungern. Nimm mich unter deine Jacke, und bring mich ins Tal hinab.‹ – ›Nein‹, sagte der junge Indianer. ›Ich bin gewarnt. Ich kenne euch. Du bist eine Klapperschlange. Wenn ich dich aufnehme, beißt du mich, und dein Biß tötet mich.‹ – ›Das ist nicht wahr‹, erwiderte die Schlange, ›ich werde dich anders behandeln. Wenn du das für mich tust, mache ich eine Ausnahme. Ich werde dir nichts antun.‹

Der Junge zögerte eine Weile; doch es war eine sehr überzeugend wirkende Schlange mit schöner Musterung. Schließlich steckte er sie unter seine Jacke und trug sie ins Tal hinunter. Dort legte er sie sorgfältig ins Gras. Da wand sich die Schlange hoch, klapperte, schnellte nach vorn und biß ihn ins Bein.

›Aber du hast mir doch versprochen ...‹, schrie der Junge. – ›Du wußtest, was ich war, als du mich aufgenommen hast‹, sagte die Schlange und glitt weg.«

»Wo immer ich heute hingehe«, sagt Iron Eyes, »erzähle ich diese Geschichte. Ich erzähle sie vor allem den jungen Menschen unseres Landes, die sich von Drogen in Versuchung führen lassen könnten. Ich will einfach, daß sie sich die Worte der Schlange merken: *Du wußtest, was ich war, als du mich aufgenommen hast.*«

Ein solches Unglück kann einem wahrhaftig widerfahren, wenn man nicht auf den inneren Richter hört. Zumal er, wie ich bereits sagte, für uns stets das Gute will. Ein aufschlußreicher Beleg dafür, was geschehen kann, wenn jemand trotz der Einwände anderer Menschen auf seinen Richter hört, stammt von Donald Seibert, der während vieler Jahre Vorsitzender des Aufsichtsrats der *J. C. Penny Stores* war.

1946 wurde er als junger Mann nach dem Zweiten Weltkrieg aus dem Militärdienst entlassen. Er war jung verheiratet und hatte eine sechs Wochen alte Tochter. Er versuchte, sein Leben wieder in geordnete Bahnen zu lenken. Die kleine Familie war in argen finanziellen Nöten. Als ihm im Mai desselben Jahres eine Stelle für die Sommersaison angeboten wurde, wo er als Pianist eines achtköpfigen Orchesters in einem Badeort in Chautauqua Lake im Westen des Staates New York spielen sollte, ergriff er sogleich die Gelegenheit.

Mit Frau und Kind fuhr er zu den anderen sieben Mitgliedern der Band nach Bemus Point. Als Wohnung mieteten sie für den Sommer Zimmer in einem Ort, der in der Nähe des Pavillons lag, wo sie spielten. Der Vermieter brauchte den Zins, um seine eigene Familie durchzubringen.

Die Sommersaison begann insofern gut, als die Gäste in Scharen zum Pavillon strömten, um die *Rhythmaires* mit den romantischen Songs von Donny Seibert zu hören. Doch Mitte Juli setzte kaltes Regenwetter ein, das nicht mehr aufhören wollte. Das Geschäft lief so schlecht, daß der Pavillonbesitzer die Musiker nicht mehr rechtzeitig bezahlen konnte. Der Vermieter hörte sich das mitfühlend an und sagte, sie könnten ihm die Miete bezahlen, sobald es wieder besser gehe. Doch das Wetter wurde noch schlechter.

Ein Musiker nach dem andern stahl sich mitten in der Nacht heimlich davon. Schließlich blieben nur noch Donny und seine Familie übrig. Auch er hätte mit Leichtigkeit verschwinden und den Vermieter auf dem Trockenen sitzenlassen können.

»Ich muß auf Moneten aus sein«, sagte einer der Musiker zu Donny, bevor er abhaute. »Er hat recht«, dachte Donny, »auch ich muß zu Geld kommen.«

Doch dann hörte er auf seinen inneren Richter. Er erkannte, daß Gott an erster Stelle kommt.

Gott hatte seiner Frau bei einer schweren Geburt geholfen; Gott hatte bis anhin seine Familie gestärkt. »Und er war es, der uns lehrte, den Nächsten wie uns selbst zu lieben«, sagte Donny.

Am folgenden Morgen war der Vermieter erstaunt zu sehen, daß Donny Seibert immer noch da war.

»Sie ... Sie sind nicht weggegangen?« fragte er verblüfft.

»Nein«, erwiderte Donny, »wir bleiben bis zum Ablauf des Mietvertrages.«

Donny fragte, ob er seine Mietschulden abtragen könne, indem er am Badeort arbeite. Somit reinigte er Badekabinen, wechselte Bettwäsche aus und wusch Hemden. Gegen Ende der Saison schuldete er dem Vermieter immer noch 150 Dollar.

Daher nahm Donny eine Stelle bei einer nahe gelegenen Fabrik an, die Grapefruits verarbeitete. Sein Stundenlohn betrug 75 Cents. Um halb fünf in der Frühe mußte er aufstehen, um rechtzeitig an der Arbeit zu sein. Die schweren Saftfilter aus Drillich von den Pressen wegzutragen und sie auszuwaschen war eine harte Arbeit. Die Temperatur lag bei fast 70°, und Donnys Finger sprangen wegen der Säure des Saftes auf. Doch aus irgendeinem Grund ging er seiner Arbeit mit Begeisterung nach.

Im Oktober konnte er schließlich die restlichen Mietzinsen bezahlen. Der Vermieter hatte Tränen in den Augen. »Es ist nicht wegen des Geldes«, sagte er, indem er Donny innig dankte. »Es ist einfach so beruhigend zu wissen, daß es auf dieser Welt noch Menschen gibt, deren Wort so viel gilt wie sie selbst.« Darauf setzte er hinzu: »Sie werden es zu etwas bringen, Donny; Sie werden es zu etwas bringen.«

In der Tat, Donny Seibert brachte es zu etwas.

Schon kurz darauf erhielt er bei *J. C. Penney* in Bradford, Pennsylvania, eine Stelle als Schuhverkäufer. Er hörte weiterhin auf seinen inneren Richter, wurde vom Verkaufsassistenten zum Filialleiter befördert und kletterte die Leiter bis zum Vorsitzenden des Verwaltungsrates hoch.

Dagegen kenne ich einen Mann – ich will ihn Tom nennen –, der nicht auf seinen inneren Richter hörte. Er war Bereichsverkaufsleiter einer großen Bürobedarfsfirma. Häufig lud er die ihm unterstellten Verkäufer zu Essen ein, an denen sie übers Geschäft sprachen. Der Geschäftspolitik gemäß durfte er aber die Rechnungen seiner Verkäufer nicht begleichen.

Andere Bereichsleiter rieten ihm, in seiner Spesenabrechnung Scheinrechnungen aufzuführen. Sein innerer Richter bewirkte zwar, daß es Tom dabei nicht wohl war, aber einer seiner Kollegen sagte: »Das macht doch jeder.«

Also machte es Tom auch. »Es kam der Tag, an dem ich den ganzen Vorrat an fiktiven New Yorker Namen aufgebraucht hatte«, erzählte er.

Dann erhielt Tom bei einer anderen Firma eine bessere Stelle, die er auch annahm. In seiner neuen Position lud er Kunden häufig zum Essen ein. Er hatte natürlich gute Gründe, die Rechnung jeweils zu übernehmen. Diese alte Gewohnheit steckte aber derart in ihm, daß er weiterhin falsche Namen auf die Rechnungen setzte.

Eines Tages übernahm im Zuge eines Firmenzusammenschlusses ein großes Unternehmen die Firma, in der er arbeitete. Tom fuhr mit seinen Gepflogenheiten wie üblich fort. Das heißt, bis er nach sechs Monaten zu seinem Vorgesetzten zitiert wurde.

»Tom, das neue Management hat seine Controller beauftragt, jede unserer Finanzbewegungen zu durchleuchten. Dabei haben sie festgestellt, daß mit Ihren Spesenabrechnungen etwas nicht stimmt. Was sagen Sie dazu?« Tom bekannte sich zu dem, was er getan hatte. Den Umständen entsprechend hatte er keine andere Wahl, als zu kündigen.

»Das war eine Lektion, die ich nie vergessen werde«, sagte Tom, der jetzt in einer Firma in einem anderen Landesteil arbeitet. »Irgend etwas hat mir zugeflüstert, als ich begonnen hatte, fiktive Namen hinzuschreiben. Ich hätte auf dieses Stimmchen [den inneren Richter] hören müssen, statt auf den anderen Kerl.«

Natürlich gibt es viele andere, die sich in ähnlicher Lage befinden und nie erwischt werden. Doch einer weiß es immer: der innere Richter. Er vergißt das Geschehene nie, und er handelt in der Folge entsprechend. Warum? Weil er das Beste ist, was in jedem Menschen steckt. Aus irgendeinem Grund, den nur unser Schöpfer kennt, läßt es dieses Beste nicht zu, daß man es verhöhnt.

Unser innerer Richter kann gute, sogar sehr gute Gefühle entstehen lassen. Ich rief einmal eine Firma an, die Klimaanlagen verkaufte, und fragte sie, ob sie jenes Produkt führe, das meiner Meinung nach das beste auf dem Markt war. Ich war von diesem Gerät deshalb derart überzeugt, weil mir die perfekte Raumkühlung in einem Hotelzimmer aufgefallen war, in dem ich bei grauenhaft heißem Wetter übernachtet hatte. Daher war ich auf dieses Produkt und diese Marke versessen.

Die Herstellerfirma schickte einen Verkäufer zu mir. Na ja, er erklärte mir sehr zurückhaltend und verständig die Funktionsweise der Klimageräte und schloß mit diesen Worten: »Wir glauben, daß diese Marke eine der besten ist; ihre Leistung dürfte sehr gut sein. Aber dieses Gerät ist wahrscheinlich nicht besser als ich als Mensch – wobei ich mich immer anstrenge, ein guter Mensch zu sein. Ich trachte wirklich nicht danach, der beste Mensch der Welt zu sein, aber ich bin überzeugt, daß dies ein gutes Klimagerät ist. Wenn Sie es warten und richtig einsetzen, so dürfte es Sie in den kommenden fünf Jahren zufriedenstellen.«

Ich schaute diesen ruhigen, einfühlsamen und ehrlichen Mann bewundernd an. Sein innerer Richter schien ganz offensichtlich zu funktionieren. Im Grunde genommen habe ich *ihn* gekauft und nicht die Klimaanlage. Die fünf Jahre sind schon längst vergangen, aber das Gerät versieht nach wie vor seine Dienste. Als wir damals den Kaufvertrag abschlossen, waren wir ins Gespräch gekommen; ich beglückwünschte ihn zu seiner Ehrlichkeit. »Nun, ich versuche, das zu machen, was meiner Meinung nach richtig ist«, sagte er leicht verlegen, »denn nur so kann ich vor mir selbst bestehen.«

Als er meinen Anstecker des Rotary-Clubs sah, sagte er mir, auch er sei Rotarier. Ein bißchen später begegnete ich einem Mitglied seines Klubs und fragte, ob er diesen Aircondition-Verkäufer kenne. »Ob ich ihn kenne? Natürlich«, antwortete der Mann. »Er ist einer der anständigsten und glücklichsten Menschen, die ich kenne. Er ist immer auf Draht und ist zudem ein hervorragender Verkäufer.«

Wie Reggie Jackson, der bekannte Baseballspieler, unter den denkbar ungünstigsten Umständen während eines entscheidenden Weltcupspiels 1973 seinen inneren Richter hat wirken lassen, fasziniert mich seit eh und je.

Er war damals der beste Basemann der *Oakland Athletics*. Während der Weltcupspiele erhielt er eine Morddrohung.

»Zunächst versuchte ich, mich lachend darüber hinwegzusetzen«, sagte er. »Doch dann dachte ich an Martin Luther King und an John und Robert Kennedy. Weshalb sie ermordet wurden, ist völlig unbegreiflich.«

Sein Klub sicherte ihm Leibwächter zu, das FBI versprach, zur Stelle zu sein, und der Fußballplatz wurde bewacht.

»Trotzdem, was können Sie gegen einen Mann unternehmen, der irgendwo draußen steht und den Finger am Abzug hat?« fragte er.

»Ich sah einen Fanatiker auf einem Dach über dem Platz vor mir. Ich stellte mir vor, daß er eine Präzisionswaffe bei sich hat und ich im Schlagfeld auf meinen Einsatz warte. Er richtet das Fadenkreuz des Zielfernrohrs auf mich und drückt langsam ab...«

Reggie spürte, daß er mit dieser Angst niemals spielen konnte. Sie würde ihn lahmer machen als ein Sehnenriß.

Doch dann dachte er an seinen Vater, der in Pennsylvania, wo Reggie aufgewachsen war, eine kleine Schneiderwerkstatt besessen hatte. Sein Vater war Halbprofispieler gewesen und hatte Reggie viel über Baseball gelehrt. Er erteilte ihm aber auch jeweils eine Lektion, wenn er seinen Sohn am Bonbonstand des Lebensmittelgeschäftes erwischte...

»Spiel fair gegen deinen Gegner: Betrüge ihn nicht, lenk ihn nicht ab, und komm ihm nicht zuvor!« sagte er zu Reggie. »Wenn du so handelst, nimmt sich dir der Alleroberste an.«

»Diese einfachen Grundsätze meines Vaters wurden die Grundlage meines Glaubens«, sagte Reggie. »Nicht nur, daß ich meinen Gegner nicht mehr betrog – ich lernte auch, auf die innere Stimme zu hören, die mir jeweils sagte, ob ich recht oder unrecht tat.«

Aus der Unterrichtung seines Vaters schöpfte Reggie tiefe innere Ruhe, ein Gefühl des Geborgenseins und die Gewißheit, daß sich alles zum Guten wendet. Er sagte: »Wenn ich mit meinem Gegner fair spiele, hilft mir Gott.«

Als er in die höheren Ligen aufstieg, machte er zugegebenermaßen Fehler, indem er die Geduld verlor und seine Mütze oder das Schlagholz wegwarf.

»Doch mit der Zeit wurde ich erwachsen«, sagte er. »Von Jahr zu Jahr machte mir das Baseballspiel noch mehr Spaß. Wenn ich einen schnellen Ball erwischte und über die vier Runden kam, war das für mich ein überwältigendes Gefühl.

Für mich gab es nur eine Art zu spielen: *hart* spielen. Immer, wenn ich einen Ball verpaßte, spürte ich, daß ich mir, meiner Familie, meiner Mannschaft, den Klubbesitzern, den Fans und dem Allerobersten gegenüber versagt hatte.«

Ich brauche Ihnen wohl kaum zu sagen, was Reggie mit der Morddrohung machte.

»Indem ich an die Zusicherung meines Vaters dachte, wonach der Alleroberste sich meiner annimmt, konnte ich die Morddrohung mit einem Mal ›abschütteln‹; ein neues Gefühl jener tiefen inneren Ruhe erfüllte mich.«

Am Folgetag stand Reggie im Schlagfeld einem knallharten Werfer gegenüber. Die Zuschauermenge tobte. Reggie konzentrierte sich ausschließlich auf den Ball.

Wumm!

»Ich machte drei Umdrehungen, bis ich die Wirkung meines Schlages realisierte«, erzählte er. »Die Morddrohung hatte ich völlig vergessen. Ich wußte, daß mein Vater unser Spiel zu Hause am Fernseher verfolgte; er hatte wohl vom Anschlag auf mein Leben gehört. Ich schaute zu den TV-Kameras hinauf und winkte. Ich weiß, daß er meine Botschaft verstanden hat.«

Ein weiterer Mensch, der zweifellos auf seinen inneren Richter hört, ist Richter Joseph A. Wapner, der in der Fernsehsendung *The People's Court* (»Wie würden Sie entscheiden?«) eine hohe Einschaltquote hatte.

Joseph Wapner gehört einer Gruppe an, in der Männer die Bibel in seiner Synagoge in Valley Beth Shalom lesen. Er sagt, eine seiner unauslöschlichen Erinnerungen seines Lebens beziehe sich auf das dritte Buch Mose, 19, 11, wo geschrieben steht: »Ihr sollt nicht stehlen noch lügen, noch fälschlich handeln einer mit dem andern.«

»Als ich am Stadtgericht von Los Angeles Richter war, mußte ich am ersten Arbeitstag die Behauptung eines Angeklagten buchstäblich durch den Augenschein beurteilen. Der Mann, den ich hier Mr. Tobin nenne, wurde wegen Geschwindigkeitsübertretung auf dem Olympic Boulevard, wo die Begrenzung bei 60 km/h lag, verzeigt. Der Schutzmann sagte aus, er habe Tobins Cadillac aus dem Jahr 1949 verfolgt und dabei eine Geschwindigkeit von 95 km/h gemessen.

›Euer Ehren‹, verteidigte sich Mr. Tobin, ›mein Wagen ist kaputt. Er fährt nicht schneller als 55 km/h!‹

Der Schutzmann lachte schallend.

›Nun denn‹, sagte ich zu Mr. Tobin, ›wenn Sie warten können, bis ich die anderen Fälle behandelt habe, fahre ich Ihren Wagen selbst. Wenn er nicht mehr als 55 km/h schafft, haben Sie gewonnen.‹

»In der Mittagspause setzte sich der Amtsdiener ans Steuer; Mr. Tobin und ich waren die Mitfahrer.

Der Amtsdiener mochte noch so fest auf das Gaspedal drücken – der Wagen schaffte nicht mehr als 55 km/h. Das Getriebe war defekt.

Ich fuhr zum Gericht zurück, schlug leicht den Hammer und entschied: ›Nicht schuldig‹.

Dieser Fall hat mich etwas Wesentliches gelehrt: Suchen Sie wie der große Salomon mit Augen und Ohren und Verstand die Wahrheit. Trauen Sie den anderen nicht, wenn Ihr gesunder Menschenverstand Ihnen sagt, daß irgend etwas nicht stimmt.«

Ja, »gesunder Menschenverstand« ist eine weitere Auslegung des Begriffes »innerer Richter«.

Ebenso das Wort *Pförtner*. Beverly Garland, die Hollywood-Filmschauspielerin, hatte ihren eigenen Wahlspruch: »Sei dein eigener Pförtner.« Als sie noch ein Kind war, brachte ihr Vater ihr diese vier Worte bei, an die sie ihr Leben lang als Schauspielerin, als Mutter und bei ihrer geschäftlichen Tätigkeit dachte.

»Wenn ich jeweils vor der Dunkelheit Angst hatte, sagte mein Vater zu mir: ›Sei dein eigener Pförtner.‹

Der Begriff ›Pförtner‹ klingt heute zwar ein bißchen altmodisch, ergibt aber nach wie vor Sinn«, erläutert sie. »Ein Pförtner ist ein Torwächter – einer, der an der Türe steht und die Leute herein- und herausläßt. Mein Papa lehrte mich, wie man negative Vorstellungen – wie zum Beispiel Ängste – vor der Tür läßt, sagte mir aber: ›eintreten‹, wenn es sich um Glaube, Liebe und Selbstbewußtsein handelte.

Zur Zeit, da ich als Schauspielerin Filme machte, vertrieb ich jegliche Ängstlichkeit, worauf ich in meine Fähigkeiten Vertrauen gewann. Wenn ich mir als Mutter Kummer wegen meiner Kinder machte, ließ ich die Sorge nicht zu, sondern vertraute ihnen – und Gott.

Zu Zeiten vergesse ich natürlich diese Worte«, gibt sie zu.

»An einen Vorfall erinnere ich mich ganz besonders. 1972 eröffneten mein Mann, Fill Crank, und ich unser eigenes Hotel, das *Beverly Garland* im Norden Hollywoods. Das war für uns ein neuer Tätigkeitsbereich, der wesentlich komplizierter war und größeren persönlichen Einsatz erforderte, als wir es uns in unserer Einfalt vorgestellt hatten.

Jeden Tag waren wir rund um die Uhr auf Draht. Immer ging irgendwo etwas schief. Abläufe waren verstopft, die Stromversorgung fiel aus, Eßwaren wurden nicht angeliefert, Angestellte meldeten sich krank. Einmal hatten wir eine Grippeepidemie, so daß die Dienstmädchen ausfielen. Mein Mann stellte mich vor die Wahl: entweder die Böden scheuern oder die Wäsche waschen. Zehn Tage lang faltete ich die Bettlaken der Doppelbetten und die Kopfkissenbezüge ganz Kaliforniens zusammen.

Dann kam die Energiekrise. Der Benzinpreis verdoppelte sich, und der Tourismus war rückläufig. Wie können wir – fragten wir uns – das Hotel füllen? Und wenn wir weiterhin Geld verlieren? Und wenn wir es mit unseren Mitteln nicht schaffen? Wenn wir keinen Erfolg haben? So stand ich am Tresen eines siebenstöckigen Hotels mit 262 Zimmern, und die nicht gebetenen Gäste namens Angst und Sorge schlichen herein. Aber ich fing sie rechtzeitig ab.

Ich hatte meine Vorstellungen und jagte die Angst weg. Die Bibel lehrt uns im Johannes-Evangelium: ›Vollkommene Liebe vertreibt die Angst.‹ Das bedeutet, Pförtner zu sein.

Heute lächle ich in unserem Hotel, dem es glücklicherweise gutgeht, wenn immer sich Befürchtungen einstellen, und zeige auf die Tafel *Besetzt.*«

Das ergibt doch einen Sinn, und es ist eine wundervolle Tafel, die Sie in sich selbst hochhalten können, wenn Angst oder negatives Denken Ihren inneren Richter überfahren wollen: »Besetzt!«

Einer meiner alten Freunde aus der Kindheit war Meister im Zuhören, was der innere Richter sagte. Eines Tages erhielt ich einen Brief einer jungen Frau, der ich noch nie begegnet war. Darin schrieb sie, sie sei seine Enkelin. Sie hatte ihren Großvater nicht gekannt, aber so viel von ihm gehört, daß sie mehr über ihn erfahren wollte. Es wurde ihr gesagt, daß er ein guter Freund von mir war, und sie bat mich daher, ihr zu erzählen, was ich von ihm wußte.

Er hieß Forest R. Dietrick; man nannte ihn aber immer »Sport-Dietrick«. Er war zwar einige Jahre älter, aber dennoch ein guter Freund unserer Familie, als wir noch in Bellefontaine, Ohio, wohnten. Ich beantwortete den Brief seiner Enkelin und schrieb ihr, daß sie in einer alten familiengebundenen Tradition stehe. Ihr Großvater war in jeder Hinsicht ein großer Mann – ein Mann, der jederzeit auf seinen inneren Richter hörte. Er war offen, peinlich genau auf Ehrlichkeit bedacht, fest entschlossen, zugänglich und immer glücklich, manchmal sogar übermäßig glücklich.

Das erstemal, als ich ihm begegnete, bügelte er Kleider in einer chemischen Reinigung. Ich war für die Sommerferien vom College zurückgekommen. Als ich ihn zum letztenmal sah, war er Präsident der führenden Bank in Worthington,

Ohio, einer Vorstadt von Columbus. Dort erlebte er einen seiner schönsten Lebensmomente; ich berichtete seiner Enkelin davon. Es war zur Zeit einer der größten Wirtschaftskrisen, die wir in Amerika je erlebt hatten. Franklin D. Roosevelt war Präsident. Er hatte eine der größten Aussagen, die je ein Regierungsbeamter gemacht hat, geprägt: »Das einzige, vor dem wir Angst haben müssen, ist die Angst.«

Damals schlossen die Banken im ganzen Land. Eines Tages wurden die Gläubiger der Bank in Worthington nervös, und einige von ihnen zogen ihre Einlagen zurück. Andere ließen sich davon anstecken, und schließlich standen die Menschen vor der Bank Schlange. Dies hätte zu einem übereilten Sturm auf die Bank führen können. Sport-Dietrick, der die Situation richtig einschätzte, ging nach draußen, stellte sich auf eine Kiste und sagte mit seiner kräftigen Stimme zu den verängstigten Menschen: »Ihre Bank zahlt Ihnen jeden einzelnen Dollar zurück, den Sie uns anvertraut haben. Es geht uns gut. Nehmen Sie mich beim Wort.«

Alle wußten, daß sein Wort Gold wert war. Jeder kannte ihn als bedingungslos ehrlichen Menschen. Er hatte das, was man Charakter nennt. Kein einziger stellte ihm Fragen. Jemand in der Menschenmenge rief: »Wenn du es sagst, Sport, dann ist es so!« Die Menge löste sich ruhig auf. Kein einziger verlor etwas bei Sports Bank. Kein Wunder, daß ich mich an ihn als einen der glücklichsten Menschen erinnere, den ich je getroffen hatte. Er war in seiner guten Art durch und durch ein »Kraftmensch«.

Der Brief seiner Enkelin brachte meine Gedanken auf die anderen Jungen der Bevölkerung Bellefontaines. Alle von ihnen beachteten ganz offensichtlich das, was ihnen der innere Richter eingab. So etwa Bob Cooke, der Manager in Los Angeles wurde; John Scarf, der in Boston Chirurg wurde; Nike Newell, der in Cincinnati gewaltige Geschäfte machte;

Glen Hill, der letztendlich einer der besten Versicherungsberater in Ohio war – und viele andere mehr.

Mein bester Freund war aber Sammy Kaufman. Ich wartete immer an der Straßenecke auf ihn; wir gingen zusammen zur Schule und gemeinsam nach Hause. Es ist schon viele Jahre her, aber ich sehe noch immer seine schlendernde Gangart und sein strahlendes Lächeln vor mir. Bellefontaine war eine methodistisch-presbyterianische Stadt. Es gab zuwenig jüdische Familien, um eine Synagoge zu betreiben. Daher gingen die Kaufmans zu unserer Kirche der Ersten Methodisten, der mein Vater als Pfarrer vorstand. Mein Papa hatte ein großes Herz, war überzeugter Christ und liebte alle Menschen. Daher schätzten ihn die paar Juden und Römisch-Katholischen unserer Stadt, und selbst die wenigen, die sich als Atheisten erklärt hatten, hielten große Stücke auf ihn.

Sammys Familie war reicher als unsere. Als der Fahrrad-Boom einsetzte, kaufte ihm sein Vater eines. Sammy war der Inbegriff eines großzügigen Menschen. Ich bin wahrscheinlich ebensooft auf seinem Fahrrad gefahren wie er. Es war ein wunderschönes rotes Fahrrad mit Klingel und Lampe.

Wir landeten jedesmal bei Richs Kiosk, wo wir ein Schokoladeeis mit Nüssen und einer Kirsche obendrauf aßen. Später besuchte Sammy das eine College und ich das andere. Schließlich ließ er sich als reicher Mann in Cleveland nieder, wo er einen Sweater-Produktionsbetrieb leitete. Alle seine Sweater waren von guter Qualität – so wie es auch Sammy war, der immer aufmerksam auf seinen inneren Richter hörte. Während Jahren hat er mich mit Sweatern versorgt. Alles, was ich ihm dafür geben durfte, waren meine Bücher. Mit seinem großen Herzen befand er sie alle als gut. Wenn immer ich in Cleveland war oder er in New York, waren wir wie in den alten Tagen beisammen.

In New York sah ich ihn zum letztenmal; ich lud ihn in den

Metropolitan Club zum Essen ein. Es war eine der schmerzlichsten Begegnungen, die man sich bei alten Freunden vorstellen kann. Wir hatten einen Fenstertisch und konnten auf die Fifth Avenue und den Central Park sehen. Sammy war mager geworden; sein Aussehen machte mir Sorgen – doch sein altes strahlendes Lachen war geblieben.

»Was ist mit den heutigen College-Studenten los?« fragte mich Sammy. Es war zur Zeit der Fahnenverbrennungen und Spruchbänder. »Sie behaupten, sie seien vom Establishment betrogen worden (und damit meinten sie das ganze Land), und einige meinen, Gott selbst habe sie betrogen. Warum denn«, fuhr er fort. »Dies ist doch ein herrliches Land, das beste seit Menschengedenken. Warum wenden sie sich bloß von Gott ab, der so gut zu ihnen gewesen ist?«

Schließlich sagten wir uns, daß die Jungen wohl ihre Gründe hätten aufzumotzen, daß sie nur einen Teil der jungen Bevölkerung ausmachten und, auch wenn sie sich betrogen fühlten, es an uns lag, sie zurückzuführen. Unser Gespräch endete positiv. »Was möchtest du zum Nachtisch, Sammy, mein lieber Freund? Ein Schokoladeeis mit Nüssen und einer Kirsche obendrauf?« Sein breites Lächeln überzog sein Gesicht; wir bestellten beide das Eis. »Sag's bitte meinem Arzt nicht«, meinte er. Als wir die Nachspeise gegessen hatten, sagte Sammy: »Es tut mir gut, mit dir zusammenzusein, mein lieber Freund. Dieses Schokoladeeis war gut, aber nicht so gut wie das bei Richs Kiosk in Bellefontaine, nicht wahr? Das waren noch Zeiten.«

Wir verabschiedeten uns an der Ecke Fifth Avenue/Sixtieth Street, indem wir uns umarmten und uns die Hand reichten. Ich sah ihm auf seinem Weg zum Plaza-Hotel nach, bis er in der Menschenmenge verschwunden war. Sein Schritt war langsamer geworden – nicht mehr so wie damals, als er die North Detroit Street in Bellefontaine schlendernd zu »unserem Fahrrad« hinauflief. Er drehte sich um und winkte mir zu; dasselbe strahlende Lächeln war auf seinem Gesicht, bis er in der Menge verschwand. Kurz darauf starb Sammy; aber in meiner Erinnerung bleibt er auf immer haften. Er hatte das Zeug, glücklich zu sein: Er war ehrlich, liebte die Natur, war von heiterer Art und fürsorglich. Mit seinem offenen Wesen war er in der Tat auch ein Mann Gottes. Sein starker Glaube war auch der Grund, weshalb er einer meiner unvergeßlichen und meistgeliebten Freunde in meinem Leben war.

Wenn Ihnen aber Unglück und Mißgeschick widerfährt, und zwar nicht bloß einmal, sondern immer wieder – wie kann man dann von Ihnen verlangen, daß Sie Ihrem inneren Richter vertrauen? Schauen wir uns das einmal an.

Ich kannte einen Mann namens Jay aus Rhode Island, der viele harte Rückschläge erlitten und jeden überwunden hatte. Aber sehen Sie, er hatte trotz allem das, was es zum Glück braucht. Er war ein Mensch, der immer auf seine innere Stimme hörte.

Als er das College beendet hatte, wurde ihm bei einer Vertriebsgesellschaft eine Stelle angeboten. Die Gesellschaft machte nach zwei Jahren Konkurs, und Jay verlor seine Arbeit. Doch lange war er nicht arbeitslos. Er rappelte sich hoch und hatte schon bald eine Anstellung bei einer Firma, die Spezialitäten verkaufte. Er machte seine Arbeit gut, wurde befördert und verdiente viel Geld. Doch dann wurde er in einen Autounfall verwickelt, lag im Krankenhaus und während Monaten zu Hause im Bett. Die Firma zahlte ihn während dreier Monate, mußte dann aber einen anderen Mann anstellen, der seine Arbeit auch gut machte. Man bot Jay eine Bürostelle an, an der er nicht einmal die Hälfte dessen verdiente, was er im Verkauf hereingeholt hatte.

Er nahm seine neue Arbeit mit gutem Humor auf, hörte auf seinen inneren Richter und war weiterhin glücklich und zufrieden. Er raffte sich auf und machte seinen Bürojob so gut, daß er zum Büroleiter mit höherem Lohn befördert wurde. Da er ein gefälliger Mensch war, mochten ihn die Mitarbeiterinnen und Mitarbeiter, und schon bald darauf läuteten die Hochzeitsglocken. Dann beförderte ihn die Firma zum Verkaufsleiter: mehr Lohn und Cash-flow-Beteiligung. Während mehrerer Jahre ging alles gut. Doch dann ereilte ihn wieder das Unglück. Diesmal war es nicht nur ein Unglück, sondern ein Unheil. Seine Frau, die er innig liebte, starb, und Jay stand allein da. Aber mutig überwand er diesen Schicksalsschlag und stürzte sich in die Arbeit.

Dann machte er eindeutig einen Fehler. Eine andere Unternehmung warb ihn mit einem Angebot ab, das er nicht abweisen konnte. Hatte er wohl auf seinen Richter gehört? Ich kann es nicht sagen. Was er damals beim Stellenantritt nicht wissen konnte: Das Management wollte aus der Firma alles herauspressen, was nur möglich war. Dann verkaufte die Firmenleitung das Unternehmen; die Manager verließen es gerade noch zur rechten Zeit. Um Kosten einzusparen, mußten die neuen Besitzer viele Angestellte entlassen. Ihre Politik war die, daß alle, die in den letzten drei Jahren eingetreten waren, gehen mußten, was natürlich auch Jay betraf. Er erholte sich von diesem Schlag und bäumte sich wieder auf.

Eine Versicherungsgesellschaft fragte ihn an, ob er an einem Vertreterfrühstück von seinen Verkaufserfahrungen berichten könne. Die Führungskräfte der Gesellschaft waren von seiner Verkaufsmethodik und seinem positiven Vorgehen beeindruckt. Sie bewogen ihn, Versicherungsagent zu werden. Somit raffte sich Jay ein weiteres Mal auf; es war – soviel ich weiß – zum letztenmal. Firmenteilhaber sagen, er sei der beste Agent der Gesellschaft.

Von Jay hörte ich erst wieder, als ich an der Jahrestagung der Gesellschaft sprach. »Was hat Jay die Kraft gegeben, sich wieder aufzuraffen?« fragte ich.

Die Antwort lautete: »Schwung, die Einstellung, daß man sich nicht entmutigen lassen darf, positives Denken, der Glaube an die alte Wahrheit, daß man jeden Abschwung zu einem Aufschwung machen kann.«

»Das ist ein Kerl«, sagte ich. »Und ist er dabei wirklich glücklich?«

»Er hat nie daran gedacht aufzugeben«, sagte einer. Ein anderer Mann faßte all das so zusammen: »Das Wichtigste an Jay habt ihr vergessen: Er glaubt.«

Obschon ihm einiges widerfahren ist – dieser Mann kannte das grundlegende Geheimnis des Erfolgs. Er hat sich immer mit seinem inneren Richter abgestimmt.

Wenn Sie das tun, von dem Sie spüren, daß es das Richtige ist, erlangen Sie größere Erfolgschancen und mehr Glück. Das, was es dazu braucht, besitzen Sie in Ihrem Glauben – ob Sie nun Katholik, Jude oder Protestant sind. Aber auch wenn Sie sagen: »Ich habe keinen Glauben«, so mag ich Sie trotzdem. Sie und ich sind Freunde. Deshalb fordere ich Sie auf, den Glauben auf Ihre Art zu erlangen und für sich die sicherste Garantie des Erfolgs und andauernden Glücks zu schaffen. Auch Sie haben das, was es braucht, um glücklich und angesichts widerlicher Umstände zuversichtlich zu sein.

Nochmals: Um wirkliches Glück zu erlangen, tun Sie nur das, von dem Sie wissen, daß es das Richtige ist.

KAPITEL 14

Leben ist positiver Glaube

Nach meinem eher langen Leben, in dem ich fast siebzig Jahre lang gesprochen, geschrieben und gepredigt habe, bin ich zu einem unumstößlichen Schluß gekommen: Alle von uns, Sie, die dieses Buch lesen, und jeder andere Mensch auf dieser Erde, sind zu einem bestimmten Zweck auf diese Welt gekommen. Ich glaube, daß unser allmächtiger Gott, unser Schöpfer, für jeden von uns einen Lebensplan hat. Wenn wir diesen Plan kennen und ihm nachleben, sind wir glücklich und zufrieden.

Das Glück stellt sich natürlich nicht immer ein. Jeder Mensch kann auf seinem Lebensweg irgendwo Unglück erleiden. Der Hauptgrund dafür liegt meiner Ansicht nach darin, daß der Mensch nicht glaubt. Diejenigen, die wirklich glauben, versagen nur selten, denn sie können sich wieder aufraffen.

Der *Glaube* bestimmt unsere Lebensqualität. Deshalb habe ich dieses Buch geschrieben.

Ich will Ihnen die Geschichte eines kleinen puertoricanischen Jungen erzählen, der seine wahre Berufung in seinem Leben durch den Glauben fand. Juan Antonio Rodriguez wurde in Río Piedras in einer kleinen Stadt in armseligen Verhältnissen geboren. Oftmals bekamen er und seine fünf Brüder und Schwestern nur zweimal die Woche richtig zu essen. Häufig stand nur Kaffee auf dem Tisch. Mit sieben Jahren pflügte er hinter einem Ochsengespann Zuckerrohrfelder. Aber er hatte gläubige Eltern, die ihn lehrten, daß er mit dem Glauben alles schaffen könne.

Juan fand einen Job als Schlägerträger in einem der nahe gelegenen Countryklubs. Schon bald hatte er sich seinen eigenen Golfklub eingerichtet, wo er mit einem Schläger spielte, den er aus einem Agavenast und einem Pfeifenkopf gebastelt hatte. Damit schlug er Flaschendeckel in Richtung imaginärer Löcher. Juan machte das recht gut. In seiner Jugendzeit gab ihm ein Golfspieler, für den er als Schlägerträger gearbeitet hatte, eine Liste, auf der Golfklubs aufgeführt waren. Zu dieser Zeit war Juan in der US-Armee. Derweil kam er zur Überzeugung, daß er zum professionellen Golfspieler bestimmt war. Sein erstes Ziel war aber, für seine Mutter, die damals nach New York umgezogen war und in einer Mietswohnung lebte, ein Haus zu kaufen.

1960 begann Juan, mittlerweile unter dem Namen Chi Chi Rodriguez bekannt, seine Karriere in einem Spiel des Verbandes der Golfprofis. Schon nach drei Jahren zog seine Mutter in ihr neues Heim ein. Dann traf Chi Chi einen Menschen, der seinem ohnehin schon starken Glauben eine weitere Bereicherung gab.

Als er im *Sleepy-Hollow*-Countryklub spielte, begegnete er keinem Geringeren als meinem alten Freund Dr. Smiley Blanton, der Mitglied des Klubs war.

Chi Chi erinnert sich: »Smiley Blanton war gegen achtzig und ich in den Zwanzigerjahren. Doch während wir plaudernd und lachend über den Golfplatz gingen, gab es den Altersunterschied nicht. Er schlug meist in die tiefen Achtziger und konnte den Ball vom Platz 180 m weit abschlagen. Ich habe viel von ihm gelernt. Über das Leben. Über Golf. Er lehrte mich, daß man bei der Abschlagvorbereitung sich auf den Ball konzentrieren muß und nicht auf die dazwischen liegenden Sand- und Wasserhindernisse.«

»›Sei positiv‹, sagte er zu mir. ›Dein Körper kann nur das machen, was dein Kopf sieht, Chi Chi. Wenn du ans Negative denkst, so zieht es dich an. Doch wenn du dir dein Ziel vor Augen hältst, bist du auch darauf ausgerichtet.‹«

Chi Chi begann noch mehr zu glauben und gewann schließlich acht Golfprofiturniere. 1985, als er fünfzig geworden war, machte er bei den Seniorenprofispielen mit und ist an diesen Turnieren seither einer der Spitzenspieler. Er hat die *Golf-Digest*-Auszeichnung als »Seniorenspieler des Jahres« gewonnen.

Heute gibt er seine Philosophie des Glaubens in seiner »Chi-Chi-Rodriguez-Stiftung für die Jugend« in Clearwater, Florida, an gestörte, mißhandelte und arme Kinder weiter. »Ich erkläre Ihnen, daß sie diese Lehre bei jeder Herausforderung, die sie annehmen müssen, anwenden können. Redet zunächst mit Gott. Hört auf Ihn, und wenn ihr Seinen Rat vernommen habt, so schwankt nicht lange hin und her. Gehorcht!

Gott erkennt wesentlich mehr, als wir sehen können. Das Leben ist voll von Zufällen und Fallen. Wenn man aber sein Auge auf den Ball richtet und ihn mit aller Kraft verfolgt, ist man Champion – egal, was man tut –, selbst wenn man nicht jedesmal gewinnt.«

Chi Chi befolgt den Lebensplan, den Gott für ihn bereithält. Denn er *glaubt*.

Ein anderer Sportler, der zutiefst gläubig ist, heißt Tommy Lasorda. Er ist der tatkräftige Manager der *Los-Angeles-Dodgers-National-League*-Baseballmannschaft.

»Man muß unablässig glauben«, schreibt er in einem Artikel der Zeitschrift *Fortune* im Juli 1989. »Der Gewinn der Weltmeisterschaften von 1988 war der unumstößliche Beweis, was man im Leben alles erreichen kann, wenn man wirklich an sich selbst glaubt. Alle 24 Spieler haben an sich geglaubt. Der beste Mann ist nicht der, der gewinnt, sondern derjenige, der ein bißchen mehr leisten will als der andere und ständig daran glaubt.«

Diese Aussage stimmt mit dem überein, was mein langjähriger Freund John Galbreath, der in Columbus, Ohio, lebt, sagte. Auch er wurde vom Jungen, der in armen Verhältnissen aufwuchs, zu einem der erfolgreichsten Geschäftsleute Amerikas.

»Was muß man machen, um erfolgreich zu werden?« fragte ihn einst ein Journalist.

»Glauben«, antwortete John. »Den unbändigen Wunsch haben, ein bestimmtes Ziel zu erreichen. Und dann: arbeiten, arbeiten, arbeiten und immer an sein Ziel glauben.«

Glauben Sie an sich als intelligenten und fähigen Menschen. Glauben Sie an Ihr Lebensziel. Glauben Sie an Gott, der Sie auf diese Erde brachte, damit Sie dieses Ziel erreichen.«

Einige von Ihnen mögen jetzt die Nase rümpfen. »Sich einfach so sagen, man müsse glauben – das bringt doch gar nichts«, wenden Sie vielleicht ein.

Dem ist entgegenzuhalten: Viele Berufssportler und Teilnehmer an den Olympischen Spielen wissen, daß die Kraft des Glaubens ebenso schwer wiegt wie Gewichtheben, Wettläufe und Übungen am Pferd. Elizabeth Manley, die bekannte kanadische Eiskunstläuferin, stürzte zum Beispiel jeweils bei den heiklen Sprüngen – wie etwa beim dreifachen Lutz. Mit der Hilfe der Psychologen ihres Betreuerteams wandte sie viel Zeit auf, um sich den perfekten dreifachen Lutz einzuprägen – bis sie der Überzeugung war, ihn zu beherrschen. Das Ergebnis war, daß sie an den Olympischen Winterspielen von 1988 die Silbermedaille gewann.

»Wir haben erkannt, daß an der Weltspitze der Unterschied zwischen einer Gold-, einer Silber-, einer Bronzemedaille oder gar keiner sehr gering ist. Die Fähigkeit, innerlich vorbereitet zu sein, macht offensichtlich den Unterschied aus«, sagt Robert Helmick, Mitglied des Olympischen Komitees der USA.

»Sportler und Coaches haben Mittel und Wege gesucht, um diesen Sekundenbruchteil zu eliminieren.«

Innerlich vorbereitet sein, um zu gewinnen, heißt *glauben*, ob man nun auf eine Goldmedaille aus ist oder im Beruf an die Spitze kommen will.

Fragen Sie bloß einmal einen Spieler des *Boston Bruins Hockey Club,* was Glauben ausmacht. 1988 trafen die *Bruins* im Wiederholungsspiel auf die *Montreal Canadiens,* ein Team, das sie während 45 Jahren bei Ausscheidungsspielen noch nie hatten schlagen können. Wie seit eh und je war es der Mannschaft aus Boston mulmig zumute. »Eine eindeutig negative Einstellung herrschte vor, als es darum ging, *Montreal* zu schlagen«, sagte Ken Linseman vom *Boston*-Team.

Man beschloß, Dr. Frederick Neff, einen Universitätspsychologen, zu verpflichten, damit er ein mentales Trainingsprogramm entwickle, um der Mannschaft zur Überzeugung zu verhelfen, daß sie *Montreal* schlagen konnte. Jedesmal wenn in den Spielern ein negativer Gedanke aufkam, wurden sie angewiesen, ihn sogleich durch einen positiven zu ersetzen. Mit positiver Einstellung versehen, schlugen die *Bruins* die Kanadier schließlich 4:1 und gelangten dadurch in das Stanley-Cup-Finale.

»Wollen Sie damit sagen, ich könnte mein Leben so schnell ändern, wie ich meine negativen Gedanken in positive verwandle?« fragen Sie jetzt vielleicht.

Schauen wir uns an, was andere Psychologen dazu zu sagen haben. Cynthia K. Chandler, beratende Psychologin an der Indiana State University, und Cheryl A. Kolander, Assistenzprofessor an der Gesundheitsabteilung der Universität von Louisville in Kentucky, haben interessante Beobachtungen gemacht, die in der Zeitschrift *Education Digest* im Januar 1989 veröffentlicht wurden.

> *Überzeugungen und Gedanken, die im Bewußtsein oder im Unbewußten verhaftet sind, bewirken, daß der Körper physiologisch oder verhaltensmäßig entsprechend reagiert.*
>
> *Das positive Auseinandersetzen mit sich selbst führt zu einer gesunden Lebensführung ... Studenten reden oftmals negativ von sich und verringern dadurch ihre positiven mentalen Kräfte. Ein Gedanke, den man im Kopf hat, wird in einem gewissen Maß geglaubt und kann sich unter Umständen im Verhalten auswirken.*
>
> *Die Gedanken abschalten ist ein wirksames Mittel gegen selbstzerstörerische Gedanken und Gefühle. Immer wenn ein negativer Gedanke auftaucht, können sich die Studenten sogleich sagen: Halt! Dieser Befehl lenkt ab und unterbricht das selbstvernichtende Denken. Dieser Befehl ist einfach zu erteilen; er hilft, mit einer andauernden Gewohnheit zu brechen. Das Abstoppen der Gedanken kann jeden unerfreulichen Gedankengang unterbrechen. Es kann helfen, verfolgenden oder ängstlichen Gedanken Einhalt zu gebieten – so zum Beispiel Gedanken des Mißlingens, der Unzulänglichkeit, der Panik oder Furcht, schmerzliche Erinnerungen oder sich immer wieder einstellende Gewohnheiten wie an den Nägeln kauen oder sich überessen.*
>
> *Auf das Abstellen solcher Gedanken kann das Ersetzen der Gedanken folgen, die auf positive, bekräftigende oder selbstbestätigende Überlegungen abzielen. Auf jeden negativen Gedanken, den ein Student fallenläßt, stellt sich ein positiver ein. Ein Beispiel: »Ich bin so*

dumm.« Diese Aussage kann man abblocken, indem man sich sagt: »Ich bin klug, und ich schaffe es.« – »Ich bin so blöd« kann man ersetzen durch: »Ich habe gelernt, und daher weiß ich mehr.« Ersetzen Sie »Ich habe nicht, was nötig ist« durch: »Ich habe die Kraft, mein Bestes zu leisten.«

Die Psychologen sagen, man müsse sich solch positive Bestätigungen mehrmals am Tag geben – beim Spazierengehen, bevor man zu Bett geht und auch sonst.

Kann man durch das, was man sich zuredet, sein Handeln tatsächlich beeinflussen? Sie werden staunen. Unser Hirn ist eine überaus komplexe Angelegenheit. Die Medizin kennt immer noch nicht genau seine Funktionsweise.

So sind Chirurgen und Anästhesisten der Ansicht, daß Patienten, die in einer Vollnarkose waren, sich nicht an die Operation erinnern; und doch scheinen sie so viel von dem mitzubekommen, was während der Operation um sie herum gesagt wird, daß sich dies auf ihre Genesung auswirkt.

Dr. Carlton Evans, Narkosearzt am St.-Thomas-Spital in London, berichtete in der August-Ausgabe 1988 von *The Lancet,* einer britischen Medizinzeitschrift, daß man anästhesierten Patienten Dinge sagte wie: »Sie wollen aufstehen und aus dem Bett steigen, um Ihrem Körper zu helfen, daß er rascher wieder gesund wird.« Diejenigen, die solch positive Anregungen bekamen, erholten sich schneller und mit weniger Komplikationen als jene, denen man Anregungen dieser Art nicht gab. Dies seine Beobachtung.

Das Hirn ist wirklich eine wunderbare und geheimnisvolle Kraft. Wir brauchen uns daher nicht darauf zu beschränken, was wir können oder nicht können, bloß weil wir meinen, die Kraft zu etwas nicht zu haben oder bedeutungslos zu sein. Das gilt für Menschen jeden Alters.

Kinder müssen zum positiven Denken angeregt werden. Man muß ihnen den Traum davon eingeben, zu was sie werden können. Man muß ihnen die Einstellung des Gewinnens einflößen. Eine Mutter kann zum Beispiel zu ihrem Kind sagen: Du bist einmal wer. Du machst aus deinem Leben etwas Großes.«

Wenn Kinder dies im Verlauf ihrer Persönlichkeitsentwicklung regelmäßig hören, bekommen sie den Ansporn, das zu werden, was ihre Möglichkeiten erlauben.

Kürzlich erhielt ich einen Brief von Ike Skelton, einem Kongreßabgeordneten aus dem Staat Missouri. Er ist in der vierten Amtszeit und ein bekanntes Mitglied des Kongresses der Vereinigten Staaten. Er hat mir folgendes geschrieben:

> *Lieber Herr Dr. Peale*
> *Sie werden traurig sein, wenn ich Ihnen schreibe, daß meine geliebte Mutter gestorben ist. Sie hat uns verlassen, um bei Gott zu sein. Ich werde ihr immer dankbar sein. Sie war Ihnen eine liebe Bekannte; deshalb schreibe ich Ihnen von Ihrem Heimgang zum Himmel.*

Mrs. Skelton war wirklich eine liebe Bekannte von mir. Sie war eine starke, dynamische, mächtige, gläubige Frau und eine großartige Mutter. Als Ike zwölf war, hatte er Kinderlähmung. Seine Arme hingen hilflos hinunter. Seine Beine heilten zufriedenstellend, und er konnte sie irgendwie wieder bewegen – nicht aber seine Arme. Als er zu verzweifeln begann, sagte seine Mutter zu ihm: »Ike, dein Leben liegt nicht in deinen Armen und Händen, sondern in deinem Kopf und in deinem Herzen. Du schaffst alles, das du wirklich schaffen willst.«

Er wollte unbedingt Schnelläufer werden und trat deshalb in die Militärakademie von Wentworth ein, wo er sich dem

Läuferteam anschloß. Sein Coach sagte zu ihm: »Mein Lieber, ohne deine Arme bringst du es nie zum Schnelläufer. Denn die Arme sind beim Laufen fast ebensowichtig wie die Beine.«

»Ich will aber Schnelläufer werden«, sagte Ike.

Im ersten Jahr schaffte er es nicht. Und auch im zweiten Jahr nicht. Und auch nicht im dritten. Im vierten Jahr sagte sein Coach zu ihm: »O. K., Ike, du gehörst zur Mannschaft.«

Dann kam das Ereignis des Jahres. Es war die alljährliche Begegnung mit den Erzrivalen, der *Kemper Academy*. Ike sagte zu seinem Coach: »Ich will beim 3000-Meter-Lauf mitmachen, obschon ich weiß, daß er der anstrengendste ist.«

»Guter Mann«, sagte der Coach. »Ich geb' dir jede Chance, die du dir wünschest, denn ich weiß, daß du großartig bist. Aber diesen Lauf kannst du nun einmal nicht bestreiten. Wenn es dir aber daran liegt, so laß' ich dich zu. Ich werde deine Arme auf beiden Seiten festbinden, und dann machst du das Beste, das in dir steckt.«

Der erste Läufer kam ins Ziel. Der zweite Läufer kam ins Ziel. Der dritte Läufer kam ins Ziel. Alle kamen ins Ziel. Nicht aber Ike. Die Zuschauer warteten. Schließlich kam Ike – völlig abgeschlagen. Er hatte es geschafft. Als er die Ziellinie durchlief, sprangen alle Sportschüler von ihren Sitzen zu ihm herunter. Sie trugen nicht den Sieger des Rennens auf der Schulter: Sie nahmen Ike auf die Schulter, trugen ihn über die Laufbahn und riefen seinen Namen aus.

Ike wurde Rechtsanwalt und etwas später Kongreßabgeordneter der Vereinigten Staaten. Im Verlauf seiner Karriere rief mich Frau Skelton häufig an. »Helfen Sie mir, daß ich ihn zu dem großen Mann mache, der er nach meiner Überzeugung sein kann.« Er wurde letztlich zum großen Mann. Der Begeisterung seiner Mutter ist es zu verdanken, daß dieser Mann zu dem wurde, was er heute ist.

Ein anderes Beispiel ist Giorgina Reid, »eine kleine alte Dame«, wie sie sich selber nannte. Sie machte etwas, was die Pioniereinheit der amerikanischen Armee nicht schaffte. Sie rettete den berühmten Montauk-Leuchtturm am östlichsten Zipfel von Long Island, dessen Lichtsignale die Schiffe während zweier Jahrhunderte geleitet hatten.

Dieses bekannte Bauwerk drohte ins Meer einzustürzen. Der Grund, auf dem es errichtet worden war, wurde vom Wasser unterspült. Soldaten mit riesigen Maschinen und Tonnen von Beton wurden aufgeboten, um den Leuchtturm zu retten. Es gelang ihnen nicht. Fachleute sagten, es sei nur eine Frage der Zeit, bis der Turm einstürze.

Mrs. Reid teilte der Küstenwache mit, daß sie einen unter Umständen tauglichen Rettungsplan habe. »Darf ich den Leuchtturm retten?« fragte sie. »Die Männer schauten mich fassungslos an; ich wußte, was sie sich dachten: ›Na denn, sie ist ja bloß eine kleine alte Dame.‹«

Sie hatten recht. »Ich war klein, etwa 150 cm groß, und bereits pensioniert. Doch was soll's? Vor langer Zeit habe ich bemerkt, daß klein zu sein noch lange nicht heißt, daß man eine Aufgabe, die man sich in den Kopf gesetzt hat, nicht bewältigen kann. Ich wollte ihnen zeigen, was man leisten kann, wenn man sein Leben lang diese Einstellung hatte.«

Als Mrs. Reid, die in New York aufwuchs, ein junges Mädchen war, arbeitete sie halbtags im Büro von Fiorello La Guardia, der damals Kongreßabgeordneter und später Bürgermeister von New York war. Sie pflegte diesen behäbigen, warmherzigen Mann wegen seines Namens als »kleine Blume« zu bezeichnen – aber auch deshalb, weil er nur knapp über 150 cm groß war. Eines Tages, als sie zufällig zusammen im Aufzug waren, sagte La Guardia: »Schauen Sie, ich weiß, wovon ich rede: Vertrauen Sie auf Gott, glauben Sie an sich selbst. Dann schaffen sie *alles.*«

»Die Lifttüre ging auf, und er ging hinaus. Wohl mag er nur etwas über 150 cm groß gewesen sein, aber – so dachte ich – er ist ein gewaltiger Mann.«

Eines Tages war in einem Zeitungsartikel vom argen Zustand des Montauk-Leuchtturms zu lesen. Mrs. Reid dachte unverzüglich an ihre persönliche Erosionsabwehrmethode, mit der sie und ihr Mann verhindert hatten, daß ihr heißgeliebtes Haus am Meer ins Wasser einbrach. Sie hatten Staumauern aus ausgelaugtem Abfallholz errichtet und mit angeschwemmtem Ried und Sand verkittet. Das Schilf verhinderte das Ausschwemmen des Sandes. Die hohlen Stämme hielten das Regenwasser ab, wirkten also wie ein kleines unterirdisches Bewässerungssystem. Wenn Sie vermoderten, verbanden sie sich mit den Wurzeln der darüber wachsenden Pflanzen und hielten so den Boden wie Millionen kleiner Finger zusammen. Mr. und Mrs. Reid arbeiteten mit der Natur – statt gegen sie zu arbeiten.

»Als ich die Küstenwache zum erstenmal um die Erlaubnis bat, meinen Plan auszuführen, nahm sie mich nicht sonderlich ernst«, erzählt sie. »›Niemand kann den Wind, den Regen und das Meer anhalten‹, sagten die Männer. Wie könnte ich denn in einer Sache Erfolg haben, wo die Pioniereinheit der Armee erfolglos gewesen war? Wie könnte denn eine kleine alte Frau Erfolg haben, wenn sich starke Männer geschlagen geben mußten? Wie könnte ich gewinnen, wo die moderne Wissenschaft versagt hat? Aber die Küstenwache gab mir grünes Licht.«

Giorgina Reid und ihr Mann wandten ihre bewährte Methode an und suchten die Küste von Long Island nach angeschwemmtem Schilfrohr ab, stopften es in Kartoffelsäcke und legten es stufenweise um den Leuchtturm. Die Küstenwache unterstützte sie dabei, und auch die Anlieger halfen. Und wiederum funktionierte das System.

Heute ist der Montauk-Leuchtturm (hoffentlich auch für künftige Generationen) gesichert – dank einer »kleinen alten Dame«, welche die Kraft des *Glaubens* besaß.

Die Zahl der wie Giorgina Reid glaubenden Menschen geht in Amerika in die Millionen. Ich glaube in der Tat, daß es in unserem großen Land mehr wirklich glaubende Menschen gibt als in irgendeinem anderen Land dieser Welt. Die Freiheit Amerikas und die Bedeutung, die man der Kraft des einzelnen beimißt, bewirken eine Gedankenwelt, zu der glaubende Menschen hinstreben.

Die Pilger, die im 16. Jahrhundert an unseren Küsten landeten, waren gläubig. Sonst hätten sie ihr Heimatland nicht verlassen, um mit ihren wenigen Habseligkeiten die Fahrt über den stürmischen Atlantischen Ozean zu einem ihnen praktisch unbekannten Land zu wagen. Sie hatten an ein besseres Leben in einem großen, freien Land geglaubt, wo sie Gott nach ihrer eigenen Überzeugung dienen und sich eine Zukunft aufbauen konnten.

Es waren gläubige Menschen, die westwärts in die Prärie zogen, der Einsamkeit und den Gefahren der Wildnis trotzten; viele endeten während des Trecks in unbekannten Gräbern.

Die anderen gingen aber trotz der unbarmherzigen Hitze und den eisigen Winterstürmen weiter, bis sie bessere Zeiten, an die sie geglaubt hatten, erleben durften. In der ganzen Geschichte Amerikas waren gläubige Menschen die Wegbereiter – bis heute, wo wir von Ozean zu Ozean eine vereinigte Nation haben.

Die Zahl der gläubigen Menschen unter uns wächst in unseren Tagen unablässig. Nicht wenige von ihnen liefern den klaren Beweis für die amerikanische Art, aus bescheidenen Anfängen heraus zur Spitze zu gelangen. Eine landesweit bekannte Zeitschrift hat 120 Menschen aufgelistet, die sich – wie sie es nennt – in »der nationalen Wirtschaftshalle der Ruhmreichen« einen Sitz erworben haben. Alle mir persönlich bekannten Menschen, die aufgeführt sind, haben sich hochgearbeitet; jeder von ihnen glaubte an Gott, an sich selbst, an unser Land, an sein Produkt. Alle zusammen haben die Welt für Millionen von Menschen verbessert.

Einer von ihnen ist Conrad Hilton, der in bescheidenen Verhältnissen aufwuchs und ein weltweites Hotelimperium aufbaute. Er war gläubig, ging jeden Tag zur Messe und schuf während des Zweiten Weltkrieges das bestbekannte Bild des im Gebet versunkenen *Uncle Sam.* Auf der Liste ist auch ein Mann aufgeführt, der mein Freund war: Dewitt Wallace, Sohn eines Pfarrers und tief gläubiger Mensch. Er brachte *Reader's Digest,* das meistgelesene Magazin aller Zeiten, zum Welterfolg. Es gab eine Zeit, da Dewitt und seine Frau Lila das Magazin selbst verfaßten und die Manuskripte in ihrem alten Wagen zur Druckerei fuhren. Am Anfang hatte Dewitt sein Konzept an Herausgeber in New York weitergeben wollen, doch diese lachten bloß über diese »verrückte Idee«.

Joyce C. Hall ist ein weiterer gläubiger Mensch. Er stammte aus einfachem Hause und baute *Hallmark* auf, die wahrscheinlich größte Glückwunschkarten-Unternehmung Amerikas.

Ray Kroc zählt auch zu diesen Männern. Nach einer eher mittelmäßigen Verkaufskarriere begegnete er mit fünfzig zwei Brüdern namens McDonald, begeisterte sich für den Hamburger und wurde zum Pionier der amerikanischen Schnellimbiß-Industrie.

Einer meiner anderen Freunde, Dave Thomas, begann als völlig mittelloses Waisenkind. Zunächst arbeitete er als Tellerwäscher. Dann baute er *Wendy's* auf, eine weitere in ganz Amerika bekannte Hamburger-Kette.

Ein weiterer Freund, der ebenfalls überzeugter Christ ist, heißt Tom Monaghan. Auch er war eine Waise ohne jegliche Mittel. Er baute *Domino's Pizza* auf, gleichfalls eine Schnellimbiß-Kette. Heute ist Tom ein ganz besonderer Missionar – ein Missionar, der sich der Aufgabe widmet, aus unserer großen Nation ein Land zu machen, in dem das Leben noch lebenswert ist: ein durch und durch gläubiger Mensch.

Olive Ann Beech, die schon früh verwitwet war, baute die große *Beech Aircraft Corporation* auf, die ihr Mann ins Leben gerufen hatte. Auch sie ist ein hochgeachteter gläubiger Mensch, der auf Gott, auf sich selbst und auf Spitzenleistungen in der Luftfahrt vertraut.

Als junger Vater zog Kemmons Wilson mit seiner Familie nach Washington. Während der Reise von Tennessee her hatte er immer wieder die größte Mühe, für seinen Wagen einen Parkplatz zu finden. Die Reise wurde lästig, zumal er fand, es sei zu teuer, in Hotels in der City abzusteigen. Dann kam er auf eine Idee. Da er ein denkender Mensch war, sprudelten die Ideen nur so aus ihm heraus. Wie wär's mit einer anderen Art von Hotel, wo die Familie vor ihre Zimmertüre fahren und ohne Parkgebühren ihren Wagen abstellen kann? So entwickelte er in Gedanken die *Holiday Inns*. Wilson begeisterte Wallace Johnson, einen weiteren positiv denkenden Menschen, für diese Idee. Zusammen bauten sie diese riesige Hotelkette auf, die das Zeitalter der Motels einleitete.

Vater und Sohn Marriott, beide gläubige Menschen, gründeten die berühmte Erstklaßhotelkette und den Lebensmittelservice *Marriott*. Bill Marriott senior hatte anfänglich in Washington einen Hot-dog- und Bierstand, zu dem ich früher immer wieder hinging. Bill erzählte mir, daß sich seine Einnahmen am ersten Tag auf stolze 15 Dollar beliefen.

Gläubige Menschen packen zu, sie sind positiv eingestellt. Sie wissen, daß aus Kleinem Großes gemacht werden kann. Eine stämmige Eiche entsteht aus einer einzigen Eichel. Glaubende Menschen sind denkende Menschen. Sie vergeuden keine Zeit, indem sie daran denken, wie schlecht es ihnen ergeht. Sie grübeln nie negativen Gedanken nach. Sie denken positiv, sie denken und denken und glauben. Auf diese Weise stellen sich die Ideen ein, die der Menschheit oft zum Wohle gereichen.

Damit haben Sie eine Aufzählung von bedingungslos glaubenden Menschen, von denen jeder einzelne etwas erreicht hat, das Tausenden von anderen Menschen zu Arbeitsplätzen verhalf und zur Wohlfahrt unseres Landes beitrug.

Die menschliche Natur neigt allerdings dazu, kopfschüttelnd zu sagen, dies seien wohl anregende Geschichten, aber nicht mehr. Alle diese Menschen seien begnadete Übermenschen gewesen, keiner unter ihnen ein gewöhnlicher Mensch wie Sie und ich.

Irrtum. Sie alle begannen als mittellose Menschen. Als ganz gewöhnliche Menschen. Aber wie? Indem sie sich Gedanken machten und glaubten, indem sie arbeiteten, Mißerfolge erlitten, sich wieder aufrafften und es immer wieder versuchten.

Ein weiterer Mensch, den ich persönlich kenne, ist ein Mann, der in seiner Jugend Arges mitgemacht hatte, sich aber zu Bemerkenswertem aufschwang. Ich spreche von Max Cleland, dem Staatssekretär von Georgia. Als der Vietnamkrieg begann, meldete er sich zum Militär und wurde als Oberleutnant zum Kriegsschauplatz geschickt. Dort wurde er zum Hauptmann befördert. Eines Tages explodierte eine Granate, die seine Beine und seinen rechten Arm zerfetzte. Die Ärzte kämpften verzweifelt um sein Leben. Und nach den langen Monaten, die er im Spital verbrachte, genas er.

Obschon schwere gefühlsmäßige und seelische Wunden zurückblieben, war Max innerlich bereit, dieses entsetzliche, tragische Erlebnis zu überwinden. Er konnte sich auf seine unvermittelt eingetretene Körperbehinderung einstellen, die jeden anderen Menschen mit seelisch und geistig schwächerer Einstellung zunichte gemacht hätte. Er sagte sich, daß sein Geist und seine Seele trotz seiner Behinderung funktionieren, womöglich noch mehr als zuvor, und beschloß, sie inskünftig vermehrt einzusetzen.

Als Jimmy Carter, der ebenfalls aus Georgia stammt, Präsident der Vereinigten Staaten wurde, berief er Max Cleland zum Direktor des Bundesamtes für Kriegsveteranen. Dieses Regierungsamt war im Pentagon mit seinen 236 000 Angestellten und einem Budget von 22 Milliarden Dollar das zweitgrößte. Noch nie hatte dieses Regierungsamt einen hingebungsvolleren und aktiveren Leiter gehabt. Er reiste viel, besuchte und inspizierte Spitäler, wo die Veteranen lagen, und kümmerte sich um die Frauen und Männer, die der Gewalt des Krieges ausgesetzt gewesen waren.

Nachdem Max seine Amtspflicht hervorragend erfüllt hatte, kehrte er in seinen Heimatstaat Georgia zurück, wo ihn die Bürger zum Staatssekretär ernannten. Von seinem Büro im historischen Amtsgebäude in Atlanta aus leitet nun der Besieger des Unheils eine große Belegschaft und geht den unzähligen, wichtigen Pflichten nach, die größte Verantwortung erfordern. Seine zahlreichen Freunde sind überzeugt, daß Max, der jetzt erst 47 Jahre alt ist, schon bald befördert wird.

Dies ist der Grund für Max Clelands Popularität und seine Kompetenz. Man liebt diesen Mann, der sich mit seiner Menschlichkeit um die anderen kümmert. Er ist ein Mensch mit herzhaftem und ansteckendem Lachen und hat die Fähigkeit, die Menschen mit seiner Begeisterung anzustecken.

Max Clelands Fähigkeit, mit seiner Körperbehinderung, die ihn so unvermittelt getroffen hatte, zu leben, beruht auf seinem Glauben an Gott. Heute ist er der schlagende Beweis dafür, daß gläubige Menschen sich wieder aufraffen können. Er ist auch davon überzeugt, daß Gott sein Leben bestimmt – genauso wie er glaubt, daß Gott das Leben von jedem von uns bestimmt. Eine Handgranate hatte Max Clelands Leben verändert.

Ich kannte einen jungen Mann, der sich seinen Erfolg vermasselt hatte, dann aber wieder hochkam. Dieser Gene war ein umgänglicher und zugänglicher Mann. Er war ein kluger Kopf, und mit seiner Einstellung galt er als restlos zuverlässig. Er war als Versicherungsvertreter einfach spitze. In seiner Geselligkeit war er ein richtiger Kumpel. Seine Frau Sylvia und er waren überaus beliebt.

Er erfuhr, daß einige seiner voraussichtlichen Kunden sich am späteren Nachmittag in einer Hotelbar trafen, wo man in geselliger Runde zusammensaß, über Geschäfte redete und vielfach handelseinig wurde. Ansonsten ging er nicht in diese Bar, sagte sich aber, daß er womöglich Versicherungsabschlüsse verpassen könnte, wenn er nicht dorthin ginge. Daher begann er, sich dort zu zeigen, und bestellte ein Mineralwasser oder eine Cola.

In der heiteren Umgebung ließ er sich dazu überreden, Härteres zu trinken. Zuvor hatte er kaum je starke Sachen getrunken. Dann fiel Gene auf, daß sich die Kunden an andere Versicherungsvertreter wandten. Enttäuscht und beunruhigt ging er zu einem älteren Vertreter, dem erfahrensten aller Versicherungsberater der Stadt.

»Gene«, sagte dieser zu ihm, »auf die Gefahr hin, daß du mir die Freundschaft kündigst, sage ich dir die Wahrheit: Die Menschen mögen ›Saufkumpane‹. Aber unser Geschäft lebt von der Achtung, die unsere Kunden vor uns haben.

Denn es hat mit ihrem Besitz, ihren Familien und vor allem mit dem Leben ihrer Angehörigen zu tun. Ein Kunde läßt von einem Versicherungsberater ab, an dessen Charakter er zweifelt.

Gene«, sagte der erfahrene Mann, »es ist nicht so sehr deine Trinkerei, die sie abstößt, sondern die Tatsache, daß sie dich als Bluffer betrachten, der auf Achselklopfen macht und sich nachher betrinkt. Du tätest besser daran, auf diese spätnachmittäglichen Treffs in der Hotelbar zu verzichten und dich wieder selbst zu finden.«

Leider kam der Rat dieses älteren Kollegen zu spät: Gene war dem Alkohol verfallen und sich dessen nicht bewußt geworden. Er merkte, daß er in den Klauen dieses Übels war. Um es zu bekämpfen, begann er heimlich zu trinken. So hatte er es sich wenigstens ausgemalt; aber heimliches Trinken bleibt kaum je verborgen. Seine Angewohnheit wurde allgemeines Gesprächsthema. Er büßte die meisten seiner Geschäfte ein. Selbst seine alten Freunde zeigten ihm die kalte Schulter. Er verlor das Vertrauen, das man früher in ihn gesetzt hatte; man verhielt sich ihm gegenüber abweisend.

Trotz allem, Gene war nicht auf den Kopf gefallen. Er erkannte den Grund seines Abstiegs und trat ihm entschlossen entgegen. Er schrieb sich bei einem Institut für Alkoholbekämpfung ein und befolgte getreulich das Entziehungsprogramm. Darauf ging er zu den *Anonymen Alkoholikern,* besuchte wieder die Kirche und unterzog sich einer religiösen Therapie. Schließlich schaffte er es, vom Alkohol wegzukommen. Seine Mitmenschen waren ihm gegenüber fair: Sie begrüßten seinen Kampf um die eigene Wiederherstellung. Nach und nach ging es mit ihm beruflich wieder aufwärts. Diese wahre Geschichte beweist, daß ein Mensch gegen Probleme, die er sich selbst geschaffen hat, ankämpfen und sich mit bestem Erfolg wieder aufraffen kann. Nur Ehrlichkeit, das Verlangen, Durchhaltevermögen und die Überzeugung, daß man es schafft, sind Voraussetzung dafür.

Gläubige Menschen sind tatsächlich oft in der Lage, das, was eine zerstörerische Mißlichkeit zu sein scheint, in einen Trumpf umzuwandeln – nach dem positiven Grundsatz, daß es für »jeden Nachteil einen entsprechenden Vorteil gibt«. In jeder für ihn nachteiligen Lage hält der glaubende Mensch inmitten der Zerstörung nach dem Ausweg Ausschau: nach dem Vorteil oder dem Guten, das im Zerbrochenen liegt.

Häufig rufen mich unbekannte, problembeladene Menschen von weit her in meinem Büro an. Eine Anruferin war eine intelligente, energische Frau; sie begann das Gespräch sogleich mit einer Frage: »Haben Sie ein paar Minuten Zeit, um über eine scheinbar aussichtslose Situation nachzudenken, die aber ihr Gutes haben könnte?« Ich mochte ihre Art, mich anzusprechen, lehnte mich im Stuhl zurück und schaute meinen Telefonapparat mit Lauthörtaste an. »Also, schießen Sie los«, erwiderte ich.

»Bloß keine Sorge. Ich halte Sie nicht lange auf, und glauben Sie ja nicht, daß Sie eine geschwätzige alte Frau am Draht haben.«

»Ich mag Sie schon jetzt«, gab ich zurück. »Nehmen Sie sich Zeit.«

Sie erzählte mir, daß ihr Mann, in mittlerer Führungsposition und drei Jahre vor der Pensionierung, wegen Mißerfolgen seiner Arbeitgeberfirma »vorübergehend« entlassen worden sei. Sie erzählte, sie habe noch 1,67 Dollar in der Tasche und 220 Dollar auf dem Postscheckkonto. Da fragte ich mich, ob sie wohl ein Darlehen aufnehmen würde, aber sie kam mir zuvor: »Glauben Sie bloß nicht, daß ich jemanden um Geld bitte. Wir haben all die Jahre hindurch bescheiden gelebt und besitzen erhebliche Ersparnisse, die ich aber nicht angreifen will. Was würden Sie an meiner Stelle machen?« fragte sie mich.

»Ich weiß es nicht. Sprechen wir doch übers Telefon ein gemeinsames Gebet, um Fürsorge und um einen Gedanken zu bitten.«

Sie war einverstanden. Ich erinnerte sie daran, daß der Herr immer bei uns ist und daß, wenn sich zwei oder drei um Ihn versammeln, Er bei ihnen ist. Wenig später bemerkte sie, daß sie auf eine Idee gekommen sei; auch ich hatte diesen Eindruck. Sie war ein gläubiger Mensch. »Was kann Ihr Mann besonders gut?« fragte ich.

»Er ist ein hervorragender Verkäufer«, erwiderte sie.

»Stellt er sich bei den Gartenarbeiten ums Haus herum geschickt an?«

»Geschickt?« rief sie aus. »Er ist ein Genie. Er kriegt alles auf die Reihe.«

Ich wußte, wie schwierig es in diesen Tagen ist, alte Gebrauchsgegenstände reparieren zu lassen, und sah seine Nachbarn, die viele zu reparierende Dinge horteten, vor mir. Daher riet ich ihr, ihr Mann solle seinen Freunden und Nachbarn sagen, er habe Reparaturarbeiten zu seinem Beruf gemacht. »Bringt mir etwas, und es kommt wie neu zurück«, riet ich ihr, wie wenn es ein Werbespot wäre.

»Aber er würde sich doch nie bei seinen Nachbarn anbiedern«, warf sie ein.

»Und doch wären sie froh, wenn man ihren alten Stuhl wieder herrichtet oder den alten Tisch flickt. Versuchen Sie's, und schauen Sie, was dabei rauskommt. Auf diese Art kriegt er alles wieder in Ordnung.

Schließlich hat er einen perfekten Helfer.«

»Wen denn?« fragte sie.

»Sie!« erwiderte ich.

Sie sagte still: »Wissen Sie, dasselbe habe auch ich gedacht.«

Nach einigen Monaten rief mich sein »Helfer« an und sagte mir, daß es ihrem Mann in seiner selbständigen Tätigkeit bestens gehe und er daran so sehr Freude habe, daß er weiterhin »Sachen herrichte und nicht mehr zur Firma zurückkehrte, die ihn wieder anstellen wollte«.

Dies ist nur ein Beispiel dafür, wie glaubende Menschen Widerwärtigkeiten in Erfolge verwandeln können.

Ich erinnere mich an einen Mann, den ich vor vielen Jahren in Hongkong getroffen habe. Ich sprach im *Mandarin Hotel* zum Rotary-Klub. Das, was ich sagte, entsprach etwa dem, was ich in diesem Buch schreibe: über das Glauben, Denken und Arbeiten als Erfolgsgrundlage. Der besagte Chinese kam zu mir und sagte: »Ich unterschreibe alles, was Sie gesagt haben. Ich weiß, daß Ihre Überlegungen richtig sind, denn genau diese Einstellung hat mir hier in Hongkong aus der Armut verholfen.«

In den fünfziger Jahren war er einer der Tausenden von Flüchtlingen, die sich aus dem kommunistischen China in die Kronkolonie Hongkong gerettet hatten, wo Freiheit und Möglichkeiten, sich zu entfalten, gegeben waren. Eine Zeitlang mußte er in einfachsten Verhältnissen leben. Die Familien überlebten bloß dank den von der Regierung errichteten Suppenküchen. Sie kauerten in behelfsmäßigen Unterkünften, die aus alten Paketen und Wellblech errichtet worden waren. Später baute die Regierung Unterkünfte, in denen mehrköpfige Familien in einem Raum leben konnten; zehn und mehr Personen lebten auf diese Weise zusammen.

Dieser Mann sagte mir, daß er mit seiner Frau und seinen vier Kindern den ganzen Weg von Schanghai zu Fuß zurückgelegt habe. »Mit jedem Schritt gingen wir der Freiheit entgegen«, sagte er lächelnd. »Es war ein harter Weg, und es gab Momente, in denen ich am Verzweifeln war, aber ich wußte einen Weg, um der Verzweiflung Herr zu werden.« Er griff in seine Tasche und holte ein kleines, abgenutztes Neues Testament hervor. »Dieses kleine Buch enthält Kraft«, erklärte er. »Ich habe während unserer Mühseligkeiten jeden Tag darin gelesen. Eines Tages kam ich auf diese Stelle im Brief des Paulus an die Philipper: ›Ich vermag alles durch den, der mich mächtig macht, Christus.‹ (Philipper 4, 13).

Darauf«, so fuhr er fort, »habe ich einen anderen Vers vorgefunden, nämlich Matthäus 17, 20: ›So ihr Glauben habt, ... wird euch nichts unmöglich sein.‹ Als ich über diese beiden Verse nachdachte, geriet ich ins Staunen. Ist das wirklich wahr? Nach vielen Jahren kamen mir die Worte eines alten Freundes in den Sinn, der gesagt hatte: ›Glaub einfach, glaub, vertrau – ungeachtet der Schwierigkeiten – auf Gott!‹ An Schwierigkeiten fehlte es nicht. Ich setzte mich nachdenklich hin; darauf vertiefte ich mich wieder in dieses kleine Buch und schaffte mir eine Devise. Hier ist sie, so wie ich sie mir damals aufgeschrieben habe.«

Er holte ein Blatt hervor. Ich las die Worte, die er mit Bleistift hingeschrieben hatte und die nur noch knapp leserlich waren: *Ich glaube + Ich schaffe es + Ich will = Ich habe es geschafft.* Diese Devise sagte er sich täglich mehrmals vor. Er sagte mir: »Ich habe beständig geglaubt und nachgedacht, worauf mir die Ideen kamen.« Er handelte entsprechend und wurde letztlich ein angesehener und erfolgreicher Geschäftsmann. »Glauben wirkt Wunder«, sagte er. Wie recht er hatte! Glauben wirkt tatsächlich Wunder.

Den folgenden Brief habe ich erhalten, während ich dieses Buch schrieb. Wie viele andere Briefe drückt er etwas aus, das ich Ihnen nicht vorenthalten will.

Lieber Herr Dr. Peale
Auf das, was Sie geschrieben haben, bin ich durch reinen Zufall gestoßen. Wenn ich gewußt hätte, daß Sie Pfarrer sind, hätte ich mich keinen Deut um Ihre Bücher gekümmert. Ich habe etwas gesucht, wußte aber nicht, was. Heute weiß ich, daß ich nach einer Beziehung zu unserem Gott gesucht habe.
Als ich mich auf die Suche begab, ging ich in unsere öffentliche Bibliothek zur Abteilung, wo Bücher über Psychologie auflagen. Dort wählte ich Ihr Buch Begeisterung wirkt Wunder *aus. Was Sie geschrieben haben, hat mich begeistert! Ich habe mir zwar auch andere Bücher besorgt, aber sie ließen mich kalt. Ich ging zur Bibliothek zurück, um von Ihnen weitere Bücher zu holen. In der Kartei waren Ihre Bücher auch in der Rubrik »Religion« aufgeführt. Das sagte mir nicht sonderlich zu, aber das erste Buch, das ich von Ihnen gelesen habe, hat mich derart begeistert, daß ich mir weitere besorgte. Wie Sie sehen, bin ich mit einem Glauben aufgezogen worden, der mich verbittert zurückgelassen hat. Ich wollte nichts mehr damit zu tun haben.*
Als ich Ihre anderen Bücher zu lesen begann, übersprang ich alle Texte aus der Bibel, weil ich genügend Kraft zu haben vermeinte. Ich schrieb mehrere Seiten mit Ihren Ratschlägen aus Ihren Büchern ab. Nach einiger Zeit schrieb ich an den unteren Rand der Seiten: »Ich kann mit Christus, der mir Kraft gibt, alles schaffen.« Das hat mich ergriffen! Viele dieser Seiten zeigte ich meinem zehnjährigen Sohn. Auch er war begeistert.

1988, an einem kalten Februartag, läutete das Telefon: Ein Freund meines Sohnes sagte mir, daß es einen entsetzlichen Unfall gegeben habe und daß mein Sohn tödlich verunglückt sei.
Ich konnte nicht glauben, daß sich so etwas ereignen konnte. Er war ein wirklich aufgestelltes Kind! Er hatte sein Ziel vor Augen. Er liebte das Leben. Wir waren so eng miteinander verbunden.
Die Abdankungshalle war voll besetzt. Die Mitschülerinnen und Mitschüler meines Sohnes und seine Lehrer hatten ihn gemocht. Alle haben mir gesagt, er sei immer ein glücklicher und freundlicher Junge gewesen. Ein Lehrer sagte mir, Todd sei niemals schlecht aufgelegt gewesen. Dank Ihnen, Dr. Peale. Jeden Morgen haben wir Ihre Gedanken in Ihrem Buch Heute fängt Dein Leben an *gelesen.*
Immer mehr kamen die Kinder zu mir. Sie fragten mich, warum Todd immer so glücklich gewesen sei. Ich erzählte ihnen darauf vom positiven Denken. Ich sprach auch von Gott zu ihnen.
Heute sehe ich Gott ganz anders. Das geschah allerdings nicht über Nacht. Ihr Buch Begeisterung wirkt Wunder *habe ich vor acht Jahren gelesen. Jetzt weiß ich, daß meine Kraft von Gott herkommt, obwohl ich mir immer meinen starken Willen bewahrt habe.*
Eines Tages hat sich alles verändert. Ich konnte nicht genügend positives Denken aufbringen, um mich mit den Tatsachen abzufinden. Ich fühlte mich unsicher und befürchtete, in eine ausweglose Situation zu geraten. Ich fiel im Haus gleich dort, wo ich war, auf die Knie und betete. Ich gestand Gott – und auch mir – zu, daß Er die Kraft habe und daß ich sie dringend brauche. Ich verspürte darauf den Frieden (den ich schon seit langem

gesucht habe) und Liebe. Es war, als ob Er mir sagte: »Warum hast du so lange gebraucht? Ich bin schon seit langem bei dir.« Seither hat sich bei mir alles verändert. Zu Beginn dieses Briefes schrieb ich, daß ich zufällig auf Ihre Bücher gestoßen bin. Jetzt wissen wir beide, daß es kein Zufall gewesen ist.

Herzlich
Ihre Kay Heitsch

- **Der Glaube führt zu Ergebnissen.**

- **Der Glaube hilft auch unter schwierigsten Umständen.**

- **Schwierigkeiten begegnet man mit dem Glauben. Glauben Sie an Gott. Glauben Sie an sich selbst. Glauben Sie an die Zukunft. Glauben Sie, daß Sie es schaffen. Glauben Sie an die Menschen.**

- **Glauben Sie; glauben Sie unentwegt.**

KAPITEL 15

Fachen Sie das Feuer der Begeisterung an

Das Leben ist nicht immer eitel Freude und schon gar nicht mühelos! Es gibt viele harte Zeiten. Aber leider erdrücken wir unsere Begeisterung dadurch allzuoft. Und das ist gefährlich, wenn nicht sogar tödlich für unser Leben.

Begeisterung zählt zu einer der Lebenskräfte, die erfolgreich glaubende Menschen im Überfluß besitzen. Wir verwenden sie bei unseren Verpflichtungen, beim beruflichen Erfolg und beim Lösen unserer täglichen Probleme.

Wir sind von Natur aus mit Begeisterung versehen. Sie ist uns angeboren wie das Lachen und das Schmunzeln. Das Wort *Begeisterung*, fremdwörtlich *Enthusiasmus*, stammt von zwei altgriechischen Wörtern ab: von *en* und *theos*, was *in Gott* oder *mit Gott* bedeutet.

Enthusiasmus ... entheo ... mit Gott.

Wenn ein Mensch begeistert ist, lebt er rundum auf. Er wird scharfsinniger und einfühlsamer. Die ganze Lebenskraft und die Fähigkeit, schöpferisch zu handeln, nehmen zu. Ein solcher Mensch ist motiviert und setzt sich durch.

Der Philosoph A. B. Zu Tavern schrieb: »Bevor Wasser Dampf erzeugen kann, muß es kochen. Eine Maschine dreht sich erst dann, wenn der Druckmesser 53° anzeigt. Ein begeisterungsloser Mensch versucht, sein Leben mit handwarmem Wasser in Gang zu halten. Dabei geschieht nur eines: Er bleibt stehen. Denken Sie daran: Begeisterung ist die Elektrizität in der Batterie. Sie ist die Kraft, die der Luft innewohnt;

sie ist die Hitze des Feuers; sie ist der Atem jeglichen Lebens. Der erfolgreiche Mensch ist von Begeisterung erfüllt. Etwas Gutes wird nie kaltblütig erreicht. Es braucht Wärme, um etwas zustande zu bringen. Jede Errungenschaft entstand aus einem warmen, weiten Herzen.«

Wenn ich an all die neuen Entwicklungen der vergangenen Jahre denke, so stelle ich fest, daß sie jedesmal von einem begeisterten Menschen bewirkt worden sind.

So zum Beispiel Bill Bowerman, der weltberühmte Leichtathletik-Coach der Universität von Oregan. Von 1948 bis 1973 erlangten seine Mannschaften zwei NCAA-Titel, waren zweifache Preisträger, blieben während zehn Spielzeiten bei Ausscheidungswettbewerben ungeschlagen und waren während 16 Jahren unter den ersten zehn des Landes. 1971 wurde er von der amerikanischen *Track Coaches Association* zum Coach des Jahres ernannt.

Wer ihn kannte, wußte, daß er ein von Begeisterung erfüllter Mann war. In seinem Leben gab es aber eine Zeit, zu der sich seine Begeisterung wie Dampf aus einem undichten Kessel hätte verflüchtigen können.

Mitten in den fünfziger Jahren machte er sich über die Rennschuhe, die seine Mannschaftsmitglieder tragen mußten, ernsthafte Gedanken. Damals hatten die Sprinter keine große Wahl, was das Schuhmaterial anging. Deshalb hatten viele von ihnen Schienbeinverletzungen, Fußschmerzen, Wadenkrämpfe, Knie- und Rückenverletzungen.

Indem Bill den Menschen zuschaute, wie sie rennen, wurde ihm klar, daß ein neuer Rennschuh erforderlich war: ein Schuh mit einem höheren Absatz, der besser stützt, und mit leichterer Sohle, die besseren Halt und Griff verleiht.

Abends, wenn seine Frau den Abwasch besorgte und seine drei Jungen ihre Hausaufgaben machten, saß er am Küchentisch und entwarf einen Schuh, der ihm geeignet zu sein schien. Als er mit seinem Entwurf zufrieden war, sandte er ihn führenden Sportartikelherstellern zu. Alle winkten ab. Die einen fanden das geplante Modell zu riskant, die anderen befanden, sie hätten bereits hervorragende Produkte; ein Hersteller teilte ihm schnoddrig mit, daß, da er ihm schließlich auch nicht vorschreibe, wie man eine Mannschaft betreue, er ihm auch nicht vorschreiben müsse, wie man Rennschuhe herstelle.

Nach dieser letzten Absage war er entmutigt. Seine Begeisterung, einen neuen Rennschuh zu entwickeln, war weg. Aber nach ein paar Tagen, als er neue Mannschaftsmitglieder anfeuerte, sagte er: »Ich will, daß ihr das Beste gebt – nicht unbedingt wegen des Preisgeldes, sondern vor allem um zu sehen, wozu der Versuch euch verhilft. Siegen heißt das Beste leisten, das in euch steckt.«

Nachdem er dies gesagt hatte, spürte er, daß er auch sich selbst zugeredet hatte, was Begeisterung vermag. Er sagte später: »Irgendwie habe ich mich entschlossen, diese Rennschuhe herstellen zu lassen – selbst wenn ich sie selber hätte anfertigen müssen.«

Und genau das tat er.

Mit Hilfe seines Schuhmachers fertigte er aus braunen Einkaufstaschen Modelle an. Dann schnitt er für den Besatz Ziegenleder aus, verstärkte ihn mit Nylon, setzte in die Sohle auswechselbare Spikes ein und festigte alles mit einem starken Klebstoff.

Als die Laufschuhe fertig waren, gab er einem seiner besten Läufer ein Paar davon. Dieser zog sie an, rannte über die Laufbahn und wollte sie gar nicht mehr hergeben, weil er befürchtete, sie nicht wiederzukriegen. Begeistert entwikkelte Bill Bowerman weitere neue Modelle, wobei er einmal sogar das Waffeleisen seiner Frau benutzte, um für einen Jogging-Schuh eine Profilsohle herzustellen.

In den frühen sechziger Jahren gründete Bill Bowerman zusammen mit Philip Knight, einem früheren Mannschaftsmitglied und Schnelläufer, seine eigene Firma. Das war der Beginn der berühmten Nike-Rennschuh-Unternehmung.

Im Januar 1988 schrieb Bill Bowerman in unserer Zeitschrift *Guideposts*: »In meinem 76. Altersjahr verspüre ich noch immer die Herausforderung der Rennen, die gelaufen werden müssen. Mit Nike bin ich nach wie vor beschäftigt. Gegenwärtig betreibe ich auf meiner Farm eine Kleinrinderzucht und wirke bei der Entwicklung von Schuhen für behinderte Menschen mit. Der Gedanke, daß die richtigen Schuhe Behinderten zum Gehen und in gewissen Fällen sogar zum Laufen verhelfen, ist einfach großartig.«

Das nenne ich wahre Begeisterung!

Wenn ich von Begeisterung spreche, so meine ich nicht jene sprühende, übertriebene und oberflächliche Art, sondern vielmehr die positive, starke und kontrollierte Einstellung, die mit Sicherheit sowohl die ruhigen, zurückhaltenden und nachdenklichen Menschen als auch die kräftigen und extravertierten haben. Es ist so, wie es einst ein kluger Mensch sagte: »Die Welt gehört dem Begeisterten, der sich im Griff hat.«

Ein früherer Präsident der Vereinigten Staaten zählte genau zu diesen Persönlichkeiten. Er besaß jene Begeisterung, die man vielleicht besser als starken Willen bezeichnet. Er glaubte an etwas und war von jenem Yankeetum erfüllt, das zum Aufbau unseres Landes verholfen hat: Sparsamkeit, Genügsamkeit, harte Arbeit, Ehrlichkeit und Glaube. Dieser Präsident, der von 1872 bis 1933 lebte, war Calvin Coolidge.

Einige mögen spöttisch lächeln, wenn sie diesen Namen hören, denn während der wirtschaftlich schlechten Jahre war er unberechtigter Kritik ausgesetzt. Sie rührte vor allem von seiner zurückhaltenden Art her, zumal er ein lebhafter und entschlossener Mensch war, der für seine *New-England*-Einfachheit und -Offenheit bekannt war. Als Vizepräsident unter Warren Harding (amerikanischer Präsident von 1921 bis 1923) blieb er von den Korruptionsvorwürfen, die gegen die Harding-Regierung erhoben wurden, verschont. Als Harding im August 1923 starb, übernahm er das Präsidialamt. Als er 1924 gewählt wurde, gab ihm das amerikanische Volk starken Rückhalt. Er berief positiv eingestellte Menschen in sein Kabinett, die ihm zu einer wirkungsvollen managerhaften Regierungstätigkeit verhalfen.

Natürlich war der »stille Cal« ein ruhiger Mensch, aber er war eine Persönlichkeit, in der die Begeisterung mit Überlegtheit gepaart war. Er war einer der wenigen Politiker, die wenig Worte gebrauchten. Seine Reden waren kurz und bündig und sachlich. Er sagte das, was er zu sagen hatte, und nicht mehr. Er erwarb sich das Wohlwollen vieler Menschen, weil er nicht zuviel redete.

Vor seiner Karriere als Regierungsbeamter war Coolidge Rechtsanwalt in Northampton, Massachusetts. Er hatte im Stadtzentrum sein Büro; sein Haus stand weiter oben auf derselben Straße. Coolidge fuhr nie mit dem Wagen zum Büro; denn das wäre für ihn als sparsamen Mann zu teuer gewesen. Jeden Morgen ging er zur selben Zeit von zu Hause weg zu seinem Büro. Sein Weg führte ihn an einem Haus vorbei, wo sein Freund Hiram wohnte.

Jeden Morgen, wenn Coolidge daherkam, lehnte sich Hiram über den Gartenzaun. Während zwanzig Jahren verlief das alltägliche Gespräch etwa so:

»Morgen, Cal«, sagte Hiram.

»Morgen, Hiram«, sagte Cal.

»Schöner Tag heute«, fügte Hiram hinzu.

»Wirklich ein schöner Tag«, bekräftigte Cal.

Coolidge wurde zum Unterstatthalter, dann zum Gouverneur und letztlich zum Vizepräsidenten der Vereinigten Staaten gewählt. Und schließlich wurde er Präsident. Seit vielen Jahren hatte er Northampton verlassen. Als seine Präsidentschaft beendet war, kehrte er nach Northampton zurück, wo er sich wieder den Rechtsgeschäften zuwandte. Er staubte die Möbel ab, richtete sein Büro wieder ein und ging eines Morgens von seinem Haus wieder zum Büro. Und unbeirrt lehnte sich sein alter Freund Hiram über den Gartenzaun.

»Morgen, Cal«, sagte Hiram.

»Morgen, Hiram«, sagte Cal.

»Schöner Tag heute«, fügte Hiram hinzu.

»Wirklich ein schöner Tag«, bekräftigte Cal.

Als ob's schon immer so gewesen wäre. Doch dann fielen auch die letzten Schranken zwischen ihnen: Hiram, der schweigsame Mann in *New England,* setzte hinzu: »Hab' dich in letzter Zeit nicht gesehen, Cal.«

»Nee, ich war eine Weile weg«, erwiderte Cal. Die ganze Belastung als Gouverneur und Präsident war vorbei. Er konnte wieder leben. Calvin Coolidge nahm das Leben, wie es kam. Er besaß in seiner ruhigen Art Begeisterung – eine Begeisterung, die tief begründet ist. Er war von den Vereinigten Staaten und der amerikanischen Wesensart begeistert. Er hatte sich für etwas eingesetzt. Was ihn selbst betraf, so hat sich Coolidge nie allzu ernst genommen. Er war ein ruhiger, entspannter, begeisterter Mensch. Die Energie war da, aber er hielt sie unter Kontrolle.

Ein Grund, weshalb ich dieses Buch geschrieben habe, liegt darin, daß ich den unschätzbaren Wert der Begeisterung hervorheben wollte – insbesondere für diejenigen, die ihr Leben lebenswert gestalten möchten. Ich stimme B. C. Forbes zu, der sagte: »Begeisterung ist die entscheidende Antriebskraft im Menschen. Sie ist der Ansporn, der die

Menschen zu Höchstleistungen bringt. Sie bewirkt Tatendrang und Mut, bedingungsloses Vertrauen und schafft Zweifel beiseite. Sie erzeugt unendlich viel Kraft und ist so die Quelle allen Schaffens.«

Es ist von großem Übel, wenn man regungslos, unberührt und ohne Begeisterung durchs Leben geht und dauernd in stumpfer Teilnahmslosigkeit verharrt. Leer und abgedreht sein heißt doch nur, daß man sich die herrliche Freude versagt, die einem Menschen in der allzu kurzen Lebenszeit zusteht, welche die meisten von uns haben.

Wir alle können aus der tauben Lethargie herauskommen und mit Schwung leben. Dies erreichen wir, wenn wir innerlich bereit sind, uns zu verändern. Walt Whitman, der unvergeßliche amerikanische Publizist, sagte von sich selbst: »Ich habe nur geköchelt, immer nur geköchelt; Emerson hat mich zum Kochen gebracht.« Welch zutreffende Beschreibung eines begnadeten Menschen, der in Trübsinnigkeit lebte, bis er von der Begeisterung gepackt wurde, die seine in ihm schlummernden Fähigkeiten weckte!

Dies wäre wahrscheinlich die Lösung für die abgedrehten und leeren Menschen unserer Zeit. Sie gestehen, daß sie es finanziell geschafft haben, aber sie fühlen sich ausgehöhlt und unzufrieden und suchen nach dem Sinn des Lebens. Es fällt einem schwer zu begreifen, wie ein Lebensbejahender, dynamischer Mensch in der heutigen Zeit, in der selbst die Luft voll von Träumen, Plänen und gewaltigen Ideen zu sein scheint, ohne Begeisterung sein kann. Thoreaus traurige Aussage kommt einem dabei im Zusammenhang mit den Gleichgültigen in den Sinn: »Niemand ist so alt wie der, dessen Begeisterung verlorengegangen ist.«

Um etwas zu erreichen, muß man wirklich begeisternden Glauben haben. Sir Edward Appleton, dessen wissenschaftliche Experimente und Entdeckungen weltweit den Rundfunk ermöglichten und ihn zum Nobelpreisträger machten, wurde einst nach dem Geheimnis seiner erstaunlichen Errungenschaften gefragt. Seine Antwort kam blitzartig: »Begeisterung.« Darauf sagte er: »Ich schätze die Begeisterung noch höher als berufliches Können ein.« Diese Einschätzung ist verständlich, denn ein Wissenschaftler könnte wohl kaum die Selbstdisziplin aufbringen, die endlose Plackerei auf sich nehmen und die ständigen Enttäuschungen ertragen, die mit der wissenschaftlichen Forschung verbunden sind, wenn er für seine Aufgabe nicht grenzenlose Begeisterung aufbrächte. Die Begeisterung ist die Kraft, die einen beflügelt, bis das Ziel erreicht ist.

Ich erinnere mich, daß Walter Chrysler, der bekannte Industrielle, einst versicherte: »Ein Mensch kann alles erreichen, für das er unbegrenzte Begeisterung aufbringt.« Und da ist natürlich das berühmte, oft zitierte Wort von Ralph Waldo Emerson: »Nichts Großes ist je ohne Begeisterung geschaffen worden.«

Wenn der Industrielle und Emerson in bezug auf die Bedeutung der Begeisterung recht hatten, so lautet die nächste Frage logischerweise: »Na schön, wie kommt man denn zu dieser Begeisterung, wenn man schlicht und einfach nicht begeistert ist? Was macht denn einer, der Pech hatte – womöglich gleich mehr als nur einmal – und dem es am Mut fehlt, sich wieder hochzurappeln? Oder was macht ein Mensch, der die Nase voll hat und plötzlich wieder begeistert sein sollte?«

Was würden Sie wohl den Menschen sagen, die mit all den erwähnten negativen Einstellungen zu Ihnen kommen? Hätten Sie irgendwelche Vorschläge? Nun, für mich kein Problem. Da ich Bücher über das positive Denken schreibe, habe ich mit all den zynischen, negativen und allen anderen Einwänden endgültig abgerechnet.

Ich habe einige Antworten parat und will sie in aller Deutlichkeit darlegen. Sie sind bewährt und haben Bestand. Dessen bin ich mir sicher, denn sie haben mir schon mehr als einmal geholfen. Immer wenn enttäuschte Menschen diese Anregungen wirklich befolgten, erlangten sie wieder die alte Kraft. Sie haben ihre Niedergeschlagenheit überwunden und wurden wieder zu begeisterten, motivierten und fröhlichen Menschen.

Meine Anregungen wirken, wenn man sie befolgt. Sie haben bewiesen, daß sie ein Leben verändern können. Wenn Sie ihnen nachleben, so wie es schon andere getan haben, wirken sie sich für Sie in gleichem Maße aus.

Eine Möglichkeit besteht darin, daß Sie ein großes Blatt Papier nehmen. Achten Sie darauf, daß es ein großes Blatt ist, denn Sie werden viel Platz brauchen. Schreiben Sie zunächst Ihre Stärken darauf. Vielleicht sagen Sie jetzt: »Sicher nicht, Dr. Peale, vergessen Sie's. Sie wissen, daß ich dieses Buch lese, weil ich völlig down bin. Ich habe einen Rückschlag nach dem andern erlebt. Im übrigen, was soll das Ganze überhaupt? Und jetzt wollen Sie, daß ich meine Stärken hinschreibe? Welche denn?«

Ich weiß, wie Ihnen zumute ist; doch warum habe ich wohl viel Zeit darauf verwandt, dieses Buch zu schreiben, wenn ich nicht gedacht hätte, es könnte Ihnen zu einer besseren Lebenseinstellung, zu mehr Kraft und zu einem besseren Leben verhelfen?

Schreiben Sie also Ihre Stärken auf! Numerieren Sie sie! Schauen Sie sich an, wie sie Sie zu einem begeisterten Menschen führen!

1. *Ich lebe. Wenn ich gestorben wäre, könnte ich dies nicht schreiben.*
2. *Ich kann atmen.*

3. *Ich kann gehen.*
4. *Ich kann essen.*
5. *Ich habe ein Dach über dem Kopf.*
6. *Ich kann lesen.*
7. *Ich bin intelligent. Ich weiß es, denn ich kann immer noch denken.*

Dann fahren Sie fort und listen alles auf, was Ihnen in den Sinn kommt. Denken Sie so lange nach, bis Sie auf Stärken kommen, die Ihnen bislang völlig verborgen geblieben sind.

8. *Die Sonne scheint.*
9. *Es regnet. Ist das nicht herrlich? Wir brauchen den Regen.*
10. *Die Sorge, die mich bedrückt, macht mich stärker, wenn ich mich recht besinne, und dann bin ich sie los.*

Sie glauben nicht, daß Sie dies dazu bewegt, Ihre Stärken aufzulisten? Nun denn, lassen Sie mich von einem Mann berichten, der mich einst in völliger Verzweiflung aufsuchte.

Er war wirklich am Boden. Er rief mich von außerhalb der Stadt an und sagte mir, ich sei seine letzte Hoffnung.

Als er bei mir im Büro war, ging er hin und her, ließ sich dann in einen Stuhl fallen und vergrub sein Gesicht hinter den Händen. »Dr. Peale, wirklich freundlich von Ihnen, mich zu einer Zeit zu empfangen, wo alles verloren ist und nichts mehr übrigbleibt.« Ich saß nachdenklich da.

Dann nahm ich ein großes gelbes Blatt und zog durch die Mitte der Länge nach einen Strich. Auf der einen Seite schrieb ich »Stärken« hin, auf der anderen »Schwächen«. »Bei den ›Stärken‹ brauchen Sie nichts hinzuschreiben«, sagte er traurig. »Warten wir's ab«, entgegnete ich. »Es tut mir leid, daß Ihre Frau gestorben ist.«

Erstaunt blickte er auf. »Nein, sie lebt, Gott sei Dank, und ist gesund. Wie kommen Sie bloß auf diesen Gedanken?«

In der Spalte »Stärken« trug ich ein: »Frau nicht tot, sondern am Leben und gesund.« Darauf sagte ich so traurig, wie es mir nur möglich war: »Es tur mir leid, zu hören, daß Ihr Haus abgebrannt ist.«

»Wer sagt denn, mein Haus sei abgebrannt? Mein Haus ist absolut intakt.«

In die Spalte »Stärken« trug ich ein: »Haus nicht abgebrannt.«

»Es tut mir leid, daß Ihre Firma pleite ist.«

»Wo nehmen Sie denn all diesen Unsinn her?« fuhr er auf. »Meine Frau soll tot sein? Mein Haus abgebrannt? Meine Firma pleite?«

»Nun, Sie haben mir doch gesagt, alles sei verloren.«

Es ergab sich, daß einige Investitionen sich nicht lohnten und einige geschäftliche Ziele noch nicht erreicht waren. Der Mann hatte sein 50. Lebensjahr überschritten, und düstere Gedanken begannen ihn zu beschleichen. Während langer Zeit hatte er negativ gedacht. Dabei war er ein geachteter Bankier in einer recht großen Stadt.

Er saß nachdenklich da; seine Augen leuchteten auf. »Geben Sie mir bitte dieses Blatt«, sagte er. »Ich war ein Dummkopf. Ich kann die Spalte ›Stärken‹ so ausfüllen, wie Sie es gemacht haben.« Wie wild begann er zu schreiben und führte unter anderem auf: »Zwei gesunde Kinder«, »Freunde«.

Darauf fragte ich ihn: »Sind Sie je zur Kirche gegangen?«

»Jeden Sonntag«, antwortete er.

»Hat's nichts geholfen? Liegt's wohl daran?«

Reumütig gab er es zu. »Vielleicht hätte ich besser getan, mich darauf zu konzentrieren, gläubiger zu sein, wirklich zu leben und mich im Glauben zu stärken.«

Er mußte es geschafft haben, denn ich traf ihn nie wieder an; dabei hatte er mir gesagt, er würde wieder auf mich zukommen, wenn es ihm wieder derart schlecht erginge. Zudem erhielt ich mit seinen mit Begeisterung erfüllten Briefen gute Nachrichten.

Um wirklich begeistert zu werden, beginnen Sie mit der Auflistung Ihrer Stärken. Zumindest können Sie eintragen: »Ich lebe« und »Ich kann lesen«. Außerdem brauchen Sie ein bißchen Geld, denn Sie haben schließlich dieses Buch gekauft. Zudem brauchen Sie etwas Glauben – mindestens an mich; denn Sie lesen ja dieses Buch. Und auf etwas können Sie sich verlassen: Ich berichte Ihnen von einer Tatsache – Sie *können* begeistert sein, Sie *können* das Leben bedingungslos bejahen, Sie *können* eine Zukunft haben, Sie *können*, Sie *können*, Sie *können*. Und jetzt sagen Sie zu sich: »Ich kann, ich kann, ich kann.« Und dann sagen Sie sich: »Ich will, ich will, ich will.« *Machen* Sie es, und zwar gleich *jetzt*.

Eine weitere Möglichkeit, zur Begeisterung zu gelangen, besteht im sogenannten »Als-ob-Prinzip«. Als erster hat Professor William James, einer der Pioniere der Psychologie, dieses Prinzip beschrieben. Er lehrte, daß ein Mensch, der eine bessere Denkart erlangen will, so handeln soll, »als ob« er sie besäße, worauf er sie dann wirklich besitze.

Wenn Sie zum Beispiel ein ängstlicher Mensch sind und Ihre Angst verlieren möchten, so handeln Sie, als ob Sie mutig wären. Wenn Sie lange genug nach dem »Als-ob-Prinzip« handeln, bekommen Sie schließlich Mut. Ein anderes Beispiel: Wenn Sie den Eindruck haben, Sie seien ein abweisender Mensch, dabei aber wirklich Zuneigung schenken möchten, dann handeln Sie beharrlich so, als ob Sie es könnten. Indem Sie unablässig so vorgehen, bis Ihnen die Zuneigung gebende Einstellung zur Gewohnheit wird, werden Sie schließlich zum liebevollen Menschen.

Wenn es Ihnen an Begeisterung fehlt, wenn Sie oberflächlich und mürrisch sind oder zu den »Das-ist-doch-egal«-Menschen gehören, so können Sie durch das konsequente Befolgen des »Als-ob-Prinzips« sich wirklich in einen begeisterten Menschen verwandeln. Es ist nun einmal so: Ein über lange Zeit innerlich vorgelebtes Eigenbild wird letztlich Wirklichkeit.

Ich kenne einen jungen Bauernknecht in Illinois, der dies rein zufällig herausgefunden hat. Er war nach Chicago gereist, um dort eine Anstellung und Aufstiegsmöglichkeiten zu finden. Er arbeitete in mehreren Drogerien; aber nichts schien zu gelingen. Schließlich fand er eine Stelle bei einem Drogisten im Süden Chicagos. Doch diese Arbeit schien immer noch nicht sonderlich viel zu versprechen. Er war gelangweilt und kümmerte sich wenig um die Anliegen seines Chefs, der seiner Ansicht nach zu hart mit ihm umging. Letztendlich beschloß er zu kündigen. Aber dann dachte er, daß er so nur seinem Chef, der froh gewesen wäre, ihn wegzuhaben, einen Gefallen täte. Besser wäre es doch, sagte er sich, während einiger Wochen das Beste zu geben und erst dann zu kündigen. Täte es dem Chef dann nicht leid, ihn zu verlieren?

Somit stürzte sich der junge Gehilfe mit Begeisterung in die Arbeit. Doch dann erlebte er eine Überraschung: Bevor er seine Kündigung einreichte, erhielt er vom Besitzer der Drogerie, der von der plötzlichen Arbeitsleistung seines Angestellten beeindruckt war, eine Lohnerhöhung. Der junge Mann bekam immer mehr Freude an seiner Arbeit. Nächtelang studierte er Pharmakologie, und 1901 kaufte er sich seine eigene Drogerie im Süden Chicagos. Sie unterschied sich in keiner Weise von den anderen Drogerien der Stadt.

Unterdessen wurde ihm die Begeisterung zur Gewohnheit. Die Kunden verspürten etwas Besonderes, das nicht im

Schaufenster oder auf den Regalen zu sehen war: eine spezielle Einstellung. Jeder Kunde merkte, daß er in der Drogerie der wichtigste Mensch war. Immer mehr Menschen kamen, um bei ihm einzukaufen.

Eines der Hauptanliegen des jungen Drogisten war es, einen in der Umgebung wohnenden Kunden, der telefonisch eine Bestellung aufgab, jederzeit pünktlich zu beliefern.

Während er mit dem Kunden sprach, gab er einem Gehilfen ein Zeichen und wiederholte die Bestellung mit lauter Stimme. Während er den Kunden in Plaudereien verwikkelte, eilte der Gehilfe mit der bestellten Ware zur Tür hinaus. Worauf der Kunde das Telefongespräch jeweils abbrach und sagte: »Verzeihung, es läutet an der Tür.« Er staunte dann, daß der Auslieferer mit der bestellten Ware vor der Tür stand.

Die Angestellten wurden von der Begeisterung des Drogisten angesteckt. Schon kurz darauf eröffnete er eine zweite Drogerie und dann eine dritte. Daraus entstand schließlich eine der erfolgreichsten Drogerieketten der Vereinigten Staaten. Wer war der von Begeisterung erfüllte junge Gründer? Charles R. Walgreen. Sie mögen nun angesichts des »Als-ob-Prinzips« die Stirn runzeln und es als unrealistisch und als Spintisiererei abtun, der irgendein weltfremder Professor nachgesonnen hat, oder es als etwas betrachten, das dem Erfolg einer vor mehr als siebzig Jahren gegründeten Firma dienlich war. Somit stellt sich die Frage, ob dieses Prinzip noch funktioniert.

Schauen wir uns an, wie es funktioniert.

Vor kurzem ging ich zu einem der Leiter einer bedeutenden Investmentgesellschaft an der Wallstreet, um eine Angelegenheit auf Gegenseitigkeit beruhender Beteiligung zu besprechen.

Im Vorraum wurde ich vom Assistenten des Geschäftsleiters, einem jungen, gutaussehenden, offensichtlich intelligenten Mann von Anfang dreißig empfangen. Während ich wartete, kamen wir ins Gespräch. Ich fragte ihn, wie es heute mit den Börsenkursen stehe, worauf er sagte, sie seien leicht gefallen und daß, es der Wirtschaft jedoch trotz negativen Geredes gutgehe. Er war überzeugt, daß die Marktentwicklung gut verlaufe.

»Sie sind also zuversichtlich?« sagte ich.

»O ja, das bin ich«, antwortete er. »Unser Land steuert auf große Zeiten zu. Mein Chef ist auch dieser Ansicht.«

Dann kam der Geschäftsleiter zu uns und bat mich in sein Büro. »Es war nett, mit Ihnen zu sprechen«, sagte ich zum jungen Assistenten, als ich das Büro betrat. Als die Tür zugegangen war, sagte ich zum Geschäftsleiter: »Netter Kerl, den Sie da draußen haben. Von den Ängsten der Wallstreet ist er sichtlich nicht befallen. Er ist wirklich ein positiv denkender Mensch.«

Der Geschäftsleiter schaute mich verblüfft an. »Ein positiv denkender Mensch?« sagte er seufzend. »Im Grunde genommen ist er der negativste Kerl, den wir bei uns haben. Ein trübsinniges Menschenwesen.« Er lachte etwas zynisch. »Er muß es wohl auf den Verfasser des Buches *Die Kraft positiven Denkens* abgesehen haben. Vor einer Woche sagte ich ihm, daß ich ihn entlassen müsse, wenn er sich nicht mehr einsetze. Aber er hat eine Familie, und daher will ich ihn nicht rausschmeißen.«

Als ich das Büro verließ, sagte ich zu dem jungen Mann: »Ich habe im Zentrum der Stadt ein Büro. Kommen Sie doch mal bei mir vorbei. Ich möchte mit Ihnen sprechen.«

Ein paar Tage später traf er bei mir ein. Ich riet ihm, auf Begeisterung hinzuarbeiten.

Während des Gesprächs ergab es sich, daß er in einer

Familie aufgewachsen war, die es in seiner Jugendzeit sehr schwer hatte. Seine Eltern waren recht negativ eingestellt. Das Haus war voller Niedergeschlagenheit, die sich logischerweise auf den Jungen übertrug.

»Ich habe Ihnen natürlich was vorgemacht«, gestand er ein. »Ich weiß, daß ich Gefahr laufe, meine Stelle zu verlieren, aber ich versuche alles, um sie zu behalten.«

Ich gab ihm einen Klaps auf die Schulter und erzählte ihm vom »Als-ob-Prinzip«. »Machen Sie weiter mit dem, was Sie mir vorgemacht haben«, riet ich ihm. »Lassen Sie alles gelassen raus«, sagte ich lächelnd, »aber übertreiben Sie nicht, sonst wirkt's verlogen.«

Ich freute mich, nach einigen Monaten von meinem Bekannten, welcher der Vorgesetzte dieses jungen Mannes war, eine Nachricht zu erhalten. »Hallo, dieser junge Kerl macht es bestens«, sagte er. »Meiner Meinung nach ist er auf gutem Weg, einer der bestinformierten Menschen im Busineß zu werden. All das Negative hat er überwunden; offenbar hat er sich meine Verwarnung zu Herzen genommen.«

»Ein Superkerl«, sagte ich dazu. Er hatte sich der Begeisterung zugewandt.

Ein so intelligenter Mensch wie Professor William James, der die Verbindung von Wissenschaft und Pragmatik verkörperte, hätte bestimmt keine Methode vertreten, ohne ihre Tauglichkeit überprüft zu haben. Immer wieder bin ich für das »Als-ob-Prinzip« eingestanden und habe es mit Erfolg angewandt. Ich glaube an seine Brauchbarkeit.

Kürzlich habe ich von einer Dame einen Brief erhalten, der belegt, daß sich eben diese Grundsätze auf gesundheitliche Probleme und in jeder Hinsicht auf die meisten menschlichen Probleme anwenden lassen.

Lieber Herr Dr. Peale

Vor einigen Monaten mußte ich mich einer schweren Operation unterziehen. Danach fühlte ich mich äußerst schwach und hatte keine Kraft mehr. Ich mochte nicht mehr essen. Jeden Tag zur Arbeit zu gehen wurde mir immer mehr zur Plage.

Ich war allmählich am Verzweifeln, bis ich Ihre Broschüre Renew Your Energy [Erneuern Sie Ihre Kraft] *las. Sie enthält verschiedene positive Anregungen und ermutigt zur täglichen Andachtsübung. Die Idee hörte sich gut an, aber erst konnte ich damit nichts anfangen.*

Wenn mich jemand fragte, wie es mir gehe, antwortete ich entweder »Es geht mir soweit gut und ab und an schlecht« oder »Es geht mir nicht so gut, wie ich es mir wünsche«.

Eines Tages beschloß ich, Ihre Broschüre nochmals zu lesen. Als ich über das, was Sie über die positive Einstellung im Hinblick auf Gesundheit schrieben, nachdachte, mußte ich an einen Freund denken, der zuckerkrank und völlig erblindet ist.

Wenn mich jemand fragte, wie es mir geht, erwiderte ich strahlend: »Es könnte mir nicht besser gehen!« Als ich über meine eigene Lage nachdachte, sagte ich mir – und meinte *es auch – »eigentlich besser« oder »von Stunde zu Stunde besser«.*

»Aber«, sagte ich zu mir, »wenn's so ist, wissen die Menschen ja gar nicht, wie schlecht *es mir ergeht.«*

Doch dann sagte ich mir: »Was willst du? Mitgefühl oder Heilung?«

Mit der Zustimmung meines Arztes begann ich, täglich ein paar Schritte zu machen. Nach und nach legte ich eine immer größere Strecke zurück, bis ich zuletzt zwan-

zig Minuten am Tag gehen konnte. Binnen dieser Zeit legte ich eine Meile zurück. Während des Gehens befolgte ich Ihre Ratschläge. Ich atmete tief durch und zitierte die Stellen aus der Heiligen Schrift, die sich auf Gesundheit und Stärke beziehen. Laut redete ich zu den Bäumen, den Vögeln und zum Himmel und sagte, daß ich einst unbändige Kraft besessen hatte. Binnen Monatsfrist habe ich 4,5 kg zugenommen, und ich kam immer mehr zu Kräften. Schon bald hatte ich in der Brust keine Schmerzen und auch keine Atemnot mehr. Ich konnte wieder normal der Arbeit nachgehen, ohne mich zu erschöpfen.

Es wurde mir bewußt, daß ich wirklich Fortschritte machte, sobald ich bereit war, über meine Gesundheit positiv zu reden und mich gesund statt krank zu sehen. Danke, Dr. Peale, daß Sie mir Hinweise für gute Gesundheit gegeben haben. Sie sind zweifellos bewährt.

Mit freundlichen Grüßen
Kathleen D. Wright

Diese Grundsätze gelten wirklich, zumal ich in vielen Fällen erlebt habe, daß während eines Heilungsprozesses Begeisterung zu verbessertem Wohlbefinden geführt hat. Wie ich es in diesem Buch dargelegt habe, kommt die medizinische Wissenschaft zur selben Erkenntnis. Gemäß einem Bericht in der Zeitschrift *Newsweek* vom 7. November 1988 »wirken sich positive Gemütsverfassungen offensichtlich günstig auf die Gesundheit und auf ein langes Leben aus«. Eine Untersuchung, die von Sandra Levy, Psychologin am Krebsinstitut von Pittsburgh, dieses Jahr geleitet wurde, ergab, daß der Faktor namens Freude, der mit geistiger Beweglichkeit und Kraft gleichzusetzen ist, der zweitwichtigste Indikator für längere Überlebenszeit von Patientinnengruppen mit Brustkrebs ist. (Der bedeutendste Indikator war die Dauer der krankheitsfreien Phasen.)

»Die ganze Forschung im Bereich der Beziehung zwischen Geist und Körper wurde während eines Jahrzehnts intensiv untersucht. Martin Seligman, Psychologe an der Universität von Pennsylvania, bezeichnet die derzeitige Epoche als ›goldenes Zeitalter‹, in dem die während langer Zeit angezweifelte Wechselbeziehung zwischen Geist und Körper wissenschaftlich erhärtet wurde.«

Die »geistige Beweglichkeit und Kraft«, die ich vorhin beschrieben habe, ist in der Begeisterung begründet. Es ist eine Befähigung, die meiner Ansicht nach im Geschäftsleben nach wie vor hoch einzuschätzen ist. Ein Manager, mit dem ich einst essen ging, äußerte sich zu meinem Buch *Was Begeisterung vermag.*

»Als Arbeitgeber neige ich dazu, die Begeisterungsfähigkeit als die höchste Qualität einzustufen, die ich von einem Mitarbeiter erwarte«, sagte er und fügte hinzu: »Wahrscheinlich kommt sie an erster Stelle.«

»Noch vor dem beruflichen Können und dem Knowhow?« wollte ich wissen.

»Ja, wirklich vor allem«, antwortete er. »Schauen Sie, ein Mensch kann durch das Studium und mit Erfahrung berufliches Können erwerben, aber entweder er ist begeistert oder eben nicht. Leider kann man sich Begeisterung nicht wie andere Fähigkeiten aneignen«, sagte er betrübt.

»Aber wenn Sie mir die Bemerkung gestatten: Hier irren Sie sich«, entgegnete ich und dachte dabei an das »Als-ob-Prinzip«. »Ich bin zutiefst davon überzeugt, daß man Begeisterung erlangen kann und daß man sie auch weitervermitteln kann.«

»Da hab' ich meine Zweifel«, sagte er und erzählte mir im

Sinne eines Beleges von einem seiner mittleren Führungskräfte, der »mir große Sorgen bereitet«.

»Der besagte Mann ist gut ausgebildeter Absolvent einer hervorragenden Ingenieurschule. Er schloß mit Spitzennoten ab und ist auf seinem Gebiet wirklich bewandert, von seinen reichen Kenntnissen und seiner Erfahrung gar nicht zu sprechen.

Machen wir uns nichts vor: Im College hat er rein gar nichts über den Umgang mit Menschen gelernt; er ist ein eiskalter Kerl. Wissen Sie«, fuhr er fort und blickte nachdenklich drein, »wenn er nur *ein bißchen* Begeisterung mitbrächte, wäre er schon längst in einer Spitzenposition in unserer Firma. Mitarbeiter mit geringerer Ausbildung, aber mit mehr Begeisterung werden über diesen armen Kerl dauernd hinwegbefördert. Wenn es mir nicht um sein Wissen ginge, hätte ich ihn schon längst entlassen.«

»Machen Sie das nicht«, sagte ich. »Entfachen sie vielmehr Begeisterung in ihm.«

Im weiteren Verlaufe des Gesprächs erfuhr ich dann, daß dieser Arbeitgeber ein regelmäßiger Kirchgänger war. Ich fragte ihn daher: »Geht Ihr Mann so wie Sie irgendwo zur Kirche?«

»Nicht daß ich wüßte«, lautete seine Antwort.

»Dann wollen wir doch versuchen, wahre Begeisterung in ihm zu entfachen. Ich weiß, daß man zur Begeisterung kommen kann – selbst als ›eiskalter Kerl‹.« Ich erzählte ihm von einem Pfarrer seiner Stadt, der rundum von Begeisterung und Lebensfreude erfüllt war. Ich wußte zufällig, daß dieser Pfarrer unter Schwäche und Mißerfolg gelitten hatte. Aber er hatte sich geistig und seelisch erholt und war überzeugt, daß jeder Mensch – auch wenn es ihm noch so schlecht ergeht – sich wieder auffangen kann. »Wir wär's, wenn wir Ihren Mitarbeiter mit diesem begeisterten Menschen zusammenführten? Oder ihn zumindest dazu bringen, sich diesen wundervollen Menschen anzuhören?«

Von meinem Vorschlag offensichtlich überrascht, dachte er zweifelnd nach. Doch dann sagte er: »O. k. Der Versuch lohnt sich.«

Somit luden er und seine Frau den Mann mit seiner Gattin eines Sonntags in ihren Country-Club ein. Doch die Einladung hatte einen Haken: Der Angestellte und seine Frau mußten die Gastgeber zunächst einmal zur Kirche begleiten.

Der Angestellte willigte ein; später erfuhr ich, was geschehen war: »Starrköpfig wie seit eh und je und mit der üblichen Teilnahmslosigkeit plumpste er in den Kirchenstuhl. Als der Pfarrer zu predigen begann, wie jeder Kirchgänger glücklicher und zufriedener werden könne, schien er nicht sonderlich beeindruckt zu sein. Aber als der Pfarrer sagte, daß auch er einst zu den Verstorbenen gehöre, stellte ich fest, daß mein Angestellter aufmerksam wurde. Das Gesicht des Pfarrers erhellte sich immer mehr, als er schilderte, wie ein Mensch begeistert und lebensfroh wie nie zuvor werden kann. ›Ich verkünde nicht Theorie, sondern handfeste Tatsachen!‹ sagte der Pfarrer mit Bestimmtheit. Er redete mit derart liebevoller Schlichtheit, daß mein Angestellter sich sichtlich beeindruckt vorbeugte.

Als wir danach im Club beim Essen waren, sagte er: ›Wissen Sie, in diesem Mann ist schon was drin. Er ist Spitze.‹«

Aber was geschah dann mit diesem Angestellten? Er und seine Frau gingen nach einer Woche und nachher jeden Sonntag wieder zur Kirche. Der Pfarrer ging auf ihn zu, und schließlich schlossen sie Freundschaft. Letztlich wurde aus einem schwachen, kraftlosen Menschen ein Mann mit beachtlichem Einfluß. Der abweisende, bestens ausgebildete Angestellte wurde zur dynamischen und durchsetzungsfähigen Führungskraft, die nebst ihrer Intelligenz jetzt auch über persönliche Ausstrahlung verfügte. Er wurde in höhere Positionen befördert und hat vielen anderen geholfen.

Nach einigen Jahren traf ich mich mit seinem früheren Vorgesetzten (o ja, eine andere Abteilung hatte sich den neu gewordenen Angestellten angelacht); wir sprachen über ihn und seine Wandlung.

»Ich hätte es nicht für möglich gehalten«, sagte sein ehemaliger Chef kopfschüttelnd. »Er ist für mich der erste, der, ohne sie anfänglich besessen zu haben, zur Begeisterung gekommen ist.«

Das konnte ich allerdings nicht gelten lassen. »*Jeder* hat zu Beginn Begeisterung. Haben Sie je ein nicht begeistertes Baby oder Kind gesehen? Wir alle werden als positive und kräftige kleine Menschenkinder geboren. Erzieher und Lehrer sagten mir aber, daß viele von ihnen im vierten oder fünften Volksschuljahr zu rund 80 Prozent zu negativen Denkern werden und ihre angeborene Begeisterung sich verflacht – manchmal für immer.«

Er nickte, und ich wußte, daß er mich begriffen hatte; denn auch er hatte Großkinder.

Großartig ist's, daß jeder Mensch begeistert werden kann. Jeder von uns hat die Kraft, zu einem freien, glücklichen, kräftigen und erfolgreichen Menschen zu werden. Aber wie? Denken Sie an die beiden griechischen Wörter *en theos,* die »in Gott« und »mit Gott« bedeuten! Lassen Sie doch Ihre natürliche, angeborene Begeisterung aufleben!

Was immer Sie tun: Leben Sie immer begeistert. Und erinnern Sie sich, was Thoreau so trefflich sagte: »Keiner ist so alt wie derjenige, der seine Begeisterung verloren hat.«

Handeln Sie, als ob Sie begeistert wären; denn so stellt sich schon bald die schöpferische Kraft der Begeisterung in Ihrem Körper, Ihrer Seele und Ihrem Geist ein, um Sie zu einem noch besseren Leben zu führen.

Somit, liebe Leserin, lieber Leser, denken Sie immer positiv, und glauben Sie voller Begeisterung.

Das macht *das Leben* aus!

Nachwort

Wir kommen nun zum Ende dieses Buches. Ich danke Ihnen, daß Sie mitgemacht haben.

Sie als Leserin, als Leser, und ich als Verfasser haben zusammen Fragen erörtert, die dem Menschen zum Wohlsein und zum Glück verhelfen. Vielleicht waren Sie mit meinen Ansichten und Schlußfolgerungen nicht immer einverstanden. Ich hoffe aber, daß Sie gespürt haben, daß ich immer Ihr Bestes wollte. Ich habe mich ein Leben lang mit meinen Problemen herumgeschlagen und dabei herausgefunden, daß mir eine positive Einstellung zu mehr verhalf als negatives Denken. Zudem habe ich entdeckt, daß das Fördern der Begeisterung zu wesentlich besserer Lebensqualität führt. Mit diesem Buch wollte ich Ihnen die Gründe darlegen. Außerdem haben Sie gelesen, wie Sie wirkliche Begeisterung erlangen und wie Sie jeden Tag – und sei er noch so betrüblich – glücklich verleben können.

Diese Erfahrung nennen wir die Kraft positiven Denkens. Sie werden feststellen, daß ihr tatsächlich Kraft innewohnt, wenn Sie die Grundsätze, die in diesem Buch beschrieben sind, befolgen.

Sie helfen, wenn man ihnen nachlebt. Wir wollen uns nicht mit Phantastereien abgeben, und wir sind auch keine Träumer. Wir haben eine Denk- und Lebensart entworfen, die mir als Durchschnittsmensch zum sicheren Weg zu einem glücklichen Leben verholfen hat.

Ich bin froh, daß die Wissenschaft auf vielen Gebieten die Behauptungen, die früher zur Kraft des positiven Denkens aufgestellt wurden, erhärtet hat.

Um das, was Sie gelesen haben, zu bekräftigen, lege ich auf die folgenden Punkte Wert:

1. *Das Ziel ist ein mit Freude erfülltes Leben.*
2. *Seien Sie ein positiv denkender Mensch!*
3. *Glauben Sie an sich!*
4. *Finden Sie Mittel und Wege, um die »Ich-kann-nicht«-Einstellung zu verlieren.*
5. *Glauben Sie daran, daß Glück immer möglich ist.*
6. *Wenn die Dinge schlechtstehen, denken Sie an das Wort »aber«.*
7. *Halten Sie am Glauben fest: Er ist der größte Widersacher der Angst.*
8. *Vergessen Sie nie die heilende Kraft, die Sie in sich tragen.*
9. *Man kann sich immer wieder auffangen.*
10. *Das Geheimnis des Erfolges ist einfach und greifbar.*
11. *Leben Sie der positiven Kraft des Glaubens nach.*
12. *Niemand braucht sich leer zu fühlen; erfüllen Sie sich mit dem Glauben.*
13. *Besinnen Sie sich auf Ihre inneren Werte.*
14. *Sie haben einen inneren Richter. Es zahlt sich aus, wenn Sie auf ihn hören.*
15. *Fachen Sie weiterhin das Feuer der Begeisterung an, und schüren Sie es unablässig.*

Ich grüße Sie herzlich und wünsche Ihnen für jeden Lebenstag Gottes Segen.

Norman Vincent Peale

Zum Dank

Dieses Buch ist nicht das Werk einer einzigen Person. Viele Menschen waren mir eine große Hilfe; ihnen gegenüber will ich meine tiefempfundene Dankbarkeit ausdrücken.

Ohne das begeisterte Mitwirken und die fachkundige Arbeit von Sybil Light, meiner Sekretärin, hätte ich dieses Buch nicht schreiben können.

Richard H. Schneider, dem Chefredakteur des *Guideposts*-Magazins, verdanke ich Ergebnisse wichtiger Nachforschungen, aufschlußreiches, treffendes Material und redaktionelle Unterstützung. Ich bin ihm für seinen wertvollen Beitrag zu diesem Buch dankbar.

Eric Fellmann, Rocco Murano und Ric Cox, den Geschäftsführern der *Foundation for Christian Living* und Verantwortlichen für das *PLUS*-Magazin, danke ich herzlich für ihre Beratung und ihre Ratschläge.

Meinem Schwiegersohn John Milton Allen und Elizabeth Peale Allen gilt mein Dank für die Unterstützung und die klugen Ratschläge, die sie mir all die Zeit gegeben haben.

Meine Frau, Ruth Stafford Peale, besorgte auf wertvolle Art das Korrekturlesen. Ihr Glaube an dieses Buch hat mich auf dem ganzen Weg unterstützt. Dafür danke ich ihr herzlich.

Pat Kossmann, die frühere Chefredakteurin bei Doubleday Publishers und Herausgeberin dieses Buches, setzte ihr redaktionelles Können, ihre Urteilskraft und ihre positive

Begeisterung ein, um diesem Projekt zum Erfolg zu verhelfen.

All diesen Menschen, aber auch jenen, die im Buch genannt werden, sage ich meinen herzlichen Dank.

Norman Vincent Peale

»It's Alright Ma I'm Only Bleeding« (Bob Dylan), © 1965 Warner Bros., Inc. Alle Rechte vorbehalten. Mit Genehmigung des Verlags benutzt.

Auszüge aus persönlichen Briefen, die mit der freundlichen Genehmigung der einzelnen Verfasser wiedergegeben werden.

Der Autor dankt den folgenden Verlagen für die Genehmigung, Auszüge aus früher veröffentlichten Werken zu zitieren:

Einiges Textmaterial wurde dem *Guideposts*-Magazin entnommen und an dieses Buch angepaßt; diese Texte unterliegen dem Copyright von Guideposts Associates, Inc., Carmel, New York 10512.

Auszüge aus *The Greatest Risk of All* von Walter Anderson, Copyright © 1988 bei Walter Anderson, die mit Genehmigung der Houghton Mifflin Co., des Autors und der Verleger des Autors, Scott Meredith Literary Agency, Inc., 845 Third Avenue, NY, NY 10022, wiedergegeben werden.

Auszüge aus *A Fortune to Share* von Vashni Young, Copyright 1931, die mit Genehmigung von Harper & Row, Publishers, Inc., wiedergegeben werden.

Auszüge aus *Peace, Love & Healing: Bodymind Communication and the Path to Self-Healing: An Exploration* von Bernard S.

Siegel, M. D., Copyright © 1989 bei Bernard S. Siegel, M. D. Diese Auszüge werden mit Genehmigung von Harper & Row, Publishers, Inc., des Autors und Rider & Co., UK., wiedergegeben.

Auszüge aus *Head First: The Biology of Hope* von Norman Cousins, Copyright © 1989 bei Norman Cousins; sie werden wiedergegeben mit der Genehmigung von Dutton, einer Verlagsangabe der New American Library, Abteilung von Penguin Books USA.

Auszüge aus *»Starting Over«* von Dianne Hales, *McCall's*-Magazin, Mai 1988, die mit Genehmigung der Autorin wiedergegeben werden.

Ein Auszug aus *»Career Charisma«* von Phyllis Schneider, der mit Genehmigung des *Working-Woman*-Magazins wiedergegeben wird. Copyright © 1988 bei WWT Partnership.

Auszüge aus einem Artikel von Cynthia K. Chandler und Cheryl A. Kolander, die mit Genehmigung des *Educational Digest Magazine,* (Herausgeber: Zanny Ltd., Unionville, Kanada) wiedergegeben werden.

Auszüge aus dem Artikel über Phyllis Diller von John McCollister, die mit der Ggenehmigung der *Saturday Evening Post,* Copyright © 1989, wiedergegeben werden.

Ein Auszug aus *»Carol Sasaki Gives Women Hope for a Better Life«* von Chris Phillips, der Ausgabe des *Family Circle Magazine* vom 11. Oktober 1988 entnommen. Copyright © 1988 bei The Family Circle, Inc.

Zum Autor

Norman Vincent Peale ist einer der meistgelesenen Autoren, die Bücher im Bereich der Lebenshilfe geschrieben haben. Er ist zusammen mit seiner Frau Ruth Mitautor und Mitherausgeber der Zeitschrift *Guideposts* und Altpfarrer der *Collegiate Reformed Protestant Dutch Church* von New York. Während seiner langen und glänzenden Karriere wurde er mit vielen Auszeichnungen geehrt – auch mit der Freiheitsmedaille des amerikanischen Präsidenten. Weiterhin schreibt er, reist er und hält zahlreiche Vorträge.